EL FISCAL IMPERIAL

IMPERIAL

EL ESLABÓN MÁS OSCURO DE LA 4T

J. JESÚS LEMUS

EL FISCAL IMPERIAL

EL ESLABÓN MÁS OSCURO DE LA 4T

HarperCollins*México*

■ HarperCollins *México*

© 2022, HarperCollins México, S.A. de C.V.
Publicado por HarperCollins México
Insurgentes Sur No. 730, 2º piso,
03100, Ciudad de México.

D.R. © HarperCollins México, 2022.
© J. Jesús Lemus

Diseño de forros: Rebeca Susana De la Rosa Murillo.
Diseño de interiores y cuidado de la edición: José Antonio García.
Lectura de pruebas: Mariana Núñez Vázquez

Imagen de portada: Eduardo Miranda / PROCESOFOTO.

ISBN Rústica: 978-1-4002-4521-5

Primera edición: diciembre de 2022

Índice

Dedicatoria

A mis Ángeles, con mi más profundo agradecimiento, porque, alejados de los aplausos y los créditos, fueron soporte fundamental para este trabajo. Por sus consejos, su apoyo, y porque —sin saberlo— son un instrumento de Dios para que el mundo camine mejor, aquí les entrego este libro.

Quezaltenango, la ciudad del exilio, Guatemala
Mayo de 2022

Prólogo

E L ÉXITO O FRACASO del proyecto de gobierno de la Cuarta Transformación ya no depende del presidente Andrés Manuel López Obrador. Con el alejamiento de los signos del neoliberalismo del poder público, ya quedaron fincadas las bases para un nuevo orden de gobierno en México. Ahora, el éxito o fracaso de este nuevo modelo político-social depende de otro hombre: Alejandro Gertz Manero, el fiscal general de la República.

Por increíble que parezca, y así se asoma a la luz de la historia política de nuestro país, por primera vez en México la consolidación de un modelo de gobierno con rasgos populares no está en las manos de un presidente. Ahora todo depende de lo que haga o deje de hacer Alejandro Gertz Manero, quien —en su calidad de funcionario encargado de procurar la justicia para todos— tiene la obligación de satisfacer una de las más grandes deudas sociales que por décadas, tal vez siglos, ha reclamado la sociedad mexicana en su conjunto: que la justicia sea pareja, sin miramientos ni concesiones cortesanas para nadie.

Aunque es cierto que Andrés Manuel López Obrador —quien hasta hoy es el presidente más votado de toda la historia de nuestro país y el primero en ser ratificado en su cargo— convenció a la mayoría del electorado —30 millones 113 mil 483 personas de los 56 millones 611 mil 27 que acudieron a las urnas el día 1 de julio de 2018— con su propuesta de atender primero las necesidades de los pobres, cierto es también que lo que más emocionó a esos millones de votantes fue la posibilidad de poner fin a un régimen de privilegios para una clase gobernante que se había apoderado de todo: territorio, concesiones, negocios al amparo del poder, incluso del sistema de procuración de justicia.

Si hubo una marca de desgobierno que caracterizó a los regímenes previos al del presidente López Obrador, más allá de la corrupción y el saqueo de los recursos naturales y de la hacienda pública, esa fue la torcida procuración de la justicia. Al menos durante los últimos 35 años, los mexicanos vimos cómo el aparato de justicia, partiendo de las acciones de la Procuraduría General de la República (PGR), hoy convertida en Fiscalía General de la República (FGR), actuó a modo, a favor de unos cuantos de la clase privilegiada. Por eso, una de las propuestas de Andrés Manuel López Obrador que mayor ánimo causó entre los electores fue la de poner fin a la aplicación de la justicia selectiva.

En su calidad de candidato, sobre todo en la tercera campaña política que finalmente lo llevó a la Presidencia de la República, Andrés Manuel López Obrador propuso que, sin distingos, sin importar el estatus social, económico o político, a partir de su administración todos los mexicanos estaríamos sujetos a un régimen de justicia imparcial, en el cual lo primero fuera la observación del Estado de derecho. Pero eso sólo ha sido en la teoría, porque en la práctica la investigación de delitos sigue viciada por intereses nocturnos.

El planteamiento en materia de procuración de justicia del entonces candidato presidencial Andrés Manuel López Obrador fue claro: habría que dar el giro histórico necesario para que, desde la integración de las carpetas de investigación o averiguaciones previas de cualquier delito hasta la culminación —con la emisión de una sentencia por un juez—, en todo proceso penal se observaran los principios consagrados en el segundo párrafo del artículo 17 de la Constitución Política de los Estados Unidos Mexicanos, donde se establece que "toda persona tiene derecho a que se le administre justicia por tribunales que estarán expeditos para impartirla en los plazos y términos que fijen las leyes, emitiendo sus resoluciones de manera pronta, completa e imparcial. Su servicio será gratuito, quedando, en consecuencia, prohibidas las costas judiciales".

Esa propuesta —teóricamente asentada en la Constitución, pero dejada de lado en la práctica por la reinante corrupción en el Poder Judicial—, sin lugar a dudas, fue la que hizo que la mayoría de mexicanos, cansados por los excesos de regímenes anteriores —del PRI y del PAN—, se volcara en las urnas y optara por la oferta de una Cuarta Transformación de la vida político-social de México, encarnada en el ideario del partido Movimiento de Regeneración Nacional (Morena), el cual finca su esencia política en la necesidad de una transformación profunda de régimen de gobierno que favorezca la vida de los mexicanos; una trasformación de la misma magnitud con que impactaron los procesos históricos conocidos como la Independencia, la Reforma y la Revolución, pero ahora de manera pacífica.

La posibilidad de oxigenar la demanda social de una procuración de justicia sin torceduras, para evitar que el encono popular se fermentara y terminara en el estallido social, fue uno de los últimos actos con los que el gobierno neoliberal del presidente Enrique

Peña Nieto trató de congraciarse con el electorado; en diciembre de 2014, el día 14, la Cámara de Diputados aprobó la iniciativa de Ley de la Fiscalía General de la República (FGR), con la que se sustituía a la PGR creando la nueva FGR, a la que se le dotaba de aires democráticos con una mal entendida autonomía del Poder Ejecutivo.

En su momento, en un intento por seguir teniendo el control de la nueva Fiscalía General de la República, el gobierno de Enrique Peña Nieto, ya en su último año de gestión, después de las elecciones de 2018, trató de imponer al frente de esta a Raúl Cervantes Andrade, quien fuera, además de consejero jurídico de la Presidencia, titular de la PGR del 26 de octubre de 2016 al 16 de octubre de 2017. Los intentos del presidente Peña Nieto para designar a un fiscal a modo, que cubriera las espaldas a todos los funcionarios de la administración federal en salida, no fructificaron.

Bajo la consigna de "No al fiscal carnal", que aludía a la cercanía entre Raúl Cervantes y Enrique Peña Nieto, la mayoría de los diputados y senadores de Morena recién electos, hacia finales de 2018, hicieron todo para frenar la herencia que pretendía dejar el gobierno neoliberal a la administración de Andrés Manuel López Obrador. Los diputados y senadores de Morena hicieron valer su oposición desde sus respectivas cámaras y también frenaron la consolidación de la iniciativa de ley desde 12 congresos locales: los de Baja California Sur, Ciudad de México, Aguascalientes, Puebla, Querétaro, Guanajuato, Michoacán, Morelos, Oaxaca, San Luis Potosí, Tabasco y Tlaxcala.

Desde allí, desde dichos congresos locales, la dirigencia de Morena —bajo la orden directriz del ya presidente electo Andrés Manuel López Obrador— cerró el paso a esa intención de Peña Nieto de dejar un "fiscal carnal". Los diputados locales dilataron el proceso para hacer válida *a posteriori* la reforma de ley propuesta por Peña Nieto y esperaron a que López Obrador llegara al cargo y emitiera el nombre de quien sería el fiscal. Sin duda también un fiscal a modo. Así, los diputados y senadores de Morena evitaron al "fiscal carnal" de Enrique Peña para esperar al "fiscal carnal" de Andrés Manuel López.

Ya en calidad de presidente, Andrés Manuel López Obrador, a tan sólo 48 días de haber juramentado como presidente constitucional, al filo de las 11:15 de la mañana del 17 de enero de 2019 presentó ante el Senado de la República la terna de donde habría de resultar electo o electa quien encabezaría la nueva Fiscalía General de la República, y con ello cumplir el compromiso político y social de una procuración de justicia más cercana a la gente, al menos con mayor tacto social. La propuesta del presidente estuvo integrada por Eva Verónica de Gyvés Zárate, Bernardo Bátiz y Alejandro Gertz Manero. Se trataba de tres personas de la máxima confianza de López Obrador, muy identificadas con el movimiento obradorista y, desde hace décadas, incondicionales a las aspiraciones presidenciales de este.

Para 2006, durante la primera candidatura presidencial de López Obrador, cuyo triunfo fue usurpado por Felipe Calderón, Eva Verónica de Gyvés Zárate ya era una de las pocas personas a las que López Obrador escuchaba sin empacho en materia de leyes constitucionales. Su confianza en ella no era fortuita: Eva Verónica, junto con su esposo, Rafael Guerra Álvarez, participó en la defensa judicial de López Obrador durante el proceso conocido como "el desafuero", cuando —entre 2004 y 2005— el gobierno del presidente Vicente Fox trató de inhabilitarlo de sus derechos políticos, acusándolo de desacato a una orden judicial, cuando López Obrador era jefe de Gobierno de la Ciudad de México.

Tras ese proceso, que concluyó por presión social con el desistimiento de la PGR de acciones legales contra López Obrador, luego de haberse consumado el desafuero el día 7 de abril de 2005, Eva Verónica de Gyvés y Rafael Guerra Álvarez recibieron no sólo la confianza de Andrés Manuel López Obrador, sino también su reconocida gratitud: Rafael fue nombrado presidente del Tribunal Superior de Justicia de la Ciudad de México, cargo que asumió el 1 de enero de 2019, en tanto que Eva Verónica fue postulada para ser fiscal general de la República. Aun cuando ella no pasó el filtro del Senado de la República, fue también recipiendaria de la bonhomía de

López Obrador, al ser propuesta y aceptada para desempeñar —desde el 20 de noviembre de 2019 hasta el 19 de noviembre de 2024— el cargo de magistrada dentro de la Consejo de la Judicatura Federal (CJF), el máximo órgano de gobierno dentro del Poder Judicial de la Federación.

El otro propuesto por López Obrador para ser fiscal general de la República tampoco tuvo éxito porque sólo fue nombrado para completar la terna: Bernardo Bátiz y Vásquez, quien se desempeñó —del 5 de diciembre de 2000 al 4 de diciembre de 2006— como titular de la Procuraduría General de Justicia (PGJ) del entonces Distrito Federal, cuando López Obrador fue el jefe de Gobierno de la Ciudad de México y lo sucedió en el cargo Alejandro Encinas Rodríguez, actual subsecretario de Derechos Humanos de la Secretaría de Gobernación (Segob).

Bernardo Bátiz está ligado políticamente a López Obrador desde finales de 1992, cuando renunció a su militancia dentro del derechista Partido Acción Nacional (PAN) y no pudo prosperar la fundación del conservador Partido Foro Democrático (PFD), con el que él y otros actores políticos, como Jesús González Schmal, Pablo Emilio Madero, José González Torres y Carlos Gómez Álvarez, trataron de radicalizar la política de la derecha mediante el amasamiento de ideologías tan diversas como el conservadurismo, el nacionalismo, el humanismo, la doctrina social de la Iglesia y la llamada democracia cristiana.

Aunque de ideología ultraderechista que no demeritó su postura denunciativa de la corrupción, ante la invitación de López Obrador, Bernardo Bátiz encontró acomodo dentro de las filas del izquierdista Partido de la Revolución Democrática (PRD). Allí fue uno de los principales contribuyentes ideológicos y económicos al movimiento interno del PRD que llevó a López Obrador a la dirigencia nacional de ese partido y posteriormente a la Jefatura de Gobierno de la Ciudad de México, en donde a Bernardo Bátiz se le encomendó la titularidad de la PGJ del Distrito Federal, logrando buenos resultados, sobre todo en materia de combate a la corrupción y contención de la delincuencia organizada.

Por eso, en su momento, Andrés Manuel López Obrador postuló a Bernardo Bátiz como otro de sus candidatos a la Fiscalía General de la República. Pero en el Senado la confianza de la mayoría de los legisladores de Morena se vio socavada por la ideología ultraderechista de Bátiz. Tras su rechazo como candidato a fiscal —igual que en el caso de Eva Verónica de Gyvés—, el presidente López Obrador le otorgó un premio de consolación: Bernardo Bátiz fue propuesto y aceptado como magistrado para ocupar una vacante dentro del Consejo de la Judicatura Federal del Poder Judicial, cargo que asumió el 4 de diciembre de 2019 y que habrá de concluir el 3 de diciembre de 2024.

El tercer postulante al cargo de fiscal general de la República que presentó el presidente López Obrador ante el Senado de la República fue Alejandro Gertz Manero, otro de los pocos hombres de sus confianzas. A diferencia de Eva Verónica de Gyvés y Bernardo Bátiz, Alejandro Gertz gozaba ya de la selecta amistad del presidente. Amistad que se debe no sólo a que Gertz y López Obrador se conocen desde hace décadas, sino a que Gertz Manero ha sido uno de los principales contribuyentes económicos al movimiento de Andrés Manuel López Obrador desde los tiempos de la oposición, cuando pocos creían en sus posibilidades presidenciales.

Así que la amistad entre Alejandro Gertz Manero y Andrés Manuel López Obrador es añeja y se observa inquebrantable. Data de la segunda mitad de la década de los 70, luego de que ambos sirvieron al régimen priista de Luis Echeverría Álvarez. En ese entonces, a finales de 1976, Andrés Manuel era coordinador de la campaña política del candidato priista a senador por Tabasco, el poeta Carlos Pellicer. Por su parte, en ese mismo año a Alejandro Gertz Manero se le designó titular de la Procuraduría Federal de la Defensa del Trabajo, de la Secretaría del Trabajo y Previsión Social (STyPS), a cargo del michoacano Carlos Gálvez Betancourt.

El primer acercamiento de amistad entre Gertz Manero y López Obrador se dio hacia 1977, ya en el régimen del presidente José López Portillo. Para ese tiempo López Obrador había cumplido cabalmente el encargo de hacer senador a Carlos Pellicer, a través de una gran campaña política de contacto social; en consecuencia, como lo hacen todos los regímenes, a López Obrador se le pagaron sus oficios políticos —a favor del sistema— con un puesto de importancia: se le nombró director del Instituto Indigenista de Tabasco.

Desde ese su primer encargo público, Andrés Manuel López Obrador, tal vez ya convencido de la importancia social y política que revisten las comunidades indígenas, y bajo la visión necesaria de pagar la deuda histórica del abandono social, comenzó a trabajar por el reconocimiento de los derechos laborales de los pueblos indígenas marginados de Tabasco. Una de las principales labores que realizó como director del Instituto Indigenista de ese estado fue incorporar a grupos indígenas en los trabajos que realizaba la Coordinación General del Plan Nacional de Zonas Deprimidas y Grupos Marginados (Coplamar), creada por el presidente José López Portillo.

Las primeras incorporaciones laborales de algunos grupos indígenas en Tabasco, dentro de Coplamar, ni siquiera gozaban del reconocimiento oficial que garantizara los derechos laborales más básicos para aquellos trabajadores indígenas. Por eso, Andrés Manuel comenzó a acercarse al procurador federal de la Defensa del Trabajo, Alejandro Gertz Manero, para gestionar el otorgamiento de las garantías que por ley les asistían, pero les eran negadas a los trabajadores indígenas del sureste. Eso fue lo que los acercó a los dos. En aquel tiempo, el hoy presidente tenía 26 años de edad y Alejandro Gertz ya contaba con 32. López Obrador se desempeñaba en el ámbito local y Gertz Manero en el federal, pero aun así trabaron buena relación, que a la postre se tornó en amistad.

Por eso, aun cuando el presidente López Obrador, para efectos de ley, tuvo que presentar una terna de la cual el Senado de la República escogiera al titular de la Fiscalía General de la República, puede considerarse que las propuestas de Eva Verónica de Gyvés Zárate y Bernardo Bátiz y Vásquez sólo fueron un mero trámite. En realidad, desde un principio quizá la intención del presidente Andrés Manuel López Obrador siempre fue que Alejandro Gertz Manero se convirtiera en fiscal general. Al menos así lo apunta el hecho de que todos los senadores de Morena —el partido del presidente—, encabezados por Ricardo Monreal, hicieran bloque y fueran conjuntamente por una votación masiva a favor de este.

La elección del fiscal dentro de la Cámara de Senadores tuvo lugar el 18 de enero de 2019, bajo la modalidad "Por cédula", un proceso de voto secreto que se lleva a cabo a través de una papeleta o cédula que cada legislador deposita dentro de una urna. Este proceso de elección se aplica cuando se eligen funcionarios o integrantes de los órganos de gobierno. Votaron 117 de los 128 senadores que integran la Cámara Alta: 91 votos fueron a favor de Alejandro Gertz Manero, nueve a favor de Bernardo Bátiz y nadie votó por Eva Verónica de Gyvés. Los otros 17 legisladores votaron por personas no incluidas en la terna oficial.

De esa forma, Alejandro Gertz Manero fue ungido como el primer fiscal autónomo al Poder Ejecutivo, cuyo encargo tendrá una vigencia de nueve años: su gestión comenzó al día siguiente de la votación, el 19 de enero de 2019, y permanecerá en funciones hasta el 18 de enero de 2028. Su remoción sólo se contempla a petición del presidente de la República, quien podrá solicitar la renuncia del fiscal "por incurrir en alguna de las causas graves contempladas en el Capítulo II del Título Tercero de la Ley General de Responsabilidades Administrativas o por la comisión de uno o más delitos que ameriten prisión preventiva oficiosa en términos del artículo 19 de la Constitución y 167 del Código Nacional", según se establece en la Ley de la Fiscalía General de la República, en su artículo 24, donde se agrega que el fiscal también puede ser removido en los supuestos de "perder la ciudadanía mexicana [...]. Adquirir incapacidad total o permanente que impida el correcto ejercicio de sus funciones [...].

[Y/o] cometer violaciones graves a la Constitución". Esos son los hilos de los que pende la autonomía de la que ha sido dotada la nueva Fiscalía General de la República, que a la vez constituye un recoveco legal para que el titular de la FGR no rinda cuentas ante nadie.

De acuerdo con la Ley de la FGR, la autonomía de esa dependencia es tal que ni siquiera se le garantiza a su titular la libertad para —en un momento determinado— renunciar al cargo. La permanencia o no en el cargo del fiscal en turno estará invariablemente supeditada a la decisión unipersonal del jefe del Ejecutivo federal, con lo que se asegura que el presidente de la República siempre tenga el control de la procuración de justicia. Aunado a lo anterior, esa misma libertad del fiscal conlleva la posibilidad de permitirle concentrar un inmenso poder dentro del Estado mexicano.

Pero más allá de eso, y concediendo que el presidente Andrés Manuel López Obrador tiene todo el derecho, como lo han tenido todos sus antecesores, de trabajar con las personas de su mayor confianza, resalta un hecho innegable: a sólo tres años de haber iniciado su gestión como fiscal amigo del presidente, Alejandro Gertz Manero es uno de los mayores riesgos para la consolidación del proyecto de gobierno —a largo plazo— de la Cuarta Transformación. No es únicamente por los escándalos mediáticos en que se ha visto envuelto el fiscal en el primer tercio de su gestión; es más bien por su opaco desempeño. Por su tibieza. Por su inexistencia ante los retos que exige la consolidación de la procuración de justicia sin sesgos de ninguna índole.

Aparte queda el hecho de que el fiscal Alejandro Gertz Manero ha utilizado el aparato de procuración de justicia de los mexicanos para llevar a cabo sus venganzas personales. Allí está el caso del procesamiento ilegal —corregido por la Suprema Corte de Justicia de la Nación (SCJN)— que inició contra su familia política: contra la pareja de su hermano Federico Gertz Manero, Laura Morán Servín, y la hija de esta, Alejandra Cuevas Morán, ambas señaladas injustamente por el delito de homicidio doloso de concubino por omisión de auxilio. Por ese señalamiento, que ha quedado claro que fue sólo una venganza personal, Alejandra Cuevas Morán, de 62 años de edad, estuvo recluida 17 meses en la cárcel de Santa Martha Acatitla de la Ciudad de México, mismo lapso durante el cual a Laura Morán Servín, de 92 años de edad, se le amenazó con ejecutarle una orden de aprehensión que la obligó —por miedo— a mantenerse autoarraigada en su propio domicilio.

La persecución de Gertz Manero contra la pareja de su hermano y la hija de esta obedece —en versiones de la familia— a que el fiscal pretende recuperar una herencia económica, presuntamente bajo el poder de Laura Morán Servín, que al momento de la muerte de Federico Gertz, ocurrida en 2015 cuando él tenía 85 años de edad, habría ascendido a más de 7.8 millones de dólares y se encontraría depositada en un banco de Suiza, el Julius Baer.

Otra venganza desde el poder que orquestó personalmente el fiscal Gertz Manero es la que persigue contra un grupo de 31 académicos del Consejo Nacional de Ciencia y Tecnología (Conacyt), a los que todavía busca imputarles los delitos de delincuencia organizada y lavado de dinero, pese a que la SCJN ya se ha pronunciado negando la existencia de la comisión de esos delitos. En los mismos términos, un juez federal se ha negado en dos ocasiones a girar las respectivas órdenes de aprehensión contra los académicos perseguidos. Sin embargo, la fiscalía de Gertz Manero no quita el dedo del renglón, porque la ofensa fue mucha:

Algunos de los académicos involucrados que figuran en la carpeta de investigación, que se abrió en enero de 2021, tuvieron "la osadía" de rechazar las aspiraciones académicas de Alejandro Gertz Manero quien, desde 2010 y en cuatro ocasiones posteriores en los siguientes 11 años, solicitó ingresar al Sistema Nacional de Investigadores (SNI) del Conacyt. Por carecer de méritos para ello, Gertz Manero fue rechazado como aspirante a investigador: era insuficiente su producción científica y no demostró trabajo para la generación y transmisión de nuevos conocimientos. Con todo, finalmente logró su cometido… En abril de 2021, ya en el gobierno de Andrés Manuel López Obrador, con el apoyo presidencial y con el aval de la directora María Elena Álvarez-Buylla, el Conacyt lo aceptó como investigador científico de tiempo completo.

Y qué decir de la persecución que Gertz Manero ha emprendido contra el ex rector de la Universidad de las Américas Puebla (UDLAP), Luis Ernesto Derbez Bautista, y otros de sus ex directivos: Mónica Ruiz Huerta, ex vicerrectora Administrativa; Mario Vallejo Pérez, ex vicerrector de Finanzas y Desarrollo Institucional; Jesús Salvador Mijangos Patiño, ex director general de Asuntos Jurídicos, y los abogados de la familia Jenkins Landa, Virgilio Rincón Salas y Alejandro González Muñoz, todos acusados del desvío de más de 100 millones de pesos de la Fundación Mary Street Jenkins.

El trasfondo de esa venganza es simple: los aludidos en la investigación judicial, que hoy ya tienen orden de aprehensión, en su calidad de miembros de la fundación Universidad de las Américas A.C. se opusieron a que Alejandro Gertz Manero se hiciera propietario de la marca UDLAP. Gertz Manero reclamó como de su propiedad la marca de la Universidad de las Américas Puebla y desde 2000 cuenta con poderes para actos de dominio sobre la universidad, al estar vinculado laboralmente con la Universidad de las Américas, en la sede de la Ciudad de México.

En representación de Alejandro Gertz Manero, el reclamo de la marca UDLAP —en un litigio que todavía no termina— lo llevó el abogado Juan Ramos López, quien fue apoderado de la fundación Universidad de las Américas A.C. y a quien, una vez que Gertz se convirtió en fiscal general de la República, se le asignó el cargo de titular de la Subprocuraduría Especializada en Investigación de Delitos Federales de la FGR. Con ese poder desde dentro del mismo poder, hoy Gertz Manero ha decidido ir contra los que se oponen a que la franquicia UDLAP sea propiedad de otro particular.

A la cauda de cuestionamientos sobre la actuación parcial del fiscal Gertz Manero se suman otros casos que, además de evidenciar el faccioso manejo de la procuración de justicia, también han acabado en fiascos públicos, tales como las investigaciones criminales que se hicieron contra Francisco Javier García Cabeza de Vaca, aún gobernador de Tamaulipas hasta el cierre de esta investigación, y Samuel García Sepúlveda, gobernador de Nuevo León, quienes fueron señalados —el primero— de los delitos de delincuencia organizada y lavado de dinero, y —el segundo— de delitos electorales y operaciones con recursos de procedencia ilícita.

Las investigaciones de la FGR que se anunciaron contra los gobernadores Francisco Javier García Cabeza de Vaca y Samuel García Sepúlveda sólo quedaron en las noticias. Nunca se logró consolidar la judicialización de los casos, tal como también ocurrió con el aviso de investigación contra Adrián de la Garza, candidato del PRI-PRD a la gubernatura de Nuevo León en 2021, al que la Fiscalía General de la República señaló de mantener vínculos delictivos con grupos del narcotráfico. Sobre estos casos, que la FGR hizo públicos como puntos inflexibles en el combate a la corrupción, el tiempo ha hecho lo suyo: han quedado sepultados por el polvo del olvido.

Donde de igual manera se ha observado laxa la participación de la Fiscalía General de la República, debido a una actuación del fiscal Alejandro Gertz Manero que raya en la pasividad, es en los casos de "La estafa maestra" de Rosario Robles y de Odebrecht de Emilio Lozoya Austin. En ambos procesos, que sintetizan el grado de corrupción que permeó en la administración del presidente Enrique Peña Nieto, la FGR ha sido la misma omisa de antes: los dos acusados, aun cuando están en prisión, no han podido ser sentenciados. Es más, los agentes del Ministerio Público adscritos ni siquiera han podido obtener mayor información de los inculpados como para —eventualmente— vincular a proceso penal a otros participantes en esas redes de corrupción, incluido el mismo ex presidente Enrique Peña Nieto.

Pero, sin duda, el caso que mayormente refleja el grado de ostracismo que ha mostrado el fiscal Gertz Manero es el del general Salvador Cienfuegos Zepeda. Aquí, el fiscal y su aparato de procuración de justicia no se han salido una sola línea del guion establecido de complicidad. El general Cienfuegos fue entregado al gobierno mexicano luego de que el gobierno de Estados Unidos lo procesara penalmente —en un acto trunco—, ya que la Administración de Control de Drogas (DEA, por sus siglas en inglés) del Departamento de Justicia de ese país lo acusó de tener nexos con una escisión del Cártel de los Hermanos Beltrán Leyva, concretamente con la fracción que lideraba Francisco Patrón Sánchez, alias el H2, grupo al que el gobierno estadounidense identifica como el Cártel H2.

La entrega del general Cienfuegos al gobierno mexicano, que se llevó a cabo el 18 de noviembre de 2020, estuvo condicionada a que este fuera investigado y juzgado conforme a las leyes mexicanas. Y así fue: la FGR de Gertz Manero dio muestras de su inoperatividad. Con una supuesta investigación que duró apenas 57 días, la fiscalía mexicana anunció —el 14 de enero de 2021—, a través del boletín informativo 013/21, su conclusión de "que el general Salvador Cienfuegos Zepeda nunca tuvo encuentro alguno con los integrantes de la organización delictiva investigada por las autoridades estadounidenses; y tampoco sostuvo comunicación alguna con ellos, ni realizó actos tendientes a proteger o ayudar a dichos individuos".

La exoneración del general Cienfuegos, cuya posible responsabilidad de colusión con el Cártel H2 es evidente y está documentada no sólo por la DEA sino por muchos periodistas mexicanos, dejó en claro que el fiscal Alejandro Gertz Manero no tiene la más mínima intención de cumplir con el cometido del presidente Andrés Manuel López Obrador de arrebatar el control de la procuración de justicia a las élites privilegiadas, para que ya no se siga aplicando el modelo de justicia selectiva o a modo, en el que el equivalente a ser culpable es nacer pobre o no tener amigos dentro del poder.

Con el fiasco de no procesar al general Salvador Cienfuegos —lo cual desilusionó a muchos—, el fiscal Alejandro Gertz Manero ha demostrado que, al menos en materia de procuración de justicia, el modelo de gobierno de la Cuarta Transformación no dista mucho de lo que al respecto han hecho los gobiernos neoliberales del PRI y del PAN. En ese sentido, la 4T no es distinta a los gobiernos anteriores; las principales áreas operativas del gobierno federal siguen siendo controladas por una casta social, la de los *criollos,* que desde hace décadas, sin ideología política alguna, se ha apoltronado en el poder sólo para garantizar la permanencia de sus intereses de clase, donde naturalmente se asoma el de cubrirse las espaldas.

Los *criollos* es un término acuñado por diversos estudiosos de la sociedad mexicana, como el doctor en sociología Édgar Morín, quien reconoce que en México sigue funcionando el modelo social de castas impuesto en nuestra sociedad desde la Colonia española, cuando los hijos de europeos, ante la imposibilidad de contar con títulos nobiliarios de la vieja realeza europea, optaron por distinguirse del grueso de las masas a través de encomiendas de gobierno de importancia.

En esta teoría social se establece que el ascenso a cargos de poder, dentro de la administración pública del gobierno federal, siempre es más fácil cuando se tiene el linaje o la herencia sanguínea de apelativos cuyas familias son originarias de Europa. Esto no es nada más teórico ni se trata de una infundada "teoría de la conspiración". Es real. Y se puede observar en un hecho innegable: del 52 al 58 por ciento de los funcionarios federales en mandos de dirección del gobierno federal (dígase secretarios de Estado, subsecretarios, directores, jefes de departamentos y jefes de área), desde la administración del presidente Carlos Salinas hasta la del presidente Andrés Manuel López Obrador, son hijos, nietos o parientes directos de familias de origen europeo.

Así, se puede asegurar que en México existe, casi a manera de sociedad secreta, un cerrado círculo social en las más altas esferas políticas y económicas, las más arraigadas y pudientes, que siempre están promoviendo el ascenso en la escala social de un reducido grupo de hijos, nietos o parientes de familias originarias de Europa. Por ello, no es fortuito que personas con apellidos europeos de origen directo sean las encargadas de universidades, instituciones bancarias, órganos de gobierno, ejecutivos de grandes corporaciones del sector privado o sean parte de la llamada intelectualidad.

A ese grupo pertenece el fiscal general Alejandro Gertz Manero. De otra forma no se entiende cómo ha transitado políticamente y sin tropiezo alguno durante 60 años de carrera en el servicio público, donde —al parecer sin mayor esfuerzo ni contratiempos— ha brincando de un cargo a otro en las administraciones federales que han ido en el espectro ideológico desde el centro izquierda del Partido Revolucionario Institucional (PRI), pasando por la derecha del Partido Acción Nacional (PAN) y la derecha moderada del partido Movimiento Ciudadano (MC), hasta llegar al ala izquierda moderada del partido Movimiento de Regeneración Nacional (Morena) y su Cuarta Transformación.

Como miembro de la casta criolla mexicana, Alejandro Gertz Manero ha cumplido muy bien las expectativas de protección a la clase privilegiada. Así lo hizo desde sus inicios en el servicio público, cuando en la década de los 60 comenzó a trabajar como inspector y abogado de la STyPS. Por eso no existe la menor duda de que ahora, como titular de la Fiscalía General de la República, siga haciendo las dos cosas que mejor sabe hacer: servir a la clase privilegiada y mantenerse esquivo de los reflectores públicos.

Porque si algo ha caracterizado a Alejandro Gertz Manero a lo largo de su trayectoria pública es justamente su habilidad para hacerse presente o inexistente a voluntad. Cuando la ocasión lo ha requerido, ha saltado a la escena pública para dar muestras de su grandilocuencia, sea en el campo del ejercicio del poder o de la intelectualidad. Y cuando ha sido necesario se ha reservado lo suficiente para pasar inadvertido. Ha sido —cuando lo ha querido— un fantasma que ha recorrido los pasillos del poder sin siquiera dar visos de su existencia.

La inexistencia de Alejandro Gertz Manero se ha suscitado de tal forma que prácticamente no hay huella pública de lo que ha hecho o dejado de hacer como funcionario federal. Son pocos los expedientes de acceso público que hablan de su trayectoria. Pareciera que una parte de su trabajo ha consistido en ir borrando las huellas del pasado, como si con ello quisiera evitar el juicio de la historia o al menos el reclamo inmediato de las acciones que en su momento le dictó su conciencia.

Si la vida pública de Alejandro Gertz Manero es oscura, con mayor razón lo es su vida privada, la cual en realidad poco interesa. No existen registros oficiales en ninguna instancia de gobierno que hablen de su vida personal. Ni en la Secretaría de la Defensa Nacional (Sedena), ni en la Secretaría de Marina (Semar), ni en el Centro Nacional de Inteligencia (CNI) —antes Centro Nacional de Investigación y Seguridad Nacional (Cisen)—, los principales órganos de inteligencia del gobierno mexicano. Tampoco existe —como es común de otros funcionarios— un expediente que hable de las filias y las fobias de este personaje. Todo es opacidad. Una oscuridad cuya causa o finalidad todavía no se entiende bien cuál es. Es como si Alejandro Gertz Manero tuviera algo que ocultar.

De eso trata este texto. De desenmarañar la historia pública de este hombre y su actuación al frente de la FGR. De encontrar las razones por las que el fiscal ha ido borrando meticulosamente cada una de sus huellas a lo largo de su trayectoria pública en diversas dependencias del gobierno federal, desde que inició hace casi 60 años —en 1963— en la Secretaría del Trabajo y Previsión Social (STyPS) y continuó en la Secretaría de Comunicaciones y Transportes (SCT), en la Secretaría de Educación Pública (SEP), en el Instituto Nacional de Antropología e Historia (INAH), en la Procuraduría General de la República (PGR), en la dirección de la Universidad de las Américas (UDLA), dentro del Consejo Consultivo en Procuración de Justicia y Seguridad Pública del Gobierno del Distrito Federal, en la Secretaría de Seguridad Pública (SSP) del gobierno federal, en la Policía Federal Preventiva (PFP), dentro de la Cámara de Diputados y ahora como titular de la Fiscalía General de la República (FGR).

No es aventurado decir —y aquí se sostiene— que Alejandro Gertz Manero no nada más es un enigma, sino que podría ser un caso similar al de Genaro García Luna en cuanto a la desaparición de los archivos públicos que pudieran hablar de su labor al frente de los diversos encargos públicos que ha tenido. Es como si Gertz, igual que en su momento lo hizo el ex secretario de Seguridad Pública de Felipe Calderón, se hubiera tomado el tiempo de sustraer y destruir toda evidencia documental y pública que lo acusara de cara a la historia, a la que todo funcionario federal tiene que enfrentarse en algún momento de su vida.

En este texto no solamente se indaga sobre esa anómala situación al frente de la FGR. También se ahonda en las razones por las que hoy la FGR sigue varada en el proceso selectivo de la aplicación de justicia, como si los mexicanos no hubiésemos transitado, por la vía pacífica del voto popular, a un nuevo régimen de gobierno y continuáramos anclados en el astillero neoliberal. A lo largo de este texto, aquí desfilan uno a uno los principales casos de mala o nula procuración de justicia que ya apuntan a la gestión de Gertz Manero como un fracaso del nuevo modelo político-social y de gobierno que propone la Cuarta Transformación.

Es cierto que este trabajo, por su contenido informativo, representa un gran riesgo, pero vale la pena. Cientos de víctimas de la mala procuración de justicia, de la perniciosa omisión de Alejandro Gertz Manero, merecen ser escuchados a través de esta denuncia; los encarcelados injustamente, los falsos positivos, las víctimas de tortura, los desaparecidos y sus familias, todos desde algún lugar de México claman silenciosamente y exigen una respuesta del fiscal general.

Estas letras son sus voces.

1

El abuelo nazi

El que tuvo, retuvo.

—REFRÁN POPULAR

PARA ENTENDER tanto la personalidad de Alejandro Gertz Manero como el ánimo que lo mueve en el desempeño de sus funciones públicas, comencemos por el principio. Esta historia no estaría completa sin explorar los orígenes del fiscal general de la República y las motivaciones que desde niño se le fermentaron en el seno de su familia.

De acuerdo con versiones de su familia política, él fue formado en un molde rígido, con severidad, donde lo fundamental era lo material. Allí —en el seno de su hogar— poco importaba lo intangible, lo humano. Los sentimientos no eran moneda de cambio dentro de la casa de las Lomas de Chapultepec, en la Ciudad de México, donde crecieron los hermanos Alejandro y Federico Gertz Manero.

Durante su infancia, el único amigo y gran confidente de Alejandro fue su hermano Federico, mayor que él por nueve años. Ante el olvido cotidiano de sus padres, Federico fue para Alejandro una especie de tutor y niñero que siempre lo estaba cuidado. Lo mimaba. Era amoroso con él hasta lo indecible. Lo orientaba, lo ayudaba en todo, principalmente en las tareas de la escuela. Alejandro no hacía nada sin el consentimiento de su hermano mayor. "Se amaban al extremo, a tal grado que, hasta los últimos años de vida de Federico, se hablaban por teléfono todas las noches", refieren fuentes de la familia política de Federico —la de la señora Laura Morán Servín—, a las que este en algunas ocasiones contó la relación que de niños tuvieron él y Alejandro.

Uno de los episodios más entrañables que se recuerdan en esa relación de amor filial entre Federico y Alejandro era cuando el hermano mayor se encargaba del aseo personal del más pequeño. Por razones que poco importan en este texto, se sabe que la madre de Federico y Alejandro, la señora Mercedes Manero Suárez, era poco afecta al cuidado de sus hijos. A ella le apasionaban otras cosas. Se pasaba los días metida en su estudio, pues su verdadera pasión era la literatura. El padre de los pequeños, don José Cornelio Gertz Fernández, también se sumía en su mundo de negocios, como prominente miembro de la élite económica de la Ciudad de México, y se limitaba —sin mayor atención a otras cosas— a vigilar que sus hijos cumplieran con la disciplina del estudio y las labores que se les encomendaban en casa.

Ante las ocupaciones de doña Mercedes y de don José Cornelio, Federico era quien constantemente estaba al tanto del aseo de su hermano Alejandro. Federico mismo se autoimpuso la tarea cotidiana de obligar a su hermanito a ir al baño. Se esmeraba peinándolo, vistiéndolo bien, pero sobre todo cuidaba que sus zapatos estuvieran muy presentables, refiere la fuente de la familia Morán Servín. "Era como si Federico, más allá de ser el hermano mayor, fuera a la vez el papá que siempre estaba cuidando la disciplina y el aseo de aquel niño. Por eso el apego entre los dos", cuenta.

Los datos sobre el matrimonio que formaron José Cornelio Gertz Fernández y Mercedes Manero Suárez son borrosos a la luz de la historia. Como si nunca hubieran existido, no hay muchos registros de sus actividades laborales públicas. Sólo por versiones de algunos historiadores locales de Toluca y Xalapa se sabe que tanto José Cornelio Gertz como Mercedes Manero venían de familias acaudaladas. Ella fue hija de Antonio Manero Ruano y Dolores Suárez del Castillo, quienes procrearon una familia numerosa integrada por diez hijos: Antonio, Eulalia, Carlos, Enrique, Adolfo, María del Carmen, José Vicente, Dolores, Alfonso y María de las Mercedes del Sagrado Corazón de Jesús. La familia Manero Suárez estaba asentada en la ciudad de Toluca, Estado de México. Fue allí, en 1903, donde nació Mercedes.

Por su parte, don José Cornelio Gertz Fernández nació en el puerto de Veracruz, en 1902. Fue hijo único del matrimonio formado por Cornelius B. Gertz y Lucia Fernández. Cornelius era de nacionalidad alemana, que luego cambió por la nacionalidad húngara, y Lucia —según aparece en archivos del entonces Departamento de Migración de la Secretaría de Gobernación— también tenía la nacionalidad alemana, aunque en archivos del desaparecido Departamento de Investigaciones Políticas y Sociales de la Secretaría de Gobernación se refiere además que contaba con la nacionalidad estadounidense.

Hasta donde alcanza la luz de la historia hilvanada por algunos historiadores locales de Veracruz, se sabe que don José Cornelio Gertz Fernández conoció a doña Mercedes Manero Suárez en uno de los tantos viajes de negocios que realizaba a la Ciudad de México como representante de Casa Sommer, Herrmann y Compañía, una firma ferretera que su padre Cornelius B. Gertz estableció en Veracruz y que tenía sucursales en Xalapa, Puebla y la Ciudad de México, además de otras ciudades de Europa. Al poco tiempo

de conocerse, don José Cornelio Gertz Fernández y doña Mercedes Manero Suárez del Castillo optaron por el matrimonio. De esa
unión nacieron Federico y Alejandro, sus únicos hijos y herederos
de una inmensa fortuna.

De los dos hijos del matrimonio Gertz Manero, Alejandro fue
el que más se interesó en cuidar la herencia y los negocios de su padre. Federico era más dado a la intelectualidad y dirigió su camino
por el campo de la enseñanza académica. Alejandro, sin dejar de
lado también el fomento de la intelectualidad, se propuso conservar
la riqueza económica que su padre, don José Cornelio Gertz Fernández, heredó del abuelo Cornelius B. Gertz. Tanto era el empeño
de Alejandro por cuidar el patrimonio de la familia, que aun siendo estudiante dividía su tiempo entre las labores de la escuela y su
trabajo como empleado de la ferretería Casa Sommer, Herrmann y
Compañía, donde comenzó como despachador de mostrador y llegó
a la gerencia.

El reino de Gertz

¿De dónde surgió la gran herencia que desde joven a Alejandro
Gertz Manero le preocupaba cuidar? Vale la pena echar una mirada
a la historia del abuelo Cornelius B. Gertz quien, en el contexto de
las dos Guerras Mundiales —la Primera, ocurrida entre el 28 de julio
de 1914 y el 11 de noviembre de 1918, y la Segunda, entre el 1 de septiembre de 1939 y el 2 de septiembre de 1945—, no solamente amasó
una gran fortuna: también pasó de ser condecorado con la Orden
del Águila Azteca —el máximo galardón que se otorga en México a
los extranjeros que se distinguen por sus servicios a la patria— a ser
perseguido e investigado por el gobierno mexicano bajo la sospecha
de ser espía del régimen nazi.

Cornelius B. Gertz, cuya fecha exacta de nacimiento no es clara
porque su registro de ingreso a México está falseado —al parecer en

forma intencional—, nació en 1868 en la localidad de Tetenbüll, al norte de Alemania, cerca de la frontera con Dinamarca. No se sabe cuándo ni con quién emigró a México, pero su primer registro público en nuestro país aparece en 1892, cuando debió tener 24 años de edad, y ya para entonces contaba con seis años de residencia en Xalapa. En los datos del levantamiento del Censo de Extranjeros en el Cantón de Jalapa —que comenzó a integrarse en 1844—, se establece para el año de 1892 que Cornelius B. Gertz, quien se registró bajo el nombre de José G. (Gertz) de Max, a su corta edad ya era un extranjero acaudalado: con un patrimonio de 800 pesos —cuando una casa promedio costaba 70— y de ocupación comerciante. Se registró como soltero y propietario de una Casa de Préstamo y Empeño.[1]

Como inmigrante alemán en México, Cornelius B. Gertz había empezado a tener una vida social y económica muy activa. Se relacionó a fondo con la élite extranjera en Veracruz, lo que consecuentemente lo llevó a trabar relaciones muy estrechas con el poder político, donde siempre lo vieron como una persona honorable. Así, aprovechó la oportunidad que le dio la ocasión… Valiéndose de su buena imagen social y del decreto número 117 que el 1 de marzo de 1850 extendió el gobernador de Veracruz, Miguel Palacio, para el otorgamiento de permisos de casas de empeño,[2] decidió en 1886 abrir su propio negocio: su casa de empeño, la cual le redituó grandes beneficios económicos, porque en el decreto se establecía que "cumplidos ochos meses, si los interesados no sacan las cosas empeñadas, el dueño del establecimiento las podrá vender". Quizá de esa manera haya amasado parte de su gran fortuna.

Como reconocido miembro de las élites económicas y sociales de Veracruz, pronto el abuelo del fiscal general de la República, que

---

1. Padrón de los Individuos Extranjeros que Existieron en el Primer Cantón de Jalapa, 15 de enero de 1844, Archivo Histórico Municipal de Xalapa, Veracruz.
2. Miguel Palacio, Gobernador del Estado Libre y Soberano de Veracruz, Decreto núm. 117, *Gaceta de Gobierno*, 1 de marzo de 1850, Xalapa, Veracruz.

comenzó a utilizar indistintamente el nombre de Cornelius B. Gertz o el de José G. (Gertz) de Max, echó mano de su cercanía con el poder político de Veracruz para establecer vínculos ahora con el poder político en la capital del país. Tuvo una relación muy cercana —"de amistad" la catalogan algunos historiadores de Veracruz— con los últimos tres secretarios de Relaciones Exteriores del gobierno de Porfirio Díaz: Ignacio Mariscal, Enrique C. Creel y Francisco León de la Barra.

Los nexos de Cornelius B. Gertz con dichos secretarios se debieron a la prominente posición económica que alcanzó en poco tiempo y también a que, una vez que expandió su empresa de casas de empeño y llegó a tener diversas sucursales en Xalapa, en el puerto de Veracruz, en Puebla y en la Ciudad de México, se asoció con la Sommer & Herrmann Company, filial europea de la firma American Steel and Wire Company, que aspiraba a iniciar negocios en México ante el *boom* ferrocarrilero y minero que signó a la administración del presidente Porfirio Díaz.

De la alianza entre Cornelius B. Gertz y los hermanos Sommer Herrmann nació la Casa Sommer, Herrmann y Compañía, que se anunciaba como ferretería, pero que, además de cuchillería, muebles e insumos para la industria agrícola y de la construcción, vendía armas de fuego y todo lo necesario para la industria minera, ferrocarrilera y eléctrica, en pleno apogeo durante el porfiriato. Eso fue lo que hizo que Cornelius B. Gertz comenzara a relacionarse con altos funcionarios del gobierno de Porfirio Díaz, principalmente con los que fueron desfilando por la Secretaría de Relaciones Exteriores, a quienes necesitaba para facilitar las importaciones de los insumos que suministraba a la economía mexicana.

Enrolado en las conexiones con el gobierno de Profirio Díaz, Cornelius B. Gertz pronto las utilizó a fin de recomendar a algunos de sus amigos extranjeros, que —para sostenerse en la alcurnia de la *socialité* mexicana— aspiraban a ser cónsules honorarios de sus respectivos países origen. La labor de Cornelius B. Gertz consistía en gestionar el *exequatur*, que no es otra que cosa que el permiso que otorga el gobierno federal para que un extranjero realice —ante este— labores de representación de otra nación. Se estima que fueron decenas las recomendaciones de cónsules honorarios que hizo Cornelius B. Gertz ante el gobierno porfirista, y continuó haciéndolas aun después del autoexilio del presidente Díaz, tras el cual el abuelo Gertz se mantuvo intocado a pesar de la turbulencia social y política que se desató con la Revolución.

Entre las gestiones del abuelo Gertz ante el gobierno federal para favorecer a sus amigos con cargos de cónsules honorarios están las de Federico Albert, a quien se le reconoció como cónsul de Costa Rica en septiembre de 1910;[3] Luis Hana Rivera, para ser cónsul de la República de Guatemala, en abril de 1911;[4] José Antonio Castro, para ser cónsul de la República de El Salvador, en octubre de 1911,[5] y su también amigo Enrique Zomoza y Tenreiro, a quien el gobierno mexicano aceptó como cónsul honorario del Reino de España, en marzo de 1912[6], todos ellos con residencia en Xalapa, Veracruz, donde tejían amistad, negocios y buenos lazos con Cornelius B. Gertz.

A la par que don Cornelius B. Gertz se entregaba a una vida de relaciones con las altas esferas del gobierno mexicano antes y después de la Revolución, y mientras consolidaba su patrimonio a través de sus casas de empeño y era representante de la firma Sommer y Herrmann, se casó con la señora Lucia Fernández Champion, o Campeona —como luego se castellanizó su apellido—. Ella era hija de una familia estadounidense de Brownsville, Texas, que se instaló en el puerto de Veracruz durante la invasión estadounidense de

3. Oficio núm. 5558, Cantón de Xalapa, Archivo Municipal de Xalapa, Veracruz, 10 de septiembre de 1910.
4. Oficio núm. 249, Cantón de Xalapa, Archivo Municipal de Xalapa, Veracruz, 23 de abril de 1911.
5. Oficio núm. 4172, Cantón de Xalapa, Archivo Municipal de Xalapa, Veracruz, 9 de octubre de 1911.
6. Oficio núm. 1457, Cantón de Xalapa, Archivo Municipal de Xalapa, Veracruz, 2 de marzo de 1912.

1847. Lucia Fernández, que tenía la nacionalidad estadounidense,[7] conoció a Cornelius B. Gertz en el roce cotidiano de la sociedad extranjera que predominaba en el puerto. Si bien no existe registro formal del matrimonio de doña Lucia Fernández y don Cornelius B. Gertz, historiadores de Xalapa estiman que pudo haber acontecido entre 1899 y 1901, cuando él tenía entre 31 y 33 años de edad, y Lucía Fernández, entre 21 y 23 años. De esa unión nació, en 1905, su único hijo, José Cornelio Gertz Fernández, quien a la postre sería el padre de Federico y Alejandro Gertz Manero.

Don Cornelius B. Gertz ya estaba casado —o al menos en unión— con doña Lucia Fernández Champion cuando por su propio interés se acreditó como cónsul del Imperio austrohúngaro. Tal vez tomó esa decisión por la necesidad de tener mayor presencia en la vida política nacional o por los beneficios económicos que ello le representaba. Incluso pudo haber sido una manera de legitimar su cercanía con el poder político mexicano, pues a principios de 1925 Cornelius B. Gertz formó parte del grupo de empresarios que gestionaron ante el presidente Plutarco Elías Calles la creación del Banco de México (Banxico), un organismo autónomo orientado a mantener las políticas públicas que dieran estabilidad a la economía mexicana; fue fundado el 25 de agosto de 1925 y entró en funciones el 1 de septiembre del mismo año.

El Banco de México comenzó a operar bajo la dirección de Alberto Mascareñas Navarro, siendo el primer presidente de su Consejo de Administración Manuel Gómez Morín, amigo muy cercano a Cornelius B. Gertz. Hay que recordar que 14 años después Gómez Morín fundaría, el 15 de septiembre de 1939, el derechista Partido Acción Nacional (PAN), opositor inicial del Partido Revolucionario Institucional (PRI), que nació en 1928 bajo las siglas del PNR (Partido Nacional Revolucionario).

---

7. Departamento de Migración, Secretaría de Gobernación, Archivo de Extranjeros, Caja 037, 14 de septiembre de 1944.

Para entonces ya había ocurrido la Primera Guerra Mundial (1914-1918). Las potencias beligerantes: Imperio austrohúngaro, Imperio alemán, Imperio Otomano y el Reino de Bulgaria, habían perdido la guerra frente a las potencias aliadas encabezadas por Francia, Imperio británico, Imperio ruso, Reino de Italia, Estados Unidos e Imperio de Japón, entre otras. Eso hizo que los países perdedores en la Gran Guerra ofertaran a quien fuera sus respetivas representaciones diplomáticas para recomponer su imagen en todo el mundo, ante el que habían quedado desacreditadas.

Como hombre de oportunidades que siempre fue Cornelius B. Gertz, no desperdició la ocasión. Aprovechó la coyuntura. Como explica la investigadora Mónika Szente-Varga en su tesis doctoral "Migración húngara a México entre 1901 y 1950", el Imperio austrohúngaro, luego de la Gran Guerra, buscó afianzar sus relaciones comerciales frente al gobierno mexicano, "sin incurrir en gastos mayores, ambos países decidieron establecer consulados honorarios".

Agrega la doctora Szente-Varga: "la Monarquía [austrohúngara] se encontraba en una situación más fácil que México. Al torno del siglo ya podemos hablar de una emigración austrohúngara a América Latina, pero es verdad que solamente una fracción muy pequeña llegó finalmente a México. Ellos, los austrohúngaros ya establecidos, formaron la base potencial de los cónsules honorarios. Pero su número fue muy escaso, así que la Monarquía se dirigió hacia la colonia alemana en México, que ya estaba más adaptada, era más numerosa y en la que varios de sus miembros llenaban los requisitos ideales para dirigir un consulado honorario. No había ni problemas de idioma. Por lo tanto, la mayoría de los cónsules honorarios de la Monarquía Dual fueron de origen alemán, entre ellos: Carlos Eckhardt (Veracruz), Cornelius Gertz (Veracruz), Karl Heynen (Tampico) y Henrik Korte (Mérida-Puerto Progreso)".[8]

---

8. Mónika Szente-Varga, tesis doctoral, "Migración húngara a México entre 1901 y 1950", págs. 110-111, Szeged, Csongrád, Hungría, 2004.

Por esa razón, además de la inercia social de que ya gozaba Cornelius B. Gertz, al haberse convertido en un prominente actor económico y político de la vida nacional, el 25 de noviembre de 1925, por decisión del presidente Plutarco Elías Calles y por la gestión directa de su amigo Aarón Sáenz, secretario de Relaciones Exteriores, Cornelius B. Gertz recibió el *exequatur* para ejercer el consulado honorario de Hungría en México. Sin embargo, le sería retirado el 3 de febrero de 1942[9] por orden del presidente Manuel Ávila Camacho, en acuerdo con el secretario de Relaciones Exteriores Ezequiel Padilla Peñaloza.

Bajo la lupa policial

El retiro del permiso oficial, que llevó a que Cornelius B. Gertz dejara de ser cónsul de Hungría en México, *exequatur* del que disfrutó durante 16 años, se debió a la sospecha del gobierno mexicano de que este alemán estaba realizando labores de espionaje a favor del régimen nazi de Adolfo Hitler. Eso —según documentos oficiales de la época— era con el apoyo de un grupo de alemanes que, al igual que Cornelius B. Gertz, contaban con importantes relaciones dentro de la cúpula gobernante de México y se habían avecindado en la exclusiva zona residencial de las Lomas de Chapultepec, en la Ciudad de México.

Hacia 1941 el gobierno del presidente Manuel Ávila Camacho había declarado la guerra a la Alemania nazi y se había sumado a las potencias aliadas para evitar la expansión mundial de los regímenes totalitarios de las potencias del eje Berlín-Roma-Tokio. México participó en la guerra con el Escuadrón 201 de la Fuerza Aérea Expedicionaria Mexicana (FAEM) y realizó acciones de combate al lado

---

9. *Diario Oficial*, núm. 28, tomo CXXX, Sección Primera, México, Distrito Federal, 3 de febrero de 1942.

del Grupo 58 de la 5a. Fuerza Aérea de los Estados Unidos (USAAF, por sus siglas en inglés). De ahí que en México prevaleciera un sentimiento nacionalista que se percibía principalmente antialemán. Y por eso todos los alemanes en México, en particular los que —como Cornelius B. Gertz— eran cercanos al poder, fueron objeto de seguimiento en el contraespionaje.

En aquel año, cuando el gobierno de Manuel Ávila Camacho le retiró el permiso de ser cónsul honorario de Hungría, Cornelius B. Gertz ya tenía 73 años de edad, pero seguía desempeñando su actividad pública, principalmente la de cónsul, con el mismo vigor de cualquier adulto joven, pues si algo caracteriza a la dinastía Gertz es precisamente su exacerbada vitalidad, que da la impresión de no ir acorde con su edad biológica. El ejemplo más vivo es el longevo fiscal Alejandro Gertz Manero, quien a sus 82 años de edad[10] —al cierre de este trabajo, en mayo de 2022— aún manifiesta evidente fortaleza física.

Al gobierno de México, cuando sometió a persecución a Cornelius B. Gertz, pareció no importarle que este extranjero hubiera sido un gran aliado del país, tanto al final del régimen de Porfirio Díaz como durante los gobiernos posrevolucionarios. La gran aportación que Cornelius B. Gertz hizo a la vida económica de México, además de ser el fundador de la Cámara de Comercio de la capital del país, fue sin duda haber sido parte del grupo de fundadores del Banco de México, lo que el aparato de gobierno mexicano ni siquiera consideró.

El presidente Manuel Ávila Camacho declaró el estado de guerra entre México y el eje Alemania-Italia-Japón el 22 de mayo de 1942, tras el hundimiento de los buques petroleros mexicanos *Potrero del Llano* y *Faja de Oro*, en hechos ocurridos en aguas del océano Atlántico, atribuidos a submarinos alemanes. Sin embargo, desde el 24 de

---

10. Registro Civil del Distrito Federal en la Ciudad de México, acta de nacimiento de Alejandro Gertz Manero, expedida el 24 de diciembre de 2018.

diciembre de 1941, casi cinco meses antes de dichos hundimientos y la declaración de guerra, el entonces secretario de Gobernación, Miguel Alemán Valdés, ordenó una investigación "por posibles actividades de espionaje"[11] de José Cornelius Gertz (Cornelius B. Gertz), quien todavía era cónsul honorario de Hungría en México.

En este sentido, sobre la nacionalidad de Cornelius B. Gertz —o José Cornelius Gertz, para el gobierno mexicano de entonces— cabe precisar que, aun cuando el aparato de inteligencia mexicano en 1942 consideraba que Cornelius B. Gertz era de nacionalidad alemana, en realidad ya llevaba 17 años con la nacionalidad húngara, que asumió desde 1925, unos meses antes de ser reconocido como cónsul honorario de Hungría —el 25 de noviembre del mismo año—, y hasta el día de su muerte mantuvo esa nacionalidad. Hay que precisar también que, antes de ser cónsul honorario de Hungría, desde 1909 Cornelius B. Gertz era cónsul honorario del Imperio austrohúngaro, cargo del que se separó voluntariamente al inicio de la Primera Guerra Mundial, en julio de 1914, a fin de evitar una persecución por parte del gobierno mexicano.

No obstante, Cornelius B. Gertz no pudo evitar esa persecución durante la Segunda Guerra Mundial, a pesar de que oficialmente ya no era alemán. Las sospechas de espionaje que lanzó contra él el gobierno mexicano recayeron con tal peso que lo obligaron a limitar su participación económica y social, y prácticamente se recluyó en su vida familiar. Ni siquiera fue de alivio el reconocimiento que le había otorgado el gobierno mexicano el 29 de diciembre de 1939, cuando de manos del presidente Lázaro Cárdenas del Río recibió la Condecoración de la Orden del Águila Azteca.

Así, el secretario de Gobernación, Miguel Alemán Valdés, comenzó a perseguir a Cornelius B. Gertz, a tal grado que siempre

---

11. Secretaría de Gobernación, Instituto Nacional de Antropología e Historia, Archivos de la Dirección de Investigaciones Políticas y Sociales, ficha 16888, caja 759, expediente 76, año de 1942.

hubo espías del aparato de inteligencia mexicano rondando la casa donde el abuelo del fiscal general de la República vivía con su esposa, Lucia Fernández Champion, quien también fue objeto de una estrecha vigilancia en sus actividades personales y a la que, incluso, se le restringió la movilidad dentro del territorio mexicano. Si ella necesitaba viajar fuera de la Ciudad de México, debía solicitar un salvoconducto temporal. Prueba de esto es el expediente 2-1/362.6(73)/5, ubicado en los archivos del Departamento de Investigaciones Políticas y Sociales de la Secretaría de Gobernación, en el Archivo General de la Nación (AGN), donde hay evidencia de cómo la vigilaban.

Ejemplo de lo anterior es el salvoconducto que se le otorgó a la señora Lucia Fernández de Gertz, el 2 de diciembre de 1942, a fin de permitirle que, por razones de salud, se trasladara de la Ciudad de México al puerto de Veracruz.[12] El salvoconducto tenía una vigencia de 90 días, al término de la cual debía entregar el mismo documento a la temible policía secreta mexicana, cuerpo que en aquel tiempo encabezaba quien firmaba como J. Lelo de Larrea.

Por lo que hace a Cornelius B. Gertz, que en 1942 ya era abuelo y su hijo José Cornelio Gertz Fernández, de 40 años de edad —ya casado con la señora Mercedes Manero y ya nacidos sus dos hijos, Federico en 1930 y Alejandro en 1939—, apenas comenzaba a estudiar la carrera de Derecho en la Universidad Nacional Autónoma de México (UNAM), fue hostigado al extremo por el aparato de espionaje mexicano; entre el 24 de diciembre de 1941 y el 26 de enero de 1942, frente a su casa, ubicada en la calle de Jalapa número 12, en la colonia Lomas de Chapultepec de la Ciudad de México, se apostaron permanentemente dos agentes del Servicio Secreto mexicano.[13]

---

12. Archivo General de la Nación, Expediente del Departamento de Investigaciones Políticas y Sociales, salvoconducto núm. 8671 a favor de Lucia Fernández de Gertz, Ciudad de México, Distrito Federal, 2 de diciembre de 1942.

13. Archivo General de la Nación, expediente R/5/S/I-1942 del Servicio Secreto, Actividades de Individuos de Nacionalidad Extranjera, México, Distrito Federal, 26 de enero de 1942.

Los agentes 34 y 49 (así clasificados oficialmente para mantener la secrecía del contraespionaje) del Servicio Secreto refieren en su informe del 26 de enero de 1942, "relativo a las actividades a que se vienen dedicando algunos individuos de nacionalidad extranjera" residentes en la Ciudad de México, que "prosiguiendo [sic] las investigaciones tendientes a conocer las actividades a que se dedican los extranjeros residentes en esta capital, en relación con el actual conflicto internacional, hemos podido averiguar que el Sr. Cornelius Gertz, cónsul honorario de Hungría en México y con domicilio en Jalapa Núm. 12, es miembro del Country Club y presta sus servicios en la casa Sommer Herman y Cía., y su teléfono es el número 144066 y Apartado Postal Núm. 299, se dedica a hacer activa propaganda en favor de las potencias del Eje".

En el mismo expediente, donde a Cornelius B. Gertz se le liga con el régimen alemán nazi, se mencionan otros nombres de alemanes que entonces radicaban en la Ciudad México, a quienes igualmente se les vinculó con el nazismo; por ejemplo, un tal Eurt Schelenter, del que se asegura en el informe que era "el jefe de las Juventudes Hitlerianas",[14] se le identifica como profesor del Colegio Alemán, "y además de impartir sus conocimientos pedagógicos, da conferencias a sus alumnos relacionadas con el actual conflicto internacional y, naturalmente, en favor de las potencias del Eje".[15] También se menciona a Wilheim Schelpe, al que se le atribuyó que ejercía "vigilancia en la Embajada Americana y de manera particular a los empleados de la misma, con el fin de conocer sus actividades y obtener datos para comunicarlos oportunamente al Partido Nazi de esta capital, con el fin de prevenir cualquier actividad en contra de las potencias del Eje".[16]

Las sospechas de espionaje nazi no sólo recayeron en Cornelius B. Gertz. El Servicio Secreto del gobierno mexicano también inves-

---

14. Ídem.
15. Ídem.
16. Ídem.

tigó a su hijo José Cornelio Gertz Fernández (padre de Alejandro Gertz Manero). Así lo refiere un informe remitido por el inspector Rodolfo Candiani, quien el 28 de octubre de 1942 notificó detalladamente el seguimiento que se le hizo a José Cornelio Gertz Fernández, por la sospecha de transmitir información a través de una radio clandestina, la cual se delataba por la ubicación de unas antenas en la Avenida del Castillo, colonia Lomas de Chapultepec de la Ciudad de México, donde la familia Gertz Manero tenía su residencia.

En el informe del inspector Rodolfo Candiani se señala que otro de los motivos de seguimiento a José Cornelio Gertz Fernández era la sospecha de que en esa calle, la Avenida del Castillo, se "efectuaban juntas" que iban contra los intereses de la nación mexicana. En dicho informe, el agente del servicio de espionaje mexicano asignado al caso se refiere al padre del actual fiscal general de la República con el nombre de José Cornelius Gertz (idéntico al nombre del abuelo), señalando que "también usa el nombre de Gertz Fernández [sic]".[17]

El informe indica que, tras una minuciosa investigación, "se encontró que en la última de estas calles [en referencia a la Avenida del Castillo y calle Pátzcuaro] [...] se halla la casa del Sr. José Cornelius Gertz, de origen alemán, quien es cuñado del Sr. Dr. Víctor Fernández Manero, Jefe del Departamento de Salubridad Pública, mismo alemán que también usa el nombre de Gertz Fernández".[18] Pero no se le atribuye a él la propiedad de la antena supuesta de trasmisiones radiales. Dicha antena más bien se encontró en la casa de otro alemán, Jorge Edy, quien tenía su domicilio en la misma Avenida del Castillo, en la casa marcada con el número 329.

Otros alemanes que fueron vinculados al espionaje nazi, igual que José Cornelio Gertz Fernández, fueron Nicolas Nauroth, Rupert

---

17. Archivo General de la Nación, Departamento de Investigaciones Políticas y Sociales, oficio de informe núm. 64, expediente 260/L sobre Investigaciones Relacionadas con la Casa de la Avenida del Castillo en las Lomas de Chapultepec, Ciudad de México, 22 de octubre de 1942.
18. Ídem.

Imhof, Von Son y Luis Struck, de los que finalmente se aseguró que, tras la vigilancia realizada en las calles Avenida del Castillo y Pátzcuaro, "no se encontró nada de anormal, pues las entradas y salidas de personas y servidumbres, son las usuales en cualquier domicilio".

La amenaza del despojo

De tal suerte fue la persecución contra Cornelius B. Gertz y su hijo José Cornelio Gertz Fernández —abuelo y padre respectivamente de Alejandro Gertz Manero—, que incluso hubo amenazas de embargo de los bienes materiales acumulados como parte de la fortuna familiar. Por esa razón, ya en sus últimos años de vida, Cornelius B. Gertz, para salvar su patrimonio, tuvo que pedir permiso al gobierno mexicano para heredar todos sus bienes a favor de sus nietos, Alejandro y Federico. Evidentemente, Cornelius B. Gertz no podía dejar su riqueza a su esposa Lucia Fernández Champion ni a su hijo José Cornelio Gertz Fernández, porque a ellos también los perseguía el gobierno federal, siempre bajo la sospecha de servir al régimen nazi.

Fue en enero de 1943 cuando don Cornelius B. Gertz y su esposa, doña Lucia Fernández Champion, remitieron al secretario de Gobernación, Miguel Alemán Valdés, la solicitud de autorización oficial para heredar todos sus bienes a sus nietos Federico y Alejandro Gertz Manero.[19] La petición la presentó en sus nombres el licenciado Antonio Pozzi, el abogado de la familia, que señaló en su escrito el natural derecho del matrimonio Gertz Fernández de "garantizar el porvenir de sus descendientes para proporcionarles la mayor suma posible de comodidades".[20]

19. Archivo General de la Nación, Dirección de Investigaciones Políticas y Sociales, expediente núm. 76, Memorándum para el Lic. Miguel Alemán, fojas 1 y 2, México, Distrito Federal, enero de 1943.
20. Ídem.

El abogado Pozzi argumentó en su escrito una serie de razones para que no se negara el permiso a heredar a los nietos Gertz, entre las que destacó que a Cornelius B. Gertz "se le otorgó la encomienda [sic] del Águila Azteca y no se le ha retirado a pesar del actual estado de guerra con Alemania. Por su parte, el señor [Cornelius B.] Gertz ha demostrado con todos los actos de su vida su identificación con nuestro país. Contra las costumbres seguidas por otros extranjeros", sigue el documento, "el hijo único del Sr. Gertz no habla alemán, se ha educado en México y nunca ha salido de la República; los nietos del señor Gertz son también mexicanos por nacimientos [sic] y por educación".

En esa misma solicitud de autorización para heredar, el abogado Pozzi indicó que en las condiciones de edad de su cliente, ya entonces de 74 años, era natural sentir "hondas preocupaciones por una situación que puede afectarlos a pesar de estar totalmente desligados de su patria accidental de origen y por matrimonio", estableciendo que "su solicitud sólo tiene por objeto colocarse al margen de cualquier posible sospecha y realizar el deseo humano y justo de garantizar el porvenir de sus nietos".

Previo al cierre de la petición escrita, también apuntó: "la solicitud de los señores Gertz no tiende a violar la ley, a 'curarse en salud', sino por el contrario, a colocarse dentro de las condiciones de la misma en el caso más favorable a la seguridad nacional: desposeerse de todo elemento económico por la donación de sus bienes a favor de menores insospechables". Y finalmente agregó: "la circunstancia de que los bienes actuales de los señores Gertz pasen a poder de mexicanos por nacimiento, no impide ni limita la jurisdicción del Gobierno Nacional sobre los mismos bienes, en caso de que, en el porvenir, se tuvieran motivos fundados para creer que eran usados para fines contrarios a la seguridad nacional".

Con base en esa solicitud, el gobierno del presidente Manuel Ávila Camacho, a través del secretario de Gobernación, Miguel Alemán Valdés, terminó por otorgar la autorización a Cornelius B. Gertz y a Lucia Fernández Champion para que dejaran toda su riqueza a Federico y Alejandro Gertz Manero, el primero entonces de 13 años de edad y el hoy fiscal de sólo cuatro.

No se sabe a cuánto ascendía la fortuna heredada a los hermanos Gertz Manero en 1943, "pero para entonces ya debió haber [significado] varias decenas de millones de pesos", observa un historiador de Xalapa, Veracruz, quien, por hablar de un hombre tan poderoso como el fiscal Alejandro Gertz Manero, prefirió el anonimato. De acuerdo con este historiador, tan sólo por lo que le pudo haber redituado la operación de casas de empeño en Veracruz, "Cornelius B. Gertz, a principios del siglo XX ya era uno de los hombres más acaudalados de esta entidad", ello sin contar la riqueza que quizá acumuló como socio de la Casa Sommer, Herrmann y Compañía, que fue proveedora del gobierno federal.

A ello hay que sumar los beneficios económicos que Cornelius B. Gertz mantuvo primero como cónsul honorario del Imperio austrohúngaro y después como cónsul honorario de Hungría. Además —recuerda el historiador—, "Cornelius B. Gertz era un hombre que también incursionó en el comercio de obras de arte; en Veracruz, Xalapa y la Ciudad de México era conocido por sus conexiones artísticas en Europa, lo que deja en tela de duda si comerció o no con obras de arte que durante la Segunda Guerra Mundial fueron robadas y traficadas por los nazis".

Como quiera que fuera, la fortuna completa de Cornelius B. Gertz y de su esposa Lucia Fernández Champion pasó directamente a las manos de los menores Federico y Alejandro Gertz Manero. El padre de estos, José Cornelio Gertz Fernández, debió de haber tenido alguna participación económica de esa fortuna, aunque a la luz de la historia no aparece tan acaudalado ni con la misma actividad social, económica y política con que se desempeñó Cornelius B. Gertz.

Poco se sabe de José Cornelio Gertz Fernández. Lo más que revelan los registros públicos es que ya casado, y con dos hijos de familia, siguió al frente de la Casa Sommer, Herrmann y Compañía, tratando de incrementar o al menos mantener la herencia que su padre les dejó a sus hijos. Como se relató antes, en 1942, en plena época de la persecución gubernamental, a la edad de 40 años, José Cornelio Gertz Fernández ingresó a la UNAM para estudiar la carrera de Derecho, la cual terminó en 1946, cuando —según el portal oficial de la Secretaría de Educación Pública (SEP)— obtuvo su cédula profesional como Licenciado en Derecho, la número 0002947. Falleció a los 83 años de edad, el 26 de julio de 1985, a causa de un "paro cardiorrespiratorio no traumático, [e] insuficiencia hepática aguda".[21]

Aun así, sin tener la misma prominencia social y política de la que gozó el abuelo Cornelius B. Gertz, una vez que cesó la persecución política, ya a mediados de la década de 1950, el padre del hoy fiscal general de la República también afianzó lazos de amistad con funcionarios de las estructuras del poder político mexicano, no a los niveles de presidentes de la República, pero sí con secretarios de Estado y funcionarios de segundo y tercer nivel del gobierno federal, cuyas relaciones aprovechó para beneficios personales, como lo hizo en su momento Cornelius B. Gertz.

La época más difícil para José Cornelio Gertz Fernández, cuando a él y a su padre los persiguieron por su supuesta ideología nazi, fue durante las administraciones de los presidentes Manuel Ávila Camacho (1940-1946) y Miguel Alemán Valdés (1946-1952). Ya en el gobierno de Adolfo Ruiz Cortines (1952-1958), cuando se diluyó el sentimiento antialemán que había dejado en México la Segunda Guerra Mundial, José Cornelio Gertz Fernández volvió a su estado gregario y buscó acercarse a los círculos del poder.

Ese acercamiento con funcionarios de primer orden del gobierno federal volvió a afianzarse durante la administración del presi-

---

21. Registro Civil del Distrito Federal en la Ciudad de México, acta de defunción de José Cornelio Gertz Fernández, 28 de octubre de 2021.

dente Adolfo López Mateos (1958-1964), cuando José Cornelio Gertz Fernández empató amistad con el secretario de Gobernación, Luis Echeverría Álvarez, a propósito de las ventas de insumos agrícolas que hacía su empresa Casa Sommer, Herrmann y Compañía al gobierno federal. En ese mismo tenor también trabó amistad con Raúl Salinas Lozano, entonces secretario de Industria y Comercio, y padre del que a la postre sería presidente de México, Carlos Salinas de Gortari. Otros personajes con los que José Cornelio Gertz Fernández entabló buenas relaciones, al punto de la amistad, fueron los secretarios de Recursos Hidráulicos, Alfredo del Mazo Vélez; del Trabajo y Previsión Social, Salomón González Blanco; de Comunicaciones y Transportes, Walter Cross Buchanan, y de Educación Pública, Jaime Torres Bodet.

Como lo hizo su padre, José Cornelio Gertz Fernández no desaprovechó sus buenas relaciones con los secretarios referidos. A Jaime Torres Bodet, secretario de Educación, le pidió ayuda para publicar la primera obra escrita de su esposa Mercedes Manero, que como escritora ya había recorrido, sin éxito, diversas editoriales, las cuales se negaron a publicarle su primer libro. Jaime Torres Bodet no sólo recomendó a la señora Mercedes Manero con la editorial Finisterre, sino que puso a su disposición a uno de los mejores escritores y editores de aquella época: Mauricio Magdaleno Cardona, quien recién había terminado su encargo como senador por Zacatecas y era en ese entonces el jefe de publicaciones de la SEP, de donde pasaría a ser subsecretario de Asuntos Culturales de esta misma secretaría.

Mauricio Magdaleno le editó su *opera prima* a la señora Mercedes Manero, un poemario que se publicó en 1965 bajo el título *Símbolos*. Después, en 1970, la ayudaría a publicar un compendio de relatos cortos que denominó *El Ángel caído y otros cuentos*, y las novelas *Rastro de muerte*, en 1978, y *Río revuelto*, en 1982. La obra literaria de la señora Mercedes Manero Suárez, que tuvo la influencia del rasgo literario de Mauricio Magdaleno Cardona, es considerable: "publicó cuatro libros de poemas, dos de relatos, tres novelas y uno de memorias",[22] consigna la *Enciclopedia de la literatura en México*, de la Universidad Nacional Autónoma de México (UNAM).

De acuerdo con las investigadoras filológicas Aurora M. Ocampo y Marcela Quintero Ayala, la señora Mercedes Manero Suárez, no fue escritora solamente —con soltura en la narración y la poesía—, sino también pintora y editora. Al reseñar la obra literaria de la madre de Alejandro Gertz Manero, las investigadoras apuntan, como si la misma Mercedes Manero se hubiera asomado al futuro y planteara los escenarios a los que su hijo se enfrentaría décadas después: en la novela *Río revuelto*, la autora "denuncia la decadencia y corrupción de una sociedad, en la que la ambición y las disputas por el poder vinculan a sus personajes",[23] mientras que en su novela *Rastro de muerte* cuenta la historia de un personaje que es enviado a un ciudad de México, donde "terminará siendo gobernador interino en un momento de crisis política".[24]

Otra de las obras que escribió la señora Mercedes Manero Suárez es *El mundo que he vivido*, que —según Aurora M. Ocampo y Marcela Quintero Ayala— "es un libro testimonial, en donde se recrean diferentes estilos de vida, entre los que destacan anécdotas acerca de algunos expresidentes. En *El Ángel caído* reúne veinticinco pequeñas narraciones, casi todas escritas en primera persona, donde los recuerdos infantiles, las observaciones psicológicas y los recursos de la imaginación se dan la mano para ofrecernos en bocetos rápidos, momentos reveladores de la vida de un ser humano".

En ese entorno cultural crecieron Federico y Alejandro Gertz Manero. Su casa estaba impregnada de la intelectualidad que prodigaba la señora Mercedes Manero en su quehacer cotidiano, y de la vena política y de negocios que en su diario acontecer latía en José

22. Aurora M. Ocampo y Marcela Quintero Ayala, Centro de Estudios Literarios, Instituto de Investigaciones Filológicas, Universidad Nacional Autónoma de México, 14 de agosto de 2000 a 1 de junio de 2018.
23. Ídem.
24. Ídem.

Cornelio Gertz Fernández. Por eso a los hermanos Gertz Manero no les fue difícil vincularse con los círculos intelectuales y políticos del país. Ellos mismos, Federico y Alejandro, desde muy jóvenes se distinguieron por su intelectualidad.

Federico Gertz Manero estudió tres licenciaturas, una maestría y un doctorado; en 1956, a la edad de 26 años, concluyó la carrera de Derecho. En ese mismo año la UNAM le otorgó la cédula profesional número 0060719. En 1962 el Instituto Tecnológico Autónomo del Estado de México (ITAM), a través de la cédula profesional número 0094999, lo licenció como Contador Público y Auditor; en 1964, el ITAM también le otorgó el título de Licenciado en Economía, bajo la cédula profesional número 0110829; en 1987 fue la UNAM la que le otorgó el título de Doctor en Derecho, acreditado con la cédula profesional número 1138487, y finalmente, en 1989, el Instituto Politécnico Nacional (IPN) le otorgó la cédula profesional número 1313559, reconociéndolo con la Maestría en Ciencias Administrativas.

Por lo que hace a Alejandro Gertz Manero, de acuerdo con el *curriculum vitae* que entregó al Senado de la República cuando —a propuesta del presidente Andrés Manuel López Obrador— integró la terna para ocupar la Fiscalía General de la República, cuenta con una licenciatura y tres doctorados, siempre en el campo del derecho. Sin embargo, en el portal oficial del Registro Nacional de Profesionistas de la Secretaría de Educación Pública nada más aparece una cédula profesional, la número 0101798 de Licenciado en Derecho, que fue avalada por la UNAM en 1963.

La ficha curricular de Alejandro Gertz Manero, que obra en los archivos del Senado de la República, cuya copia se obtuvo —para este trabajo— a través del portal de transparencia, especifica que de 1957 a 1961 cursó la Licenciatura de Derecho en la Escuela Libre de Derecho. De 1967 a 1968, en la UNAM, cursó un Doctorado en Derecho. Después, en 1998, se doctoró en Derecho por parte del Mount Union College, de Alliance, Ohio, Estados Unidos, y en 2018 la Universidad de las Américas le otorgó el título de Doctor en Derecho. Y aun cuando únicamente existe referencia oficial de una sola cédula profesional, la de Licenciado en Derecho, explicada arriba, sí obran en los archivos del Senado copias certificadas de los títulos de Licenciado en Derecho por parte de la Escuela Libre de Derecho,[25] Doctor en Derecho por la UNAM[26] y Doctor en Derecho por la Universidad de las Américas.[27]

Pero regresando a los orígenes del fiscal Alejandro Gertz Manero y la influencia cultural que él y su hermano Federico recibieron —sobre todo de la señora Mercedes Manero Suárez— dentro de su hogar, esta no se evidencia mejor que con la vena literaria que en ellos se forjó: Federico Gertz Manero fue autor de dos ensayos convertidos en libros. El primero de ellos es su tesis doctoral titulada *Derecho contable mexicano,* que se publicó en 1980 y que a la fecha se lleva en algunas universidades como libro de texto obligado. El otro libro es el ensayo histórico *Origen y evolución de la contabilidad,* publicado en 2006, que al día de hoy se distribuye como texto académico en diversas universidades del país.

Por su parte, Alejandro Gertz ha sido autor de 11 libros: en 1967 publicó *Guillermo Prieto (Biografía).* Un año después, *Antología de John F. Kennedy.* En 1969 sacó a la luz *Ignacio Allende (Biografía).* En 1976 publicó *La defensa jurídica y social del patrimonio cultural de la nación.* Después, en 1982, vendría *La estadística computacional al servicio de la impartición de justicia.* En 1985 publicó *Depravación policiaca.* En 1986, *La situación legal de los ciudadanos alemanes en México durante los años 1942-1946,* un texto donde, a

25. Senado de la República, Alejandro Gertz Manero, versión pública del título de Licenciado en Derecho otorgado por la Escuela Libre de Derecho, 2018.
26. Senado de la República, Alejandro Gertz Manero, versión pública del título de Doctor en Derecho otorgado por la Universidad Nacional Autónoma de México, 2018.
27. Senado de la República, Alejandro Gertz Manero, versión pública del título de Doctor en Derecho otorgado por la Universidad de las Américas, A.C., 2018.

manera de ensayo, Alejandro Gertz Manero plasma la persecución de la que fueron objeto los alemanes en México durante la Segunda Guerra Mundial y —sin mencionarlo— parte del hostigamiento oficial que vivieron su padre José Cornelio Gertz Fernández y su abuelo Cornelio B. Gertz.

En 1987 publicó *Análisis de las relaciones México-Estados Unidos 1977-1850*. Después, en 1993, lanzó el que podría ser de todos sus libros el de mayor contenido social: *México, perfil de un rostro oculto,* donde se percibe una clara preocupación por las desigualdades sociales en nuestro país. En 2005 vendría el libro *México-Estados Unidos, desarrollo comparado durante el siglo XX,* un texto totalmente académico. Su libro más reciente es *Seguridad y justicia, sí se puede,* publicado en 2007, ya en el periodo en que Gertz Manero había pasado por la Secretaría de Seguridad Pública del Distrito Federal y justo cuando se desempeñaba como presidente de la Federación de Instituciones Mexicanas Particulares de Educación Superior (FIMPES).

Pero es necesario retroceder a los días en que José Cornelio Gertz Fernández, padre del fiscal Alejandro Gertz Manero, retomó las relaciones con el poder luego de la persecución que lo obligó al sigilo a causa de su supuesta ideología nazi, cuando trabó amistad con diversos secretarios de Estado en la administración del presidente Adolfo López Mateos (1958-1964). En ese periodo, al regresar a su vida cotidiana de negocios y relaciones de poder, José Cornelio Gertz Fernández retomó con mayor fuerza la empresa inmobiliaria que, en sociedad con la firma Chapultepec Heights Co., había puesto en marcha su padre Cornelius B. Gertz, continuando así con el desarrollo urbano que hoy se conoce como Lomas de Chapultepec, donde se hizo de diversas propiedades. Entre otras casas, compró la de Lomas de Chapultepec, en Reforma número 105, en la que finalmente murió en 1985,[28] y la de Retorno 3 de Sierra Itambé

---

28. Registro Civil del Distrito Federal en la Ciudad de México, acta de defunción de José Cornelio Gertz Fernández, 28 de octubre de 2021.

número 20, donde, en 1999, a la edad de 92 años, murió su esposa Mercedes Manero Suárez, a causa de "insuficiencia cardiaca, [e] hipertrigliceridemia".[29]

José Cornelio Gertz Fernández, bien asentado en las relaciones de amistad también con el secretario del Trabajo y Previsión Social, Salomón González Blanco, así como le pidió al secretario de Educación Pública, Jaime Torres Bodet, ayudar a doña Mercedes Manero a publicar su primer libro, le pidió a González Blanco un favor muy especial: que ocupara en algún cargo público a su hijo Alejandro Gertz Manero, cuya única ocupación después de concluir la carrera de Derecho, en 1961, era la administración de la empresa familiar Casa Sommer, Herrmann y Compañía.

El secretario Salomón González Blanco no tuvo ninguna objeción. Se trataba de su amigo. Le ofreció a José Cornelio Gertz Fernández un empleo para su hijo Alejandro Gertz Manero, como un favor, pero también porque el joven tenía la vivacidad para ello. La contratación fue rápida. Lo colocó como inspector y abogado de la Secretaría del Trabajo y Previsión Social (STyPS). El hoy fiscal asumió el cargo a finales de 1963. Tal vez esa fue la mejor herencia que su padre le haya dejado, pues al parecer, y así queda demostrado a lo largo de la historia de Alejandro Gertz Manero, el servicio público fue para lo que nació.

---

29. Registro Civil del Distrito Federal en la Ciudad de México, acta de defunción de Mercedes Manero Suárez, 28 de octubre de 2021.

2

El señor de las venganzas

> El amor a veces se escribe sobre la arena;
> la venganza, siempre sobre el mármol.
> —LUIS CARDONA, *periodista mexicano*

SI BIEN ES CIERTO que Alejandro Gertz Manero necesitó, como casi todos en la vida, el empuje de su padre para incrustarse en el aparato de gobierno, también lo es que, apenas llegó a un cargo federal, fueron sus propias relaciones, méritos y trabajo lo que lo llevaron a escalar en la empinada cuesta de la burocracia federal. Con el cargo de tercer nivel que le consiguió José Cornelio Gertz Fernández dentro de la Secretaría del Trabajo, el pronóstico natural era que no pasara de allí. Sin embargo, su habilidad en las relaciones públicas, su sagacidad intelectual, pero sobre todo su desempeño al servicio del sistema, fue lo que finalmente lo catapultó a nuevas encomiendas.

Así, cuando apenas había salido de la universidad —la Escuela Libre de Derecho— y se incorporó como novel abogado-inspector a la STyPS, donde laboró por un año, Alejandro Gertz Manero tuvo la suerte de que otro amigo de su padre, el secretario de Comunicaciones y Transportes, Walter Cross Buchanan, lo invitara a colaborar en esa dependencia. No se sabe, pero se infiere, de la gestión de José Cornelio Gertz Fernández en esa invitación, pues aun cuando Alejandro Gertz pudo haber muy sido eficiente en su cargo dentro de la STyPS, escapa a la lógica que un secretario de otra dependencia se fijara en él, en un empleado de tercer nivel.

Como quiera que fuera, en 1963 Alejandro Gertz, sin dejar el cargo de abogado-inspector dentro de la Secretaría del Trabajo, se incorporó también como supervisor de Servicios Federales y abogado de la Secretaría de Comunicaciones y Transportes (SCT), donde rápidamente ascendió a jefe de Servicios Federales. Ocupar dos cargos públicos federales a la vez es un sello distintivo a lo largo de la vida laboral de Alejandro Gertz Manero, que todavía —al cierre de este trabajo— puede observarse: hoy es fiscal general de la República y también investigador de tiempo completo en el Conacyt.

Como evidencia de la ocupación simultánea de dos cargos públicos,[30] lo cual quizá no sea ilegal pero puede resultar poco ético y muy extraño, destaca en la carrera profesional de Alejandro Gertz Manero que en 1971, cuando era secretario y asesor jurídico del Instituto Nacional de Antropología e Historia (INAH) —dependiente de la Secretaría de Gobernación—, también se desempeñaba como agente del Ministerio Público auxiliar de la entonces Procuraduría General de la República (PGR). En 1974, mientras seguía con el cargo de secretario y asesor jurídico del INAH, también fue jefe de unidad de la Dirección de Averiguaciones Previas de la PGR, y después director general del Instituto Técnico de la PGR.

---

30. *DeclaraNet*, página oficial, declaración de Alejandro Gertz Manero, 30 de enero de 2019.

Hacia 1975, mientras Alejandro Gertz Manero continuaba como secretario y asesor jurídico del INAH, fue oficial mayor de la PGR, y después, en ese mismo año, coordinador nacional de la Campaña contra el Narcotráfico. En 1976 seguía siendo técnicamente funcionario del INAH y asumió a la vez el cargo de procurador federal de la Defensa del Trabajo. En 1995, aún con el cargo de secretario y asesor jurídico del INAH, se desempeñó como rector de la Universidad de las Américas, puesto que, si bien era en la iniciativa privada, pudo haberlo distraído de su función pública.

En 1998 fue a la vez presidente y coordinador del Consejo Consultivo en Procuración de Justicia y Seguridad Pública del Gobierno del Distrito Federal, sin dejar su cargo en el INAH, y también asumió la función de secretario de Seguridad Pública del Gobierno del Distrito Federal, a invitación de Cuauhtémoc Cárdenas Solórzano, que entonces era el jefe de Gobierno.

Pero no perdamos de vista los inicios como servidor público de Alejandro Gertz Manero, a quien en 1966, siendo aún jefe de Servicios Federales dentro de la SCT, ya para entonces a cargo de José Antonio Padilla Segura —también recomendado de Walter Cross Buchanan—, de manera sorpresiva lo llamó a colaborar otro secretario de Estado de la recién llegada administración de Gustavo Díaz Ordaz (1964-1970): el de Educación Pública, Agustín Yáñez Delgadillo. Sin obligarlo a dejar su cargo en la SCT, Yáñez Delgadillo designó a Alejandro Gertz Manero como secretario particular del subsecretario de Asuntos Culturales de la SEP, Mauricio Magdaleno Cardona, ya conocido de la familia Gertz por ser el editor del primer libro de poemas de la señora Mercedes Manero.

La cercanía entre Alejandro Gertz y Mauricio Magdaleno fue mucha. Hay quienes la califican como "una relación casi de padre-hijo", refiere un historiador que aceptó hablar *off the record* para este trabajo: Mauricio Magdaleno —sintetizó— no sólo influyó en la disciplina laboral del joven Alejandro, sino que también lo permeó sobremanera con su labor cultural. Él fue quien acercó al hoy fiscal al teatro, con la influencia del llamado "Teatro de Ahora", un proyecto cultural que inició en 1932 y que se fincó en la denuncia social, de protesta contra los privilegios de clase, lleno de matices revolucionarios y antiburgueses.

La venganza puesta en escena

Alejandro Gertz Manero llevó a la práctica la pasión del "Teatro de Ahora" como escritor de obras teatrales y como productor de algunas de ellas. Esa vena artística fue la que lo hizo, a la postre, escenificar uno de sus más notorios escándalos: valiéndose de su posición de secretario de Seguridad Pública del Distrito Federal, en 2000, utilizó todos los recursos del sistema para perseguir judicialmente a la reconocida artista y empresaria teatral Silvia Verónica Pasquel Hidalgo, mejor conocida por su nombre artístico de Silvia Pinal, a la que le reclamó un supuesto desvío de fondos (fraude genérico) por 9 millones 500 mil pesos de la Asociación Nacional de Productores de Teatro (Protea), de la que Alejandro Gertz Manero también era miembro.

De acuerdo con los archivos del Registro Público de la Ciudad de México, conforme al acta constitutiva número 34368, la Asociación Nacional de Productores de Teatro fue fundada legalmente, el 14 de noviembre de 1970, por los empresarios teatrales Alejandro Gertz Manero, Luis G. Basurto, Lewis Adams Riley, Jorge Bueno Landeta, Rafael Gómez, Salvador Varela Manzano, Rafael López Miarnau, Giacomo Barabino Chione, Luis de Llano Palmer, Manuel Sánchez-Navarro Schiller o Manolo Fábregas, Armando Cuspinera Ocampo y Roberto Lerner Anderson. Su objeto social, según se establece en el acta, es el de proteger los intereses de los productores de teatro, informar a sus agremiados sobre la situación en la producción teatral mexicana y extranjera, además de brindar servicios que faciliten la producción del teatro en México.

Bajo ese argumento, en 1994 Alejandro Gertz Manero y Armando
Cuspinera Ocampo presentaron una querella legal no sólo en contra
de Silvia Pinal, entonces presidenta de la Asociación; también fueron
contra el administrador, Emilio Rivera Ampudia, y el gerente, Jorge
Medellín. A los tres se les señaló por haber desviado mil millones
de los llamados "pesos viejos". Aunque Armando Cuspinera Ocampo
desistió del reclamo, el que nunca *quitó el dedo del renglón* fue Alejandro Gertz Manero, quien de manera pública, en una entrevista
con el periodista Emilio Morales Valentín publicada en *El Universal*
el 15 de mayo de 2000, aludió a su derecho, como socio fundador y
miembro de Protea, de reclamar total transparencia en el manejo de
los recursos que se le entregaron a la Asociación, parte de los cuales
—dijo— salieron de su bolsa y afectaron su patrimonio personal.

No obstante, más allá del reclamo por esos supuestos malos manejos del dinero, al parecer la molestia de Alejandro Gertz Manero
contra Silvia Pinal se debió a que en la asamblea de Protea del 13 de
enero de 1992, cuando a ella la reeligieron como presidenta, se dejó
fuera de todo cargo a Alejandro Gertz Manero, quien hasta esa fecha
había sido el secretario de la Asociación y mantenía pleno control
de los fondos económicos aportados por algunos de los fundadores
para sostenerla.

Si bien los hechos de los que se derivó ese litigio ocurrieron en
1992 —cuando se dio la cuestionada reelección de Silvia Pinal— y
en 1994 —cuando se descubrió el supuesto desfalco millonario—,
Alejandro Gertz Manero no pudo aplicar su "justicia" a sus contrarios de forma inmediata. Lo hizo hasta que tuvo el poder del Estado
para ello. No fue sino hasta el año 2000, una vez que estuvo al frente
de la Secretaría de Seguridad Pública (SSP), por designio directo del
presidente Vicente Fox, cuando arremetió contra Silvia Pinal y los
administradores de Protea, Emilio Rivera Ampudia y Jorge Medellín.

Con todo el poder del Estado, como al parecer acostumbra
Alejandro Gertz Manero hacer sus venganzas personales, y como
quedará evidenciado más adelante con los casos —entre otros— del

Conacyt, de la Universidad de las Américas y sobre todo de su familia política (Laura Morán Servín y Alejandra Cuevas Morán), en aquella ocasión también lanzó una persecución incansable contra sus enemigos de Protea. Desde la SSP, Gertz Manero hizo que el caso se judicializara con una rapidez inexplicable y logró —acaso por sus nexos de poder— que un juez girara las respectivas órdenes de aprehensión, las cuales era él, y no el proceso del caso, el que las requería.

Pese a que Alejandro Gertz Manero negó públicamente su intervención como titular de la SSP para que la Interpol fuera tras la captura de Silvia Pinal,[31] ella —en el año 2000— tuvo que salir de la Ciudad de México, escondida en la cajuela de un automóvil, para refugiarse en una casa de Acapulco, de donde posteriormente volaría a Miami, Florida. Allí, en una casa de su hija Alejandra Guzmán, mantuvo un exilio de 11 meses para escapar de la venganza de Gertz Manero o al menos esperar a que se apaciguara.

¿De dónde proviene lo que parece ser un ímpetu rencoroso de Alejandro Gertz Manero? Es un tema escabroso. Como en toda ciencia social, cualquier respuesta a esa interrogante podría ser falible. Sin embargo, a fin de arrojar luz sobre el tema vale la pena explorar los campos de su psicología personal, de los que no existe ningún registro público, porque simplemente así es nuestro sistema mexicano: no plantea la obligación legal, ni siquiera moral, de que los que detentan el poder público demuestren que gozan de una adecuada salud mental.

El riesgo de la psique

No manifestar a sus gobernados o a la masa que representan sus condiciones de salud mental y física es una característica que prevalece

---

31. Emilio Morales Valentín, *El Universal*, "¿Soy secretario de Protea? Dice Alejandro Gertz", Ciudad de México, 15 de mayo de 2000.

en todos los titulares de los tres niveles de gobierno en México. Ni siquiera los presidentes municipales, los que están más abajo en la escala del poder público y político en México, son capaces de explicar —como sucede en otras democracias del mundo— si son aptos o no para el cargo que ocupan. Si eso ocurre en los niveles municipales y estatales, cuanto más en los federales de gobierno, en los que, bajo la etiqueta de "seguridad nacional" se ocultan las afectaciones clínicas y psicológicas que podrían impedir el adecuado desempeño laboral al servicio de los demás.

Predomina la ausencia de un marco jurídico que obligue a los funcionarios —al menos a los del primer nivel— a rendir cuentas de su estado de salud física y mental, y también la propia inercia del régimen político que convenientemente se ha acomodado en esa postura de opacidad. El caso más concreto de la negación a la transición democrática que representa informar a los gobernados sobre el estado de salud de sus gobernantes es el que se protagonizó en la Presidencia de la República el 10 de octubre de 2019.

En esa ocasión, el presidente Andrés Manuel López Obrador dio a conocer en su conferencia mañanera que a su oficina había llegado una solicitud de información, a través del Portal Nacional de Transparencia, en la que se le pedía rendir cuentas de su estado de salud física y psicológica.[32] El presidente anunció dicha petición con sorna. La atribuyó a sus adversarios conservadores, por lo que le dio muy poca importancia. "Estoy al cien", se limitó a responder sobre su salud, "me dio una gripa, pero ya estoy saliendo".

La solicitud de información sobre la salud física y psicológica del presidente de México fue presentada por el periodista desplazado Gildo Garza quien, creyendo en el libre ejercicio del periodismo, pidió acceso público a la "constancia médica y psiquiátrica del pre-

---

32. Gobierno de México, Andrés Manuel López Obrador, versión estenográfica de la conferencia de prensa matutina, 10 de octubre de 2019, disponible en: https://www.gob.mx/presidencia/articulos/version-estenografica-de-la-conferencia-de-prensa-matutina-jueves-10-de-octubre-2019?idiom=es

sidente de la República, Andrés Manuel López Obrador, con los generales de una institución médica de nivel y sus visibles, tales como: papel membretado, timbrado, del médico o institución médica que expide la constancia con fotografía. La fotografía debe estar cancelada con el sello y la firma del médico que la expide, tiempo que ha sido médico del paciente, dar a conocer el estado de salud local y fecha de la consulta, sello y firma del médico.

"También se solicita un análisis general de orina y de química sanguínea a la fecha actual del mes de octubre [de 2019], así como el dictamen cardiovascular de la persona, especialmente consultando enfermedades coronarias, hipertensión arterial, enfermedades cardiorrespiratorias, cardiopatías, insuficiencia cardiaca, arritmia, enfermedad arterial periférica, cardiopatía congénita y si dentro de su vida ha sufrido de parálisis facial, así como análisis toxicológicos y de enfermedades crónico degenerativas o terminales".[33]

Lejos de darle la debida atención a la solicitud, el presidente López Obrador rubricó su postura con un risible "imagínense, no se miden", respuesta que fue lapidaria e hizo que el periodista Gildo Garza fuera objeto de una campaña de burlas y descrédito en las redes sociales, sumada a amenazas de muerte, cuando lo único que deseaba, en ejercicio del periodismo, era "contribuir a la democratización de este país", como dijo el mismo Gildo Garza en entrevista para este trabajo.

A causa de la campaña de linchamiento que sufrió, Gildo Garza fue obligado a dimitir como director de Atención a Agravios a Periodistas de la Comisión Nacional de Derechos Humanos (CNDH) y tuvo —otra vez— que desplazarse de la Ciudad de México para mantener a salvo su vida y la de su familia.

La negativa de informar sobre la condición psicológica para desempeñar el cargo no ha sido exclusiva del presidente Andrés Manuel López Obrador. Sus antecesores también se rehusaron. Concretamente Enrique Peña Nieto y Felipe Calderón negaron ese derecho

---

33. Ídem.

a los mexicanos, argumentando "la inexistencia de un mandato legal por poseer la información motivo de la solicitud que por esta vía se contesta, y en consecuencia, no se cuenta con la misma".[34] Y no sólo los presidentes se han valido de ese hueco legal para no rendir cuentas de su estado de salud mental y física. Otros funcionarios de alto nivel a quienes se les ha requerido al respecto han respondido con la misma negativa. Un caso de evidencia es el de Genaro García Luna: de haberse conocido su estado mental se habría evitado la vergüenza nacional de verlo coludido con los grupos del crimen organizado más importantes de México.

Entonces, si los mismos presidentes de México se niegan a transparentar su estado de salud mental y física, ¿qué puede esperarse de otros funcionarios de primer nivel? Nada. Lo mismo. Y en este tenor se encuentra el fiscal Alejandro Gertz Manero, quien, a pesar de su avanzada edad, cuando la misma ciencia médica afirma que disminuyen las capacidades cognitivas, psicológicas y físicas para el desempeño de actividades normales, no ha querido presentar ningún tipo de información pública al respecto. Por eso es necesario buscar otras fuentes información. Se vale en el periodismo. No todo tiene que estar supeditado a los informes oficiales. Esa es la virtud de la comunicación de masas.

Si bien es cierto que dentro del aparato de gobierno, sobre todo en fuentes abiertas, no existe ningún vestigio que hable sobre los rasgos psicológicos de Alejandro Gertz Manero, dentro del Centro Nacional de Inteligencia (CNI), el antes temido Centro Nacional de Investigación y Seguridad Nacional (Cisen), en el Secretariado Ejecutivo del Sistema Nacional de Seguridad Pública (SESNSP) y dentro del Órgano Administrativo Desconcentrado Prevención y Readaptación Social (OADPRS) —el sistema de administración de

---

34. Presidencia de la República, Manuel Martínez Cevallos, respuesta a la Solicitud de Información núm. 0210000170813, México, Distrito Federal, 4 de noviembre de 2013.

las prisiones federales— sí hay al menos versiones de especialistas en psicología que desentrañan el pensamiento y el proceder del hoy fiscal general de la República. A esas fuentes se ha tenido que recurrir para poder entender de dónde viene su posible ímpetu vengativo.

En consultas por separado, realizadas a tres perfiladores psicológicos del CNI, el OADPRS y el SESNSP, se pudo integrar un solo perfil psicológico que revela la personalidad de Alejandro Gertz Manero, únicamente con la intención de exponer algunos de sus principales rasgos emocionales. Sobre este perfil, debe precisarse que para nada es un estudio concluyente, sino una aproximación a la verdad, toda vez que ninguno de los perfiladores aplicó algún tipo de batería de preguntas directas al fiscal general de la República. La conclusión a la que se llegó en este perfil psicológico de Alejandro Gertz Manero es producto de la observación de su lenguaje no verbal, su lenguaje discursivo, su comportamiento público, su historia personal, sus emociones públicas y manifestaciones de poder, pero sobre todo de versiones obtenidas de personas cercanas al entorno familiar y laboral del funcionario.

Tras establecer que las relaciones familiares y personales de Alejandro Gertz Manero no se encuentran disponibles para la información pública, los tres peritos en psicología —consultados para este trabajo— concluyen que ese esfuerzo "por mantenerlas de esta manera denota cierta inseguridad personal, ya que el mantener oculta su esfera familiar demuestra que no quiere que se conozca su historia y antecedentes, tal vez por alguna situación que le es incómoda o desea mantener una imagen distinta de quien es. De la información obtenida por medio de familiares, ellos mencionan algunos rasgos de personalidad que observan, derivado del trato directo, como son: vengativo, insufrible, astuto, perverso, siniestro, inteligente y prepotente".[35]

---

35. Peritaje de Psicología, Aproximación al Perfil Psicológico de Alejandro Gertz Manero, 25 de marzo de 2021. Documento de elaboración propia, *ex profeso* para esta investigación.

De acuerdo con los perfiladores de este bosquejo, que se aproxima al perfil psicológico de Gertz Manero, el intento por borrar toda historia pública de su persona y su familia no es otra cosa que un signo de debilidad, que siempre trata de disfrazar con frialdad y odio hacia todo lo que le represente una amenaza. Por eso se muestra perverso y con poca capacidad empática. Por eso se le observa como una persona que carece de un sentido de lealtad. Que se maneja en torno a lo que le puede generar una retribución económica o de poder, "estas características se alimentan con base a este narcicismo que expresa de la manera más auténtica. Por ejemplo su posición en torno a sus cargos públicos y a su vez al interior de sus relaciones interpersonales, ambas esferas carecen de apego, busca el poder económico y político sin considerar valores sociales o personales. Su único motor es la ambición económica y es capaz de corromperse él mismo y a otros con tal de lograr esos fines".[36]

Agregan los peritos en psicología que Alejandro Gertz Manero, "denota poca capacidad empática como persona; es un sujeto con baja capacidad para tolerar la frustración, así como el control de los impulsos, lo que lo lleva a actuar sin compasión por nadie. Su ego debilitado en la infancia necesitaba volverse más fuerte, por lo que recurre al mecanismo de defensa llamado por Freud 'la transformación en lo contrario', que consiste en cambiar sentimientos de minusvalía por sentimientos de superioridad".[37]

En la exploración de la personalidad del fiscal general de la República, los perfiladores psicológicos coinciden en que gran parte de la psique bajo la cual hoy actúa le fue moldeada en el seno familiar. Al contrario de la percepción de algunos miembros de la familia política de su hermano Federico Gertz, quienes refieren una gran empatía de este con su hermano menor, los perfiladores encuentran que, no obstante el gran apego que pudieron tener Alejandro y Fe-

36. Ídem.
37. Ídem.

derico, también pudo haber existido una rivalidad que sólo nació y se conservó en el hoy fiscal, rivalidad que este nunca manifestó de manera frontal.

"Posiblemente esta rivalidad", dice el estudio de aproximación psicológica de Gertz Manero, "se origina desde una etapa muy temprana, en la cual él visualiza a su hermano mayor como el ejemplo a seguir. Es por ello que entendemos cómo se originó este sentimiento de rivalidad, y qué consecuencias se pudieron producir a lo largo de la conformación de su personalidad, en donde siempre están presentes los celos.

"Rivalizar con el hermano supone una cierta necesidad de conservar el amor de los padres, para sí mismo, antes que compartirla con el hermano. Siendo Alejandro el menor, posiblemente experimentó envidia por no ser tan querido o tan reconocido como Federico, y este sentimiento lo llevó a distanciarse y generar sentimientos que tienen que ver con la venganza y el rencor. Encontramos, pues, que Alejandro en esta rivalidad fraterna encontró en la venganza la manera de menospreciar a quien le representaba una amenaza para destacar ante la mirada de los padres. Por ejemplo, vemos que cuando las circunstancias se complican para él, se muestra iracundo y denota ese potencial de ejercer el odio hacia quienes lo rodean".[38]

Bajo este argumento, los peritos consultados estiman que la conformación de ese odio es lo que lleva a Alejandro Gertz Manero a querer eliminar todo aquello que le demuestra su falla; por ejemplo, su hermano "le representaba todo lo que él anhelaba, ya que al ver al hermano mayor con mejores cualidades físicas, tal vez intelectuales, le despertó la necesidad de eliminar esa diferencia de una manera que lo llevaría a él a ocupar el lugar del único y del mejor ante los demás".[39]

---

38. Ídem.
39. Ídem.

Así —continúa la disertación de los peritos en psicología—, si Alejandro Gertz fue un niño al que sus padres lo hacían menos porque había un hermano mayor con mejores cualidades, su ego pudo verse afectado por la devaluación de su subjetividad, que finalmente es la esencia de cada persona. "Es decir, si este sujeto en su inconsciente tiene la necesidad de querer proteger y amar a su familia, hace lo contrario, destruir y odiar, porque hubo un momento en la infancia en donde se sintió traicionado o vulnerable cuando deseaba demostrarlo, y fue tan lastimado que para defenderse de ese dolor actúa en lo contrario y por eso se proyecta como hostil, frío, prepotente, vengativo, siniestro".[40]

Por último, se establece que el tipo de personalidades como la de Alejandro Gertz Manero, parecen obedecer a un cúmulo de sentimientos de inferioridad; siempre tratan de compensarse con el deseo de destacar en todo lo que se hace, tratando de ser en todo el primero. Y Alejandro Gertz fue el primer *zar antidrogas* de México, el primer político en llegar desde diversos partidos políticos a cargos de importancia nacional, el primer presidente y fundador del Consejo Ciudadano de Seguridad Pública del Distrito Federal, el primer titular de la Secretaría de Seguridad Pública del gobierno federal y —por supuesto— el primer fiscal general de la República.

Bajo estos rasgos psicológicos no es difícil comprender las razones por las que, desde el inicio de su carrera en el servicio público hasta el cierre de este trabajo, Alejandro Gertz Manero se ha mostrado siempre como una persona que se comporta de manera vengativa e intolerante frente a sus enemigos. No olvida los agravios. Él no tiene adversarios, sólo enemigos, a los que —como si se tratara de un depredador— siempre aguarda, los acecha a la espera de contar con todas las condiciones de ventaja a su favor para lanzar el ataque.

---

40. Ídem.

La venganza contra los Alemán

Un claro ejemplo de que Alejandro Gertz nunca olvida los agravios es la orden de aprehensión que en julio de 2021 la FGR solicitó y obtuvo de un juez para perseguir judicialmente a Miguel Alemán Magnani, nieto del ex presidente Miguel Alemán Valdés. Este último, como secretario de Gobernación durante la administración de Manuel Ávila Camacho, persiguió y acusó de espionaje nazi a Cornelius B. Gertz y a José Cornelio Gertz Fernández, abuelo y padre, respectivamente, del fiscal.

En este caso, Alejandro Gertz Manero tuvo que esperar pacientemente 79 años, hasta que llegó a la Fiscalía General de la República, para satisfacer su necesidad de venganza. Tenía apenas tres años de edad cuando su padre y su abuelo sufrieron aquella persecución. No iba a dejar impune el agravio de Miguel Alemán Valdés, persiguiendo ahora a su hijo y nieto… En efecto, en esta venganza, el fiscal no iba nada más por Miguel Alemán Magnani, sino que también pretendió ir contra Miguel Alemán Velasco. Sólo que el juez que conoció la causa consideró que el único responsable del ilícito reclamado por la FGR era el nieto de Miguel Alemán Valdés y no su hijo.

Para lograr la persecución de la descendencia directa del que a su vez persiguió a su abuelo y a su padre, Alejandro Gertz Manero se valió de una "denuncia ciudadana", por parte de un supuesto trabajador de la empresa ABC Aerolíneas, controladora de la línea Interjet. En ella se señala que entre 2018 y la fecha de la denuncia (septiembre de 2020) la empresa citada no había enterado a la autoridad fiscal la retención del impuesto sobre la renta (ISR) por el pago de salarios a sus empleados. El monto de lo retenido, que presuntamente no fue declarado a la Secretaría de Hacienda y Crédito Público (SHCP), se estimó en 66 millones 285 mil 195 pesos, por lo que se configuró el delito de defraudación fiscal.

Con esos elementos la FGR, de manera expedita, solicitó a un juez la orden de aprehensión en contra de Miguel Alemán Velasco y de su hijo Miguel Alemán Magnani, presidente y vicepresidente respectivamente de la empresa ABC Aerolíneas, pero el juez sólo giró la orden de aprehensión en contra de Miguel Alemán Magnani. Aunque es cierto que Interjet, de los Alemán, ya iba en picada por los más de 2 mil 500 millones de pesos que mantenía en adeudos, por pagos no declarados de impuesto al valor agregado (IVA) que desde 2013 el gobierno de Enrique Peña Nieto le toleró, también resulta que la quiebra de esa aerolínea finalmente fue apuntillada por el fiscal Gertz Manero quien, no conforme con la quiebra de la empresa, cercó a su enemigo generacional al lograr de la Interpol una ficha roja para que lo detuvieran en cualquier parte del mundo.

Ante la poderosa persecución, Miguel Alemán Magnani tuvo que huir de México. Se refugió en Francia, aprovechando su nacionalidad gala, y solicitó la protección del gobierno de aquel país con el argumento de ser ciudadano francés. Por esa razón, aun cuando México tiene un tratado de extradición con Francia, la FGR —hasta el cierre de este trabajo— no había conseguido la repatriación del acusado y, a lo mucho, seguía esforzándose por enterar a las autoridades de aquel país sobre los ilícitos cometidos por Alemán Magnani en México, a fin de que el gobierno francés le abriera allá un proceso penal y pudiera juzgarlo sin la severidad de la venganza.

¿Pero en realidad fue un acto de venganza la orden de aprehensión que obtuvo el fiscal Gertz Manero contra Miguel Alemán Magnani? ¿O sólo se trató de una acción normal de procuración de justicia tras el ilícito cometido por este empresario? Juzgue por sí mismo el lector: en una respuesta de información pública emitida por la FGR, el 8 de septiembre de 2021, se señala que entre el 18 de enero de 2019 y el 27 de julio de 2021[41] esa dependencia decidió no dar

---

41. Fiscalía General de la República, respuesta a la Solicitud de Información núm. 0001700234921, Ciudad de México, 8 de septiembre de 2021.

seguimiento, entre otras, a por lo menos 204 carpetas de investigación que se integraron bajo supuestos delitos de defraudación fiscal. Muchas de esas carpetas que no se judicializaron por instrucción directa del fiscal Alejandro Gertz Manero fueron contra empresarios que, al igual que Miguel Alemán Magnani, no reportaron ante la autoridad fiscal la retención del impuesto sobre la renta derivado del pago de salarios a sus trabajadores. Pero únicamente contra el nieto del ex presidente Miguel Alemán Valdés sí aplicó la debida procuración de justicia.

De esas 204 carpetas de investigación que no se judicializaron con el favor del fiscal, una fue de Aguascalientes, 15 de Baja California, cuatro de Chiapas, 14 de Chihuahua, 16 de la Ciudad de México, cuatro de Coahuila, dos de Colima, 13 de Durango, 15 del Estado de México, dos de Guanajuato, tres de Guerrero, tres de Hidalgo, nueve de Jalisco, 12 de Nuevo León, 11 de Oaxaca, cinco de Puebla, cuatro de Querétaro, tres de Quintana Roo, cuatro de San Luis Potosí, 12 de Sinaloa, 20 de Sonora, tres de Tabasco, ocho de Tamaulipas, cinco de Tlaxcala, ocho de Veracruz, una de Yucatán y siete de Zacatecas.

La postura facciosa del fiscal Alejandro Gertz Manero para perseguir o no —siempre a voluntad— los delitos cometidos contra el marco jurídico nacional no dista en nada de la actuación omisa de otros funcionarios que estuvieron al frente de la PGR. Basta con revisar las estadísticas oficiales que la propia Fiscalía General de la República dio a conocer para la elaboración de este trabajo, donde se señala que, sólo en los periodos en que Jesús Murillo Karam, Arely Gómez González, Raúl Cervantes Andrade y Alberto Elías Beltrán encabezaron la PGR, en la segunda mitad del gobierno del presidente Enrique Peña Nieto, se dejó sin judicializar un total de 130 mil 690 delitos contenidos en igual cantidad de averiguaciones previas y/o carpetas de investigación.[42]

---

42. Ibídem, Cuadro 235221.

Esta cifra de delitos denunciados y que deliberadamente no fueron perseguidos por la PGR no es muy diferente de la cantidad de ilícitos que ha dejado de perseguir la Fiscalía General de la República, bajo el encargo de Alejandro Gertz Manero, los cuales —en cifras oficiales de la FGR— ya suman, nada más en sus primeros tres años de gestión, un total de 117 mil 234 antijurídicos contenidos en igual cantidad de carpetas de investigación[43] que se han dejado de lado simplemente porque así lo permite la legislación establecida en el Código Nacional de Procedimientos Penales (CNPP).

De enero de 2015 a enero de 2019, antes de que Alejandro Gertz fuera encumbrado como titular de la nueva Fiscalía General de la República, sus antecesores al frente de la procuración federal de justicia dejaron en el olvido 23 mil 358 averiguaciones previas, bajo la facultad de abstenerse de investigar; 32 mil 629 carpetas de investigación se enviaron al archivo temporal; sobre otras 70 mil 746 carpetas de averiguación se acordó el no ejercicio de la acción penal, y en 3 mil 957 carpetas no se especifica la razón de la no judicialización, pero allí entra el llamado "criterio de oportunidad", otra forma de utilizar a los "testigos protegidos".

Ya con Alejandro Gertz Manero como cabeza de la procuración de justicia, la FGR ha mantenido casi esa misma tendencia de omisión en la persecución de los delitos federales; si acaso, hay una variación a la baja de apenas 10 por ciento. En los primeros tres años de este gobierno, el de la Cuarta Transformación, el que ha abanderado la causa popular de la aplicación estricta de la justicia en forma imparcial y sin miramientos, se han dejado de perseguir 26 mil 187 delitos contenidos en igual número de carpetas de investigación, bajo la facultad de abstención del Ministerio Público en la investigación; se han archivado otras 21 mil 553 carpetas de investigación, mientras que 65 mil 947 carpetas no se han judicializado por considerarse que no procede el ejercicio de la acción penal; además, otras

---

43. Ibídem, Cuadro 235121.

3 mil 547 carpetas de investigación no se han llevado ante un juez por razones no especificadas, en donde se encuentra también el "criterio de oportunidad".

Así, con su propio criterio de oportunidad se ha manejado Alejandro Gertz Manero en todos sus cargos públicos. Es palpable que siempre ha utilizado la oportunidad a su favor, a veces para encarnar venganzas personales desde el poder, a veces nada más para mantenerse a salvo de las circunstancias que amenazan con alejarlo del poder. Cuando el rival es más débil que él, no tiene piedad. Se lanza. Ataca. Cuando se ha enfrentado a adversarios poderosos, sólo acecha, a la espera de un mejor momento.

El rencor contra Medina-Mora

Este último podría ser el caso de la confrontación que Alejandro Gertz Manero mantuvo con Eduardo Medina-Mora Icaza, cuando el hoy fiscal —siendo el comisionado de la Policía Federal Preventiva (PFP) en 2003, en la administración de Vicente Fox— desarticuló una red de negocios sucios dentro de esa corporación. Encabezaban la red Genaro García Luna y Wilfrido Robledo Madrid, quienes operaban bajo la instrucción de Eduardo Medina-Mora Icaza, entonces (2000-2005) director del Cisen y uno de los pocos hombres a los que escuchaba el presidente Fox.

Pese a que la desarticulación de esa red pudo deberse al convencimiento personal de Gertz Manero de atacar la corrupción, no queda de lado la rivalidad que ya desde entonces mantenía con Genaro García Luna, quien, como responsable de la Agencia Federal de Investigación (AFI) de la PGR, representaba una amenaza para la carrera de Gertz Manero, no sólo porque García Luna tenía mejores relaciones personales con el presidente Vicente Fox, sino porque el titular de la AFI ya aspiraba a ser comisionado de la PFP. Aunado a ello, García Luna era también uno de los hombres fuertes del grupo político de Eduardo Medina-Mora Icaza, y este siempre se opuso a que Gertz Manero formara parte del gabinete del presidente Fox bajo la denostación de ser un nazi.

La rivalidad entre Gertz Manero y Eduardo Medina-Mora se acrecentó desde el momento en que el presidente Fox designó al primero al frente de la PFP. Gertz Manero llegó en suplencia de Wilfrido Robledo Madrid, un incondicional de Medina-Mora y tutor en el espionaje de Genaro García Luna.[44] Como comisionado de la PFP, Wilfrido Robledo había convertido a dicha institución en un gran centro de negocios con los que se beneficiaba a Medina-Mora, desde el Cisen, y García Luna, ya al frente de la AFI de la PGR. Entre lo más rentable de esos negocios estaban las adquisiciones que hacía la PFP en relación con la compra de uniformes, calzado, armas, vehículos y equipos de espionaje para la funcionalidad tanto de la tropa policial como de las labores de inteligencia.

A su arribo como responsable de la PFP, Alejandro Gertz Manero encontró irregularidades de compras que favorecían a Genaro García Luna y a Wilfrido Robledo Madrid, los dos protegidos de Eduardo Medina-Mora. Gertz no lo pensó y ordenó una auditoría interna para conocer el grado de desfalco al que su antecesor llevó a la PFP. Los trabajos fueron encomendados a uno de los pocos hombres de confianza que se le conocen a Gertz Manero: Nicolás Suárez Valenzuela, quien ya había colaborado como asesor de Gertz cuando este fue secretario de Seguridad Pública del Distrito Federal.

Las pesquisas de Nicolás Suárez Valenzuela revelaron la compra irregular de 12 aeronaves: nueve helicópteros del tipo S-70A y UH-60L o Black Hawk, y tres aviones de los modelos Gruman II, Falcon y Caza, se habían adquirido en un precio total de 320 millones de pesos. Las 12 aeronaves eran usadas, algunas con hasta mil 200 horas de vuelo; aun así, se hicieron pasar como unidades nuevas. Además, las aeronaves se compraron a particulares en México, Estados Uni-

---

44. J. Jesús Lemus, *El Licenciado*, HarperCollins México, 2020.

dos y Francia, cuando la PFP tenía convenios para el suministro de estas unidades con las empresas Bell Helicopter, de Estados Unidos, y Eurocopter, de Alemania. También se encontró que, en la adjudicación directa de los contratos de compra que orquestaron García Luna, Eduardo Medina-Mora y Wilfrido Robledo, todos los involucrados en la red de negocios obtuvieron una utilidad de por lo menos 64 millones de pesos, al lograr precios de descuento para cada aeronave de hasta un 20 por ciento, dadas sus condiciones de uso.

Con esos elementos, Gertz Manero integró el expediente ER-52/2001, dentro del Órgano Interno de Control de la PFP,[45] con el que también se dio parte a la entonces Secretaría de Contraloría y Desarrollo Administrativo (Secodam), a efecto de que iniciara la investigación correspondiente contra Genaro García Luna, Wilfrido Robledo Madrid y otros 21 funcionarios de la PFP, a los que solamente se les reclamó un daño al erario por la cantidad de 11 millones 693 mil 145 pesos. Entre los acusados por Gertz Manero también estaban Juan Antonio Reyna Caballero, María del Refugio Peñuelas Armenta, Jaime Enrique Martínez Torres, José Antonio Arenas Villanueva, José Luis Morales Hernández, Gabriel Antonio Novoa Fernández, Faustino Vicente Ruiz Taviel de Andrade, José Patricio Patiño Arias, Mario Alberto Páez Bernal, César Vélez Andrade, José Luis Carbajal y Vergara, Joel Cano García, Pedro de Jesús Pastor Herrera, Fernando López Martínez, Óscar Ochoa, Armando Rafael Leobardo Abaroa Madruga, Juan Carlos Alvarado Montagner, Vicente Ernesto Pérez Mendoza, Antonio del Río Soto, Luis García Espino y Jorge Vergara Berdejo.

El acto de Gertz Manero claro que causó molestia en Eduardo Medina-Mora, quien además de intervenir ante el presidente Fox para que aquel expediente fuera desechado y dejar a salvo a sus protegidos Genaro García Luna y Wilfrido Robledo, también comenzó

---

45. Policía Federal Preventiva, Órgano Interno de Control, expediente ER-52/2001, Ciudad de México, 25 de febrero de 2003.

a operar para que a Gertz Manero se le retirara del gabinete de seguridad del presidente Vicente Fox. Lo primero que surtió efecto en las gestiones de Eduardo Medina-Mora ante el presidente Fox fue que dentro de las sanciones por corrupción que corrieron a cargo de la Secodam quedara a salvo su protegido Genaro García. A él se le exoneró de toda responsabilidad. A Wilfrido Robledo no se le pudo salvar de sanciones porque Gertz Manero focalizó sus esfuerzos para que eso no sucediera.

En el dictamen final de la Secodam sólo se determinó responsabilidad administrativa para nueve de los 23 señalados de corrupción. Esto fue porque el encargado de la Secodam para dar seguimiento al caso fue Roberto Muñoz Leos, hermano de Raúl Muñoz Leos, quien en ese entonces era director general del Pemex y amigo personal tanto de Eduardo Medina-Mora como de Genaro García Luna.

En el dictamen final de sanciones que dio a conocer la Secodam contra los funcionarios que "autorizaron la adjudicación directa de diversos contratos, sin fundamento ni motivación y realizaron pagos improcedentes", que inició el 25 de marzo de 2001 y concluyó el 7 de enero de 2002, sólo se señaló como responsables a Juan Antonio Reyna Caballero, José Antonio Arenas Villanueva, Gabriel Antonio Novoa Fernández, José Patricio Patiño Arias, Óscar Ochoa, Juan Carlos Alvarado Montagner, Vicente Ernesto Pérez Mendoza, Antonio del Río Soto y Wilfrido Robledo Madrid.

A este último se le sancionó con la inhabilitación para todo cargo público por un periodo de tres años, porque, como "comisionado de la PFP, suscribió indebidamente nueve contratos para la adquisición de aeronaves, los cuales fueron adjudicados de manera directa, sin fundamento ni motivo".[46]

Los funcionarios absueltos de este caso fueron Genaro García Luna, María del Refugio Peñuelas Armenta, Jaime Enrique Martínez

---

46. Secretaría de Contraloría y Desarrollo Administrativo, comunicado de prensa núm. 182/2002, México, Distrito Federal, 28 de abril de 2002.

Torres, José Luis Morales Hernández, Faustino Vicente Ruiz Taviel de Andrade, Mario Alberto Páez Bernal, César Vélez Andrade, José Luis Carbajal y Vergara, Joel Cano García, Pedro de Jesús Pastor Herrera, Fernando López Martínez, Armando Rafael Leobardo Abaroa Madruga, Luis García Espino y Jorge Vergara Berdejo, todos muy cercanos a Eduardo Medina-Mora.

Tanto la persecución que llevó a cabo Alejandro Gertz de los funcionarios corruptos dentro de la PFP como la defensa que hizo de ellos Eduardo Medina-Mora ante el presidente Fox fueron agravios que ninguno de ellos dos olvidaron. Al tiempo, Eduardo Medina-Mora parecía ganar la partida al conseguir que el presidente Vicente Fox destituyera a Alejandro Gertz de la PFP y de la Secretaría de Seguridad Pública (SSP), para colocar en su lugar a Ramón Martín Huerta, quien, tras su muerte accidental (el 21 de septiembre de 2005), fue remplazado por Eduardo Medina-Mora.

Como secretario de Seguridad Pública, Eduardo Medina-Mora, en aras de cobrar un agravio no olvidado, no escatimó esfuerzos para hurgar en los anales financieros en busca de posibles malos manejos ejecutados por Alejandro Gertz Manero. No encontró nada grave. A lo mucho, halló algunas irregularidades de corte administrativo que no pudieron llevar al enjuiciamiento penal de Gertz Manero. Por su parte, el hoy fiscal, ante la embestida de Eduardo Medina-Mora, se limitó a hacer lo que mejor sabe cuando está en desventaja: sin cargo público que lo respaldara y sin ninguna protección presidencial, se mantuvo agazapado. Soportó la tempestad.

La venganza llegó 15 años después. Apenas Alejandro Gertz Manero fue designado fiscal general de la República, con todo el poder del Estado, comenzó a hurgar en el pasado de Eduardo Medina-Mora. Lo que encontró bien habría podido plasmarlo en una carpeta de investigación que sin demora habría sido judicializada. Pero su venganza fue reprimida. Hubo fuerzas políticas externas que se lo impidieron; por un lado el presidente Andrés Manuel López Obrador no permitió que se llevara a juicio penal a un ministro de la Suprema

Corte de Justicia de la Nación (SCNJ), para no desacreditar al Poder Judicial. Por otra parte, el presidente de la SCJN, Arturo Zaldívar Lelo de Larrea, abogó también por mantener en la honorabilidad la reputación de la Suprema Corte.

Hay que recordar que Eduardo Medina-Mora, quien fue procurador general de la República del 7 de diciembre de 2006 al 7 de septiembre de 2009, en el gobierno del presidente Felipe Calderón, y después embajador de México en Reino Unido, y a la postre —ya en la administración de Enrique Peña Nieto— embajador en Estados Unidos, fue designado como ministro de la SCJN el 10 de marzo de 2015, a propuesta de Enrique Peña Nieto, y permaneció en el cargo hasta el 3 de octubre de 2019, fecha en la que tuvo que renunciar a cambio de no ser procesado penalmente, esto tras un acuerdo establecido entre los titulares de los poderes Ejecutivo y Judicial.

¿Qué fue lo que Alejandro Gertz Manero encontró en el pasado de Eduardo Medina-Mora que no quiso plasmar en una carpeta de investigación? ¿Y por qué no se le sometió a juicio? Las respuestas oficiales serán parte de los *secretos de Estado* que se llevará el gobierno de la Cuarta Transformación. No obstante, por fuentes extraoficiales en el interior de la FGR se sabe que lo que Gertz Manero descubrió —lo cual a final de cuentas es una omisión en la aplicación de la justicia y constituye al menos el delito de encubrimiento— fue una relación de complicidad de Eduardo Medina-Mora con miembros del crimen organizado… al parecer los mismos grupos con que estuvo relacionado el general Salvador Cienfuegos Zepeda, secretario de la Defensa Nacional (Sedena) en el gobierno de Enrique Peña Nieto.

Aun cuando oficialmente la FGR ha respondido —a una solicitud de información pública— que en poder de esa dependencia no obran "registros de denuncias, averiguaciones previas y carpetas de investigación"[47] en contra de Eduardo Medina-Mora Icaza, contra-

---

47. Fiscalía General de la República, respuesta a la Solicitud de Información núm. 0001700505219, Ciudad de México, 26 de noviembre de 2019.

dictoriamente en la misma respuesta se reconoce que la Fiscalía Especializada de Combate a la Corrupción sí cuenta con información vinculada al ex ministro Medina-Mora y que dicha información "forma parte de las carpetas de investigación a cargo de esa Fiscalía, las cuales tienen el carácter de reservadas".[48]

Pero más allá de la postura oficial que asumió la FGR sobre el caso, a fin de que las relaciones de corrupción de Eduardo Medina-Mora no afectaran la de por sí deteriorada imagen del Poder Judicial, destaca lo que refieren fuentes extraoficiales del interior de la FGR, que coinciden en señalar —con base en las investigaciones del fiscal Gertz Manero— que Eduardo Medina-Mora, en su calidad de procurador general de la República durante la administración del presidente Felipe Calderón, también brindó protección a miembros de los cárteles de Sinaloa y de los Hermanos Beltrán Leyva, como parte de la red criminal que estableció con ellos el entonces secretario de Seguridad Pública, Genaro García Luna.

En ese sentido, Medina-Mora sería la principal cabeza de la red de informantes dentro de la PGR que colaboró con el Cártel de los Beltrán Leyva, la misma red de la que alertó el gobierno de Estados Unidos, y que para darle una salida el gobierno de Felipe Calderón la sesgó, culpando a un grupo de 25 funcionarios de segundo y tercer nivel y a algunos agentes operativos de la PGR que nada tenían que ver. La *Operación Limpieza* le fue encomendada al propio Eduardo Medina-Mora, por cuya instrucción fueron procesados, aunque finalmente absueltos, la mayoría de los inculpados.

De acuerdo con las fuentes extraoficiales de la FGR, también se asocia a Eduardo Medina-Mora con la expansión y operatividad del llamado Cártel H2, que fue comandado por Francisco Patrón Sánchez, al que se le ligó en una investigación penal en Estados Unidos con el general Salvador Cienfuegos Zepeda. Según esas fuentes extraoficiales —que hablaron fuera de grabación para este trabajo—,

---

48. Ídem.

Eduardo Medina-Mora filtraba información, a la par que lo hacía Genaro García Luna, a los jefes de los cárteles de Sinaloa y Beltrán Leyva, asociados con el régimen de Felipe Calderón, a fin de que pudieran evadir las acciones de combate al narcotráfico que algunos elementos de tropa de la Secretaría de la Defensa Nacional sí creyeron que iban en serio y actuaron de manera frontal contra la delincuencia organizada. Esas filtraciones de información causaron decenas de muertes de soldados.

En efecto, no debe olvidarse que sólo en el periodo de gestión de Eduardo Medina-Mora al frente de la entonces PGR, de diciembre de 2006 a septiembre de 2009, cuando desde su despacho se alertaba a diversas células criminales sobre los operativos de combate al narco, las fuerzas del crimen organizado asesinaron a por lo menos 116 soldados de la Secretaría de la Defensa Nacional.[49] De ellos, 37 elementos fueron abatidos en combates frontales registrados en 2007; otros 53 en 2008 y 26 en 2009.

Hay más. El fiscal Alejandro Gertz también encontró que Eduardo Medina-Mora era parte de una red de lavado de dinero; con base en reportes de la National Crime Agency (NCA) de Reino Unido, la FGR estableció que en una cuenta bancaria de HSBC, manejada por Eduardo Medina-Mora, se habían hecho depósitos por 2 millones 382 mil 526 libras esterlinas, equivalentes a 66 millones 120 mil 697 pesos, que evidentemente era una cantidad muy superior a la que pudo haber obtenido de su salario como embajador de México en Reino Unido. De igual forma se encontró, con el apoyo del Departamento del Tesoro de Estados Unidos, que cuando Eduardo Medina-Mora fue embajador de México en Washington recibió transferencias, también en una cuenta de HSBC, por la suma de 2 millones 130 mil dólares, equivalentes a 43 millones 609 mil 407 pesos.

---

49. Secretaría de la Defensa Nacional, respuesta a la Solicitud de Información núm. 0000700106309, Lomas de Sotelo, Distrito Federal, 24 de julio de 2009.

Ante la imposibilidad de poder demostrar la licitud de esos depósitos bancarios, y ante la amenaza de tener que rendir cuentas ante la justicia, por ello y por su relación con grupos del crimen organizado, Eduardo Medina-Mora se vio orillado por el fiscal Alejandro Gertz Manero a renunciar como ministro de la Suprema Corte de Justicia de la Nación, cargo al que había llegado con el apoyo del presidente Enrique Peña Nieto el 10 de marzo de 2015. Presentó su renuncia,[50] sin mayor explicación, al presidente Andrés Manuel López Obrador el día 3 de octubre de 2019. Así se saldó el agravio. Así se rubricó la presunta venganza de Gertz Manero contra Medina-Mora porque este osó buscar desacreditarlo durante su gestión como secretario de Seguridad Pública y comisionado de la PFP.

Pero el gobierno federal de la Cuarta Transformación ha sido tan cuidadoso de no reconocer ningún tipo de animadversión —mucho menos del fiscal Gertz Manero— en la renuncia de Eduardo Medina-Mora, que hasta oficialmente se ha desligado de tener siquiera en sus archivos el documento físico de la renuncia del ministro. Recién ocurridos los hechos, se solicitó a la Secretaría de Gobernación (Segob), a través del Portal Nacional de Transparencia, una copia del documento de renuncia de Eduardo Medina-Mora, pero la dependencia respondió con una negativa: "Después de haber realizado una búsqueda exhaustiva y razonable de lo solicitado, no se localizó expresión documental relativa a la petición".[51]

Aun cuando la renuncia de Eduardo Medina-Mora pudo haber significado un logro para el ego de Alejandro Gertz Manero, y el saldo favorable de aquella añeja disputa, al parecer no fue así del todo. Todavía faltaba la revancha contra su otro enemigo, que también trató de desacreditarlo durante la administración de Vicente Fox: Genaro García Luna, sobre el cual había mucha *tela de donde*

---

50. Eduardo Medina-Mora Icaza, Renuncia al Cargo de Ministro de la SCJN, Ciudad de México, 3 de octubre de 2019.
51. Secretaría de Gobernación, respuesta a la Solicitud de Información núm. 0000400348019, Ciudad de México, 16 de octubre de 2019.

cortar. Incluso, una fuente de la FGR refiere un acuerdo de Gertz con el presidente López Obrador; "Él dio *luz verde* para llevar a cabo la investigación sobre Genaro García Luna", dadas las evidencias de los muchos manejos financieros que pudo documentar la Unidad de Inteligencia Financiera (UIF) de la SHCP, a cargo entonces de Santiago Nieto Castillo.

De modo que, apenas Alejandro Gertz asumió la titularidad de la Fiscalía General de la República, buscó a toda costa sumar los elementos probatorios necesarios para llevar a juicio a Genaro García Luna, aparentemente movido más por la venganza que por el interés de la debida procuración de justicia. La intención era —al menos— procesarlo por delitos de corrupción, para dejar intocada la honorabilidad de las instituciones públicas que encabezó. Pero Gertz se encontró con que el Departamento de Justicia de Estados Unidos ya tenía una investigación más avanzada, con mayores elementos de prueba y hasta testimonios que no se limitaban al ámbito financiero, sino que hablaban de actos criminales en el mundo de las drogas. Por eso se acordó con el presidente que la FGR sólo colaboraría aportando elementos complementarios que ayudaran a fundar la causa penal de aquella investigación que ya se cocinaba en Estados Unidos.

Para lograr el cometido —de aportar elementos de prueba a la causa criminal que la DEA le seguía a Genaro García Luna en Estados Unidos—, el fiscal Gertz Manero se valió de una estrategia cuestionable pero de buenos resultados: ubicó a ex colaboradores de García Luna, aquellos que habían trabajado muy de cerca con él, y les propuso un acuerdo de impunidad a cambio de información, la cual sería entregada a la DEA. Esto sucedió aun antes de que se emitiera la orden de aprehensión contra García Luna en Estados Unidos, la que habría de cumplimentarse el 10 de diciembre de 2019.

Entre febrero y agosto de 2019, el propio Gertz Manero entabló diálogos con al menos siete ex colaboradores de García Luna, quienes aceptaron ayudar extraoficialmente en la aportación de pruebas para integrar un proceso contra Genaro García Luna. A esos ex colaboradores de García Luna que ya trabajaban en la PGR se les permitió permanecer en sus cargos cuando se creó la FGR; a otros se les invitó a sumarse al equipo de Gertz Manero a cambio de sus aportaciones de información.

Por eso se entiende que, aun cuando el presidente Andrés Manuel López Obrador ha manifestado una postura pública de no permitir en cargos dentro del gobierno de la Cuarta Transformación a ninguno de los colaboradores más cercanos de García Luna, al cierre de este trabajo todavía eran muchos de los marcados con el signo de la corrupción que permanecían en cargos de la administración federal, sobre todo en dependencias como la FGR, la Secretaría de Gobernación, la Secretaría de Seguridad y Protección Ciudadana e incluso la Secretaría de la Defensa Nacional.

Entre los ex colaboradores de García Luna de los que se valió el fiscal Gertz Manero para cometer su venganza, que a la luz de la historia se observa como un acto justo, se encuentran Antonio Pérez García, quien fue invitado a colaborar dentro de la FGR como director de la Policía Federal Ministerial (PFM); Felipe de Jesús Gallo Gutiérrez, quien fue incorporado a la FGR como coordinador de Métodos de Investigación, y Jorge Domínguez Martínez Vértiz, que fue llamado a ser el director de Asuntos Policiales Internacionales e Interpol.

Los funcionarios que fueron colaboradores de Genaro García Luna y a quienes recompensó el fiscal Alejandro Gertz Manero, manteniéndolos dentro de la estructura operativa de la FGR a cambio de sus aportes informativos, son Mario Romero Valdez, analista de la PFM; José Roberto Aragón García, jefe de departamento de Investigación de Delitos en la PFM; Luis Romero García, director de área en el Departamento de Asuntos Internos, y Martín Armendáriz Chaparro, inspector en la PFM.

Con los aportes de información de estos ex colaboradores de Genaro García Luna la FGR pudo establecer un importante nexo de colaboración con el Departamento de Justicia de Estados Unidos, sobre el cual se trabajó entre agosto y noviembre de 2019, hasta que el caso fue sólido y se logró que un juez federal de la Corte de Estados Unidos dictara la orden de aprehensión contra García Luna, la cual, tras cumplimentarse —a sólo 11 meses de la llegada de Gertz a la Fiscalía—, mantiene en vilo al ex secretario de Seguridad Pública de México.

No conforme con ello, y posiblemente previendo el escenario de que Genaro García Luna quedara en libertad tras el juicio programado para iniciar el 24 de octubre de 2022, Alejandro Gertz Manero se ha asegurado de que, al menos durante su gestión como fiscal general de la República, el gobierno mexicano pueda reclamar al ex secretario para ser juzgado en México. Por ello, la FGR mantiene a la espera la ejecución de una orden de aprehensión contra García Luna, bajo la acusación de haber permitido el ingreso de armas ilegales a suelo mexicano como encargado de la seguridad pública de México, en actos que sucedieron dentro del operativo *Rápido y Furioso*.

3

Un hombre del sistema

La lealtad sólo es virtud en el bien,
cuando sirve al mal se llama complicidad.

—MARGARITA GUERRERO,
periodista mexicana

L A   E V I D E N C I A   I N D I C A que no sólo la venganza es el sello distintivo de Alejandro Gertz Manero; también resalta en él su capacidad para adaptarse a las circunstancias de cambio. Esta última es una de sus mayores virtudes. Así se ha observado a lo largo de su trayectoria pública. Igual que su abuelo Cornelius B. Gertz y su padre José Cornelio Gertz Fernández, Alejandro Gertz Manero ha sabido medir bien sus tiempos y sus relaciones personales para columpiarse de un cargo a otro. El mejor ejemplo de ello se aprecia en el inicio de su carrera dentro del servicio público...

Cuando, en 1970, consideró que ya estaba agotada la relación con Mauricio Magdaleno Cardona, al que le servía como secretario particular, optó por buscar nuevos derroteros. Gracias a la relación que tenía su padre, José Cornelio Gertz, con Luis Echeverría Álvarez —quien pasó de ser el secretario de Gobernación a candidato presidencial—, buscó el cobijo de este. Tras el triunfo de Luis Echeverría, cuando aún no cumplía su primer año de gobierno, recomendó a Alejandro Gertz Manero, de tan sólo 31 años de edad, para que fuera secretario y asesor jurídico del Instituto Nacional de Antropología e Historia (INAH). En ese momento el director del INAH era Luis Ortiz Macedo, un joven arquitecto, apenas seis años mayor que Alejandro, relacionado en el círculo social y artístico en el que se movía la familia de don José Gertz Fernández y la señora Mercedes Manero.

La personalidad magnética de Alejandro Gertz Manero sedujo a Luis Ortiz Macedo y lo mismo hizo con los otros cinco directores que tuvo el INAH a lo largo de los siguientes 29 años, quienes lo protegieron y lo mantuvieron en el mismo cargo por su buen desempeño. Por alguna razón que no se explica fuera de las buenas relaciones presidenciales que en lo sucesivo tuvo Alejandro Gertz Manero, y a su gran capacidad de adaptación y rápido aprendizaje, él fue la conciencia de Guillermo Bonfil Batalla, que estuvo al frente del INAH de 1972 a 1976; de Gastón García Cantú (1976-1982), de Enrique Florescano (1982-1988), de Roberto García Moll (1988-1992) y de María Teresa Franco, que dirigió el INAH de 1993 a 2000.

En 1971, paralelamente a su trabajo como secretario y asesor jurídico del INAH, Gertz Manero no desaprovechó la oportunidad de otro empleo dentro del servicio público federal, el que le ofreció el recién llegado procurador general de la República, Pedro Ojeda Paullada, a quien le fueron recomendados los servicios como abogado del joven Gertz Manero, esto por parte de Porfirio Muñoz Ledo, que ya tenía el antecedente del trabajo que Gertz había realizado como inspector y abogado dentro de la Secretaría del Trabajo y Previsión Social (STyPS), dependencia de la que el mismo Muñoz Ledo se haría cargo un año después, entre 1972 a 1975.

Con la recomendación de Porfirio Muñoz Ledo, sin demérito de continuar técnicamente dirigiendo el INAH, a Alejandro Gertz Manero se le incorporó como agente del Ministerio Público auxiliar, adscrito a la Unidad de Averiguaciones Previas de la PGR, un cargo de poca valía incluso para fines curriculares, pero el mismo Gertz se ocupó de darle valor a su trabajo. Desde esa modesta posición, Gertz se negó a iniciar averiguaciones previas relacionadas con los hechos de Tlatelolco, la masacre ocurrida el 2 de octubre de 1968 en la plaza de las Tres Culturas de la Ciudad de México, donde el Estado asesinó a 78 estudiantes y 31 quedaron como desaparecidos.

Gertz Manero, en cumplimiento fiel del sistema y por leal empatía con el presidente Luis Echeverría, tampoco se interesó, en los años subsecuentes en que trabajó como agente del Ministerio Público de la PGR —hasta 1974—, en atender los reclamos de justicia que se presentaron hasta su mesa de servicio sobre la Matanza o Masacre del Jueves de Corpus, también conocida como *El Halconazo,* ocurrida el 10 de junio de 1971, cuando fueron asesinados por el Estado 23 estudiantes y por lo menos otros 150 resultaron heridos.

La evidencia de la inacción de Gertz Manero, que como agente del Ministerio Público federal de aquel entonces tenía la obligación de atender las denuncias sobre las agresiones cometidas por el Estado presentadas por las víctimas o sus familiares, tácitamente es reconocida por la misma dependencia que hoy encabeza. En una respuesta pública de información emitida el 22 de abril de 2015, la PGR reconoció que no existen en su haber datos estadísticos que permitan conocer a fondo agresiones cometidas por funcionarios, desde 1971 hasta 2015,[52] entre ellas las relacionadas con la Matanza de Tlatelolco y la Matanza del Jueves de Corpus.

Esa postura de total lealtad al sistema le fue bien retribuida a Gertz Manero. En 1974, por decisión del procurador general de la

---

52. Procuraduría General de la República, respuesta a la Solicitud de Información núm. 0001700095415, México, Distrito Federal, 22 de abril de 2015.

República, Pedro Ojeda Paullada, a Gertz lo ascendieron al cargo de agente del Ministerio Público jefe de unidad, adscrito a la Dirección de Averiguaciones Previas, donde continuaría demostrando su lealtad al régimen priista de Luis Echeverría Álvarez. Muestra de ello fue la omisión que como agente investigador hizo del caso del líder social guerrerense Rosendo Radilla Pacheco, a quien el Ejército desapareció.

De acuerdo con la Corte Interamericana de Derechos Humanos (CIDH), el de Rosendo Radilla Pacheco es el primer caso de una desaparición forzada a manos del Estado mexicano que fue ominosamente desatendido desde el momento de su denuncia, y es que desde la misma integración de la averiguación previa correspondiente, que corrió a cargo de la Dirección de Averiguaciones Previas de la PGR, donde era jefe de unidad Alejandro Gertz Manero, "el Estado incumplió el deber de adoptar disposiciones de derecho interno establecido en el artículo 2 de la Convención Americana sobre Derechos Humanos, en relación con los artículos I y III de la Convención Interamericana sobre Desaparición Forzada de Personas, respecto de la tipificación del delito de desaparición forzada de personas".[53]

Además, dice la sentencia de la CIDH en el caso de Rosendo Radilla, el "Estado […] incurrió en una demora injustificada en las investigaciones por la desaparición del señor Rosendo Radilla Pacheco, en la localización de sus restos y en la identificación de los probables responsables de los hechos delictivos",[54] omisiones que fueron atribuidas a la Dirección de Averiguaciones Previas de la PGR, cuyos funcionarios, en aquel tiempo, desestimaron la investigación por considerar que Rosendo Radilla Pacheco era un miembro activo de la guerrilla que operaba en el estado de Gue-

---

53. Corte Interamericana de Derechos Humanos, La Sentencia de la Corte IDH Caso Radilla Pachecho Vs. Estados Unidos Mexicanos, párrafos 315 a 324, San José, Costa Rica, 23 de noviembre de 2009.
54. Ibídem, párrafo 53.

rrero, la cual se había fundado en un acto de reclamo de justicia para los pueblos pobres por parte de Genaro Vásquez Rojas y Lucio Cabañas Barrientos.

La desaparición de Rosendo Radilla se dio en el marco de la *Guerra sucia* que inició el gobierno del presidente Luis Echeverría Álvarez y continuaría el presidente José López Portillo, cuando se utilizó al Ejército para reprimir y perseguir a todos los miembros de organizaciones civiles y populares que se alzaron en los estados más pobres del país, principalmente los del Pacífico sur-occidente, como Guerrero, Michoacán y Oaxaca, donde el factor en común fue el reclamo de mejores políticas públicas de combate a la pobreza y a la marginación de los pueblos originarios.

En ese contexto, también se utilizó, durante las administraciones de Luis Echeverría y José López Portillo, a la Procuraduría General de la República para simular la persecución de las agresiones que el Ejército cometía contra los integrantes de los llamados grupos rebeldes, pero en realidad el cometido de esa dependencia, y de todos los funcionarios a cargo de las averiguaciones previas, donde Alejandro Gertz Manero ya se movía *como pez en el agua*, era la de solapar las agresiones del Estado.

En el contexto del recrudecimiento de la militarización y la represión en Guerrero se dio la desaparición del líder social Rosendo Radilla Pacheco, el 25 de agosto de 1974, cuando fue detenido en un retén militar en las inmediaciones de la localidad de Atoyac de Álvarez, entre los poblados de Cacalutla y Alcholoa, mientras viajaba en compañía de uno de sus hijos a bordo de un autobús de pasajeros de la línea Flecha Roja. Esa fue la última vez que se supo de él.

Rosendo Radilla no fue el único desaparecido de Atoyac de Álvarez durante la *Guerra sucia*. Las desapariciones forzadas atribuidas al Ejército en esa zona de Guerrero se estiman en por lo menos 450, según cálculos de la Asociación de Familiares de Detenidos Desaparecidos y Víctimas de Violaciones de Derechos Humanos en México (Afadem), en la que también se reconoce la omisión que desde aquellos años hizo la PGR, a través de la Dirección de Averiguaciones Previas, donde nunca fueron debidamente integradas las indagatorias para dar con el paradero de las víctimas, mucho menos para alcanzar una posterior reparación del daño o por lo menos reconocer la agresión por parte del Estado.

Silencio ante la "Guerra sucia"

Sólo hay que recordar que Alejandro Gertz Manero participó como jefe de agentes del Ministerio Público federal después de los sucesos del 8 de septiembre de 1974, cuando se rescató a Rubén Figueroa, quien fuera gobernador de Guerrero y que había estado en poder del Partido de los Pobres, y en los del 2 de diciembre de ese mismo año, cuando se dio el enfrentamiento entre guerrilleros del estado de Guerrero en el que perdió la vida el líder del citado Partido de los Pobres, el profesor Lucio Cabañas Barrientos, a quien se le atribuyó el secuestro de Rubén Figueroa. De todo aquello la PGR no reportó el levantamiento de ninguna averiguación previa por el delito de desaparición forzada, pese a las decenas de víctimas que hoy se conocen en esos hechos.

Aun cuando hay señalamientos de que, como jefe de unidad de Averiguaciones Previas de la PGR, Alejandro Gertz Manero pudo haber participado en la omisión de investigaciones previas sobre desaparecidos durante la *Guerra sucia,* los que de acuerdo con la Comisión Nacional de Derechos Humanos (CNDH) habrían sido 134 personas,[55] existen también evidencias de que él, en ese cargo, fue implacable en la persecución del delito de terrorismo, siendo el principal blanco de sus acciones la desaparecida Liga Comunista 23

---

55. Comisión Nacional de los Derechos Humanos, "Informe de la Investigación sobre Presuntos Desaparecidos en el Estado de Guerrero durante 1971 a 1974 (Informe Carpizo)", México, Distrito Federal, s/f.

de Septiembre, la principal organización guerrillera que mantuvo en vilo la seguridad nacional de México entre 1973 y 1983.

A principios de 1975, a sólo dos años de haber nacido la Liga Comunista 23 de Septiembre, la PGR, derivado del trabajo de integración de averiguaciones previas, en el que se distinguió el desempeño de Gertz Manero, ya había logrado la detención de por lo menos 120 miembros de esa organización delictiva. La persecución de la Liga Comunista 23 de Septiembre se llevó a cabo por todo el territorio nacional, pero fue en la Ciudad de México y el estado de Sinaloa donde se lograron más detenciones. En todo esto destaca la eficiencia de la PGR, pues al menos ocho de cada diez detenidos fueron presentados ante la instancia judicial correspondiente y sentenciados por los jueces que conocieron de esos casos.

La capacidad de Alejandro Gertz Manero para lograr buenos resultados cuando se lo propone se observa en los mencionados casos del entonces Distrito Federal y de Sinaloa, donde —partiendo de los expedientes del caso contenidos en el Archivo General de la Nación (AGN)— fueron detenidos en total 43 presuntos terroristas: 21 y 22, respectivamente. En la capital del país, por acciones directas de Gertz Manero, se logró la captura de Silvestre García Herrera, Javier Garibay, Juan Escamilla Escobedo, José Trinidad León, Antonio Licea Verdugo, Manuel Cholco Cisneros, Regino Castro Zavala, Leonor Hortencia Baños Álvarez, Javier Almaraz Olvera, Norma Martínez Watanabe, José Luis Chagolla Remigio, Jorge Manuel Torres Cedillo, David Zaragoza Jiménez, Luis Alvarado Martínez, Víctor Mendoza Sánchez, Luis Moreno Borbolla, Nuria Boldo Belda, Alfredo y Violeta Tecla Parra, Alfonso Ansaldo Meneses y Vicente Estrada Vega.

En Sinaloa, los detenidos fueron Saúl Armando Alarcón Mezquita, Cástulo Alejo Armenta, Feliciano Castro Meléndez, Miguel Castro Serrano, Luis Cué Higuera, Arnulfo Ramírez Iriarte, Jaime Alvarado Aldrete, Vicente Armenta Atondo, Andrés Ayala Nevares, Víctor Ojea Armenta Osuna, Marisela Balderas Silva, Encarnación

Abeytia Aguilar, Sergio Castro López, Héctor Campos Ibarra, Arsenio Alvarado López, José Roberto Elías García, Héctor Escamilla Lira, Aarón Flores Estrada, José Roberto Espinosa López, José Luis Esquivel Verdugo, Víctor Gallardo Urías y Reynalda García Celaya.

Claro que el servicio al sistema y la eficiencia de Gertz Manero en el combate a la guerrilla no pasaron inadvertidos para el procurador Pedro Ojeda Paullada, ni para un observador anónimo que desde hacía tiempo y a lo lejos ya le daba seguimiento al trabajo de aquel joven: la Agencia Central de Inteligencia (CIA) del gobierno de Estados Unidos… Con base en sus propios méritos, Pedro Ojeda Paullada designó a Gertz Manero como director general del Instituto Técnico de la PGR, una especie de centro de formación policial y de agentes del Ministerio Público, cuya principal labor sería la capacitación en técnicas de investigación y peritajes de los nuevos cuadros de esa dependencia. Un año después, Pedro Ojeda Paullada elevó el rango laboral de Gertz. Lo colocó como oficial mayor de la PGR, con funciones de subprocurador.

Por su parte, la CIA, atenta a los logros de Gertz Manero, lo recomendó ante el presidente Luis Echeverría para coordinar los trabajos de la Campaña Nacional de Combate al Narcotráfico, el primer intento global del gobierno estadounidense por mantener a raya el ingreso de drogas desde el sur hacia el norte a través de la frontera con México. Así, en 1975, por orden del presidente Luis Echeverría, Gertz Manero se convirtió en el primer *zar antidrogas* mexicano con pleno respaldo —o impuesto, como se quiera leer— desde el gobierno de Estados Unidos.

Primer zar antidrogas

En la designación como *zar antidrogas* que desde Estados Unidos le llegó a Gertz Manero también influyó mucho el conocimiento que este tenía de la movilización de los grupos delictivos en Sinaloa, luego de su intensa labor de combate a las células del grupo guerrillero de la Liga Comunista 23 de Septiembre, y porque además Sinaloa, hacia 1975, ya era centro de operaciones de los principales productores de mariguana y amapola, que trasegaban hacia el norte sus cargas de yerba y goma de opio.

Sólo para acotar a la historia hay que referir que desde 1940, en la zona serrana central de Sinaloa, ya operaba un grupo que incipientemente se organizó para trasegar goma de opio hacia Estados Unidos. Dicho grupo estaba integrado por Manuela Caro, Gil Caro y Rafael Fonseca, quien —en versión de Rafael Caro Quintero— se casó con María del Refugio Carrillo; de ese matrimonio nacieron tres hijos: Rubén, Alfonso y Ernesto Rafael Fonseca Carrillo. Este último, en alianza con Rafael Caro, sería el fundador del Cártel de Guadalajara, semillero de los principales grupos del narcotráfico que actualmente se conocen en México.

Cabe destacar que hacia 1975, como parte de la política de control exterior del gobierno de Estados Unidos, bajo el principio de resguardar su seguridad nacional, se diseñó para todo el continente americano la denominada *Operación Cóndor,* que en principio era una acción de inteligencia que buscaba desarticular todos los grupos guerrilleros de izquierda, a fin de evitar la expansión del comunismo en suelo americano. Recién se había dado el ascenso al poder del socialista Salvador Allende en Chile, cuyo gobierno fue malogrado con la intervención de la CIA, respaldando el golpe militar del general Augusto José Ramón Pinochet Uriarte que terminó con el asesinato del presidente Allende y el asalto al Palacio de la Moneda, el 11 de septiembre de 1973.

Bajo ese contexto el gobierno de Estados Unidos, a través de la CIA, buscó evitar a toda costa nuevos eventos como los registrados en Chile, buscando que el comunismo no avanzara disfrazado de movimientos sociales progresistas. Por eso se planeó la *Operación Cóndor* para todo el continente americano, según revela una fuente que trabajó para la CIA, que refiere que mediante dicha operación la

Agencia dispuso de recursos económicos, armas y entrenamiento en contrainteligencia para aquellos gobiernos americanos que, en cooperación con el estadounidense, quisieran erradicar la presencia de grupos guerrilleros dentro de sus territorios nacionales.

Así, la *Operación Cóndor* se puso en marcha inicialmente en países como Guatemala, El Salvador, Nicaragua, Honduras, Colombia, Venezuela, Bolivia, Perú, Ecuador, Argentina, Chile, Uruguay, Paraguay y Brasil.[56] A México se le diseñó una versión especial de dicha operación de inteligencia, distinta a la aplicada en otros países de América; a diferencia de los otros gobiernos americanos, en México la *Operación Cóndor* no estuvo focalizada sólo a la desarticulación de los grupos guerrilleros de izquierda, que operaban en el país desde antes de 1970 y que radicalizaron su presencia en la vida nacional a partir de 1973, como la Organización Nacional de Acción Revolucionaria (ONAR), el Frente Urbano Zapatista (FUZ), los Comandos Armados del Pueblo (CAP), el Frente Estudiantil Revolucionario (FER), el Frente Revolucionario Armado del Pueblo, la Juventud Comunista, la Liga Comunista 23 de Septiembre, el Comité de Defensa Popular (CDP), las Fuerzas Armadas de Liberación Nacional (FALN), el Movimiento Estudiantil Profesional (MEP), la Federación de Estudiantes Universitarios de Sinaloa, la Brigada Campesina de Ajusticiamiento, el Partido de los Pobres, la Brigada Isidora López Correa, la Brigada Revolucionaria Emiliano Zapata, la Organización Superior del Proletariado Mexicano, la Federación de Partidos del Pueblo y el Comité Cívico Guerrerense.

En México, la CIA determinó que una gran parte de los recursos destinados a la *Operación Cóndor* también debía enfocarse en el combate de los nacientes grupos del narcotráfico, que todavía no alcanzaban el estatus de cárteles, pero que empezaban a significar un riesgo para la seguridad nacional de Estados Unidos, y qué me-

---

56. Agencia Central de Inteligencia, informe interno número CIA-RD-P7700432R000100400001-2, Washington, D.C., 8 de agosto de 2001.

jor que colocar al frente de esa operación a quien ya estaba funcionando como *zar antidrogas* a través de la titularidad de la Campaña Nacional contra el Narcotráfico, que registraba aciertos con grandes decomisos de drogas, principalmente mariguana, en las zonas montañosas de Sinaloa, Oaxaca y Guerrero, los estados objetivo de la operación estadounidense.

Gertz Manero técnicamente fue reclutado por la CIA porque en su haber el gobierno estadounidense nunca encontró signos de corrupción, no al menos de la magnitud como los que posteriormente manifestó y se le han demostrado a Genaro García Luna que, siendo el encargado de combatir a la delincuencia, se alió —para proteger y medrar económicamente— a los grupos que estaba obligado a erradicar. A lo mucho, a Gertz Manero, como encargado de la *Operación Cóndor* en México, al frente de la cual duró sólo un año —1975—, se le puede recriminar haberse aliado con algunos narcotraficantes, como fue el caso de Humberto Rodríguez Bañuelos, alias la Rana, al que utilizó para infiltrar al Cártel de Sinaloa, cuya desarticulación, ya desde entonces, era el principal objetivo del operativo de la CIA.

A Humberto Rodríguez Bañuelos, la Rana, lo conocí en persona durante mi estancia en la cárcel federal de Puente Grande, entre 2008 y 2011. Siempre fue un tipo amable. Era diminuto y bonachón. Ni parecía ser el asesino que en realidad fue. Él mató al cardenal Juan Jesús Posadas Ocampo el 24 de mayo de 1993. Por ese delito, y no por narcotráfico, era que estaba en prisión. Éramos vecinos de celda. Durante las cuatro horas que nos daban para salir al patio, siempre las aprovechamos para platicar de historias narcas. Él quería que escribiera un libro de su historia, y a mí me apasionaba escuchar sus anécdotas tan llenas de color y cargadas de datos históricos sobre narcos. Por eso trabamos buena amistad en medio del infierno carcelario.

Entre aquellas pláticas que yo —apenas regresaba a la celda— iba registrando una a una en la libreta a cuadros que con dificultad me otorgó la dirección de la cárcel de Puente Grande, en varias ocasiones surgió el nombre de Alejandro Gertz Manero, todavía desconocido para mí. En una ocasión, mientras veíamos la televisión en el comedor del módulo seis de sentenciados —en febrero de 2011—, Humberto Rodríguez saltó de la banca desde la que veíamos las noticias. Brincó lleno de gusto. Era como un chiquillo:

—¡Mire, compita, ese es el bato que le digo! —gritó mientras señalaba con el índice hacia la pantalla del televisor—. Ese es el Gertz del que le hablo.

En versión de la Rana, él trabajó directamente con el encargado de la *Operación Cóndor*. En ese tiempo Rodríguez Bañuelos era comandante de la policía judicial de Sinaloa, en los tiempos en que la Procuraduría General de Justicia de esa entidad estaba a cargo de Amado Estrada Domínguez, quien trabajó muy de cerca con Alejandro Gertz, coordinador de la Campaña Nacional contra el Narcotráfico. Fue Amado Estrada el que recomendó a Humberto Rodríguez Bañuelos para ser enlace operativo de la procuraduría estatal con el grupo de militares en los que se apoyó la PGR en el combate al narco en la sierra de Sinaloa.

Si bien es cierto que oficialmente el gobierno mexicano reconoce que la *Operación Cóndor* inició formalmente el 16 de enero de 1977 y concluyó el 31 de enero de 1982,[57] existen documentos en los archivos de la CIA que indican que dicho operativo se inició en México al menos siete años antes,[58] en 1970, debido a la existencia de grupos paramilitares que ponían en riesgo la seguridad nacional tanto de México como de Estados Unidos. Pero no fue sino hasta 1975, cuando se designó a Gertz Manero como encargado de esa operación, cuando las acciones de intervención militar y logística para el combate al narcotráfico se oficializaron entre México y Estados Unidos.

---

57. Secretaría de la Defensa Nacional, respuesta a la Solicitud de Información núm. 00007000029005, México, Distrito Federal, 1 de junio de 2005.

58. Agencia Central de Inteligencia, informe interno número CIA-RDP79-00891A001000020001-0, Washington, D.C., 17 de mayo de 2001.

De modo que en 1975 Humberto Rodríguez Bañuelos se incorporó de lleno a la tarea de combate al trasiego de drogas, aun cuando él mismo estaba al servicio de los grupos del narcotráfico en Sinaloa. En su propia versión, Humberto Rodríguez se desempeñaba durante el día como policía judicial, pero "en la noche prestaba servicios para el Cártel de Sinaloa", donde su principal labor era la de apoyar al grupo de narcotraficantes que encabezaba Armando López, conocido como el Rayo de Sinaloa, el hombre de las mayores confianzas de Joaquín Guzmán Loera cuando apenas había nacido el Cártel de Sinaloa.

Como hombre al servicio de Armando López, Humberto Rodríguez tenía acceso a información privilegiada relacionada con el trasiego de drogas que el Cártel de Sinaloa enviaba hacia la frontera de México con Estados Unidos, en las inmediaciones de Tijuana. Humberto Rodríguez Bañuelos era el encargado de proteger el trayecto de los embarques de droga, pero también tenía la encomienda, por parte de la PGR, de evitar que esos embarques llegaran a cualquier punto fronterizo del norte. Aun así, cumplió cabalmente con sus dos responsabilidades.

Por eso se dividía. A veces, conociendo la ubicación de los retenes militares, esquivaba la acción de la justicia y sin mayor problema hacía llegar los embarques de droga que salían desde Culiacán para entregarse en Tijuana. En otras ocasiones —según contó— simplemente se hacía el omiso y permitía que los hombres del Cártel de Sinaloa, a los que estaba obligado a brindarles servicios de protección, fueran a dar a los retenes de seguridad. En cualquiera de los dos casos, Humberto Rodríguez siempre quedaba bien con sus superiores.

La labor del narcotraficante Humberto Rodríguez Bañuelos, actuando como agente doble en el combate al narcotráfico, hizo lucir el trabajo de Alejandro Gertz Manero e impulsó —ante el gobierno de Estados Unidos— la imagen del procurador general de la República, Pedro Ojeda Paullada; ambos fueron reconocidos por su desempeño. De acuerdo con un informe de la CIA, en un primer balance en el que se dio cuenta de los resultados obtenidos, con una inversión de 10 millones de dólares, se estableció que gracias a la *Operación Cóndor* se habían destruido, en sólo un año de trabajo, durante 1975, entre 15 mil y 20 mil plantíos de mariguana y por lo menos 12 plantíos de amapola,[59] sobre una superficie de más de 6 mil 600 hectáreas de suelo inaccesible en las zonas serranas de Michoacán y Guerrero, pero mayormente en la sierra de Sinaloa.

Otro hombre que también se vio beneficiado con el trabajo de Humberto Rodríguez Bañuelos, quien actuaba a manera de contraespía del gobierno desde dentro del narco y como infiltrado del narco dentro de la *Operación Cóndor,* fue José Hernández Toledo, el general de división asignado por la Sedena para el combate al narcotráfico a las órdenes de Gertz Manero. Por los actos de decomiso de drogas y destrucción de plantíos de amapola y mariguana que la Rana le sirvió *en bandeja de plata,* a este general la CIA lo consideró "un líder honesto y disciplinado que disfruta de una reputación de héroe en el Ejército",[60] con lo que creció la imagen del gobierno mexicano ante el de Estados Unidos como un socio de confianza en el combate a las drogas.

Como parte de la *Operación Cóndor,* Humberto Rodríguez contaba que respondía únicamente a las órdenes del entonces general de división José Hernández Toledo, el brazo derecho de Alejandro Gertz Manero, que nunca ocultó ante su superior en el combate a las drogas la forma en que se estaban logrando resultados positivos con la operación. Tan conoció Alejandro Gertz Manero cómo se llevaba a cabo el operativo —con el apoyo de miembros del narcotráfico,

---

59. Agencia Central de Inteligencia, informe CIA-RDP98-394R000200110002-4, "El Patrón Cambiante del Tráfico de Narcóticos: Latinoamérica", informe de una misión de estudio a México, Costa Rica, Panamá y Colombia, Washington, D.C., 6 a 18 de enero de 1976.

60. Agencia Central de Inteligencia, informe secreto núm. C00118690, "Análisis y Política Regional de Latinoamérica", Washington, D.C., 17 de marzo de 1977.

como fue el caso de Humberto Rodríguez— que, al menos en tres ocasiones, la Rana —dijo— acompañó personalmente a Gertz a realizar sobrevuelos de supervisión por Sinaloa y Guerrero.

Esos sobrevuelos existieron. Así lo confirma la CIA en un informe secreto del 28 de junio de 1976 y desclasificado el 6 de agosto de 2013,[61] donde se refiere la problemática de combate a las drogas que, desde el punto de vista de la CIA, se agudizaba —ya desde entonces— con el comercio sofisticado. "Pudimos ver de primera mano", dice el informe de la CIA, "durante una supervisión de las áreas de cultivo remotas, la dificultad que tiene el personal encargado de hacer cumplir la ley. El fiscal general se mostró sumamente cooperativo al brindar asistencia para la inspección de campo. El Dr. Alessandro [sic] Gertz Manero, jefe del programa de erradicación de México, nos acompañó en el vuelo en helicóptero cerca del poblado de Altamirano.

"Durante un sobrevuelo de la zona de cultivo, nos mostraron campos que ya habían sido destruidos. Aunque fue alentador ver resultados tangibles, era bastante obvio que el esfuerzo general de erradicación no estaba logrando los objetivos deseados. En ese tiempo, era fácil ver lo poco práctico que es el método de 'golpear con palos' para destruir los cultivos. Se informó que en algunas ocasiones los soldados incluso extrañarían los campos al lado de ellos. Con suerte, con la técnica de rociado que ahora se está instituyendo, se puede lograr un mayor progreso. El herbicida *Gramoxone* debería proporcionar una diferencia constructiva en el programa de erradicación. Esto reduce drásticamente el esfuerzo de mano de obra que se requería originalmente. El gobierno mexicano debe ser elogiado por adoptar un enfoque más realista en sus esfuerzos de erradicación".[62]

---

61. Agencia Central de Inteligencia, informe CIA-RDP98-394R000200110002-4, "El patrón cambiante del tráfico de narcóticos: Latinoamérica", informe de una misión de estudio a México, Costa Rica, Panamá y Colombia, Washington, D.C., 6 a 18 de enero de 1976, págs. 9-10.
62. Ídem.

La pérdida de confianza de Estados Unidos

Alejandro Gertz Manero estuvo al frente de la *Operación Cóndor* por espacio de un año solamente. ¿Qué fue lo que hizo para que el gobierno de Estados Unidos dejara de confiar en él para tan importante empresa? Al respeto no existe ninguna explicación sustentada en documentos oficiales, al menos no disponibles de forma pública. Pero, según una fuente de la CIA, el gobierno estadounidense dejó de confiar en Alejandro Gertz Manero porque este no pudo responder de forma eficiente al reclamo de desarticulación de un cártel, el de los Herrera, que desde 1970 operaba en el estado de Durango y que se había convertido en una preocupación de seguridad nacional debido a la cantidad industrial de heroína que estaba trasegando de México a Arizona, Nuevo México y Nueva York.

Desde 1969 el gobierno de Estados Unidos, por instrucción del secretario de Estado Henry Kissinger, había implementado dos operativos en México, *Operación Fiasco* y *Operación Intercepción*, para la desarticular las labores de Cártel de los Herrera, pero ambas fueron burladas. Por eso se le encomendó a Gertz Manero que, como parte de la *Operación Cóndor*, se llevaran a cabo las acciones militares necesarias para detener a los miembros de esa organización criminal.

El Cártel de los Herrera estaba integrado por un grupo de familias del mismo clan; tenían conexiones desde Durango y Chihuahua hasta Chicago y Nueva York, y entre las cabezas visibles de esa organización se encontraban Asunción Herrera Chávez, Reyes Herrera-Herrera, Jaime Herrera Nevares, Enrique Díaz García, Arnoldo Herrera-Herrera, Manuel Herrera-Herrera, Manuel Villareal Valdez y Carlos Herrera Araluce, quienes conformaban una estructura criminal similar a la de la mafia italiana, que controlaban desde jefes policiacos hasta gobiernos municipales, según lo catalogó la

CIA.[63] Además, a este cártel se le atribuían acciones importantes de lavado de dinero. De ahí la urgencia de su desarticulación.

Sin embargo, ante esa petición de la CIA el jefe antidrogas de México, Alejandro Gertz Manero, no pudo hacer nada, aun cuando encomendó acción al general José Hernández Toledo. Y es que el general Hernández Toledo recargó todo el peso de la desarticulación del Cártel de los Herrera en Humberto Rodríguez Bañuelos, quien se hizo omiso ante la instrucción por una sola razón: Rodríguez Bañuelos tenía una relación con una sobrina de Asunción Herrera, una mujer llamada María Luisa Herrera, de la que la Rana estaba perdidamente enamorado. Por eso la Rana siempre evitó acciones de contraespionaje contra el Cártel de los Herrera, según su propia versión. Y por esa razón, al no haber resultados palpables de Gertz Manero sobre la desarticulación de ese cártel de Durango, la CIA le perdió la confianza, al menos dejó de verlo como un hombre eficiente y pidió su destitución. Por eso Gertz permaneció nada más un año, el de 1975, al frente de la *Operación Cóndor*.

Tras su destitución, por petición de la CIA, como coordinador nacional de las acciones de la *Operación Cóndor,* ya en las postrimerías de la administración del presidente Luis Echeverría, a Alejandro Gertz Manero se le rescató de la vergüenza nacional y se puso a salvo su reputación: se le asignó el cargo de procurador federal de la Defensa del Trabajo, dependiente de la Secretaría del Trabajo y Previsión Social (STyPS), entonces a cargo de su amigo Carlos Gálvez Betancourt, regresando así a sus orígenes dentro del servicio público.

Gertz se desempeñaría como procurador de la Defensa del Trabajo hasta 1983, siempre bajo la protección de Pedro Ojeda Paullada quien, tras ser titular de la PGR, encontró también cobijo en la ad-

---

63. Agencia Central de Inteligencia, informe interno número CIA-RDP98-01394R000200110010-5, "La política económica del tráfico de drogas: la Organización Herrera", Peter A. Lupsha y Kip Schlegel, Instituto Latinoamericano, Universidad de Nuevo México, Alburquerque, noviembre de 1980.

ministración de José López Portillo como titular de la misma STyPS, para después ceder la estafeta a Javier García Paniagua y este a Sergio García Ramírez, con los que Gertz Manero igualmente cimentó excelentes relaciones.

Al margen de la gestión de Alejandro Gertz Manero como encargado de la *Operación Cóndor*, poco se conoce sobre los alcances de esa intervención del gobierno de Estados Unidos en México para el combate a las drogas. De manera muy extraña, dentro de la Fiscalía General de la República —la que obligadamente tuvo que haber llevado el registro de los logros que en materia de combate al narcotráfico se tuvieron con la *Operación Cóndor*— se ha reportado de manera oficial que en los archivos de esa dependencia no existe ningún tipo de información al respecto.[64]

Sin embargo, en la Secretaría de la Defensa Nacional (Sedena) sí se reconoce la existencia de documentos oficiales que hablan de los logros obtenidos en la aplicación de la referida operación conjunta de combate al narcotráfico realizada entre México y Estados Unidos. En una respuesta oficial de información, la Sedena establece que entre 1977 y 1987, sin tomar en cuenta el año en que Gertz Manero estuvo al frente, la *Operación Cóndor* arrojó como saldo la consignación ante la autoridad ministerial, por posibles delitos de narcotráfico, de por lo menos 2 mil 19 personas; se destruyeron 224 mil 252 plantíos de mariguana y amapola, 27 civiles perdieron la vida y por lo menos unos 19 elementos del Ejército mexicano cayeron en combates registrados frente a grupos delictivos dedicados al trasiego de drogas.[65] Ante estos datos, lo único que queda es suponer que Alejandro Gertz Manero, ya como fiscal general de la República, o se niega a dar a conocer los resultados exactos de su gestión anti-

64. Fiscalía General de la República, respuesta a la Solicitud de Información núm. 0001700224321, Ciudad de México, 10 de septiembre de 2021.
65. Secretaría de la Defensa Nacional, respuesta a la Solicitud de Información núm. 00007000029005, Lomas de Sotelo, México, Distrito Federal, 1 de junio de 2005.

drogas en el pasado o simplemente ha desaparecido cualquier evidencia documental que hable de ello, como si tratara de ocultar algo. Como si eso nunca hubiera existido en su vida.

Como quiera que sea, queda para la historia que Alejandro Gertz Manero fue el verdadero padre de la *guerra contra el narco,* la cual cobraría dimensiones catastróficas durante la administración del presidente Felipe Calderón. Y tampoco se puede pasar por alto que el hoy fiscal fue, si no el primero, sí de los primeros funcionarios federales que se valieron de la colaboración de narcotraficantes para presentar resultados en la lucha contra el tráfico ilícito de drogas. Allí está el testimonio de Humberto Rodríguez Bañuelos, la Rana, quien en alguna ocasión, de las veces que platicamos de la *Operación Cóndor,* reconoció que gracias al servicio que prestó, aun siendo narcotraficante, dentro del combate al narco, Alejandro Gertz y el general José Hernández Toledo lo recomendaron para ser ascendido a coordinador general de la Policía Ministerial de Sinaloa, desde donde posteriormente pudo servir de manera más eficiente al Cártel de Sinaloa y desde donde también se relacionó estrechamente con el Cártel de los Hermanos Arellano Félix. Pero esa es otra historia.

4

1977: El inicio de una gran amistad

A mi amigo quiero por lo que de él espero.

—REFRÁN POPULAR

CUANDO ALEJANDRO Gertz Manero dejó la coordinación nacional de la *Operación Cóndor* y fue resguardado por el sistema, al año siguiente, en 1976, como procurador federal de la Defensa del Trabajo, seguramente ni él imaginó que allí labraría el camino para coronar su vida de trabajo burocrático con uno de los más importantes cargos a los que puede aspirar cualquier servidor público. A la larga, el ser procurador federal de la Defensa del Trabajo sería la piedra angular para llegar a la Fiscalía General de la República sólo por un hecho: porque allí, a partir de 1977, Gertz Manero entabló muy buena relación, que llegaría al grado de amistad, con Andrés Manuel López Obrador.

Eran los inicios de gobierno del presidente José López Portillo. Pedro Ojeda Paullada, que fue procurador general de la República con Luis Echeverría Álvarez, había sido apoltronado por el nuevo presidente de México como secretario del Trabajo. Como parte del equipo de Pedro Ojeda, al hombre de sus confianzas, Alejandro Gertz Manero, lo colocaron al frente de la Procuraduría de la Defensa del Trabajo en una especie de reconocimiento a la dedicación laboral de este y como un guiño del propio sistema, que lo seguía respaldando a pesar de haber perdido la confianza del gobierno estadounidense.

Por su parte, el joven Andrés Manuel López Obrador también comenzaba a ser recipiendario de la bonhomía del sistema: recién había llevado con éxito la campaña para senador del poeta Carlos Pellicer Cámara y por ello se le pagó con el cargo de director del Instituto Indigenista de Tabasco, cuando el gobierno estatal de esa entidad estaba a cargo de Leandro Rovirosa Wade, un protegido de Porfirio Muñoz Ledo, quien en su calidad de secretario de Educación Pública —dentro del régimen de José López Portillo— igualmente cuidó bien de Pedro Ojeda Paullada.

La coincidencia entre Alejandro Gertz Manero y Andrés Manuel López Obrador de que sus padrinos políticos fueran a la vez hijos putativos de Porfirio Muñoz Ledo fue lo que les dio la confianza para acercarse uno al otro. Inicialmente fue López Obrador quien requirió de la ayuda de Gertz Manero, porque en aquellos tiempos le preocupaba la falta de garantías laborales de cientos de indígenas tabasqueños que estaban empleados en la construcción de clínicas de salud contempladas como parte del programa de trabajo de la Coordinación General del Plan de Zonas Deprimidas y Grupos Marginados (Coplamar).

La preocupación central de Andrés Manuel López Obrador era que de manera frecuente, bajo argumentos técnicos de los funcionarios de las juntas de Conciliación y Arbitraje en Tabasco, todos los trabajadores indígenas que reclamaban la protección de ley de sus garantías laborales eran rechazados. El argumento de los empleados de las juntas de Conciliación para no atender o posponer esos reclamos laborales era que debían presentarse en las oficinas centrales de la Ciudad de México. Aquello significaba una afrenta para muchos de los indígenas demandantes, que a veces sólo pedían el pago justo de sus salarios, la aplicación de la jornada laboral de ocho horas o simplemente su inscripción al régimen de asistencia social. Para ellos hacer un viaje a la Ciudad de México, únicamente para iniciar un litigio laboral, resultaba, además de insultante, nada práctico.

Por eso López Obrador gestionó la solución a aquellas irregularidades ante el procurador federal de la Defensa del Trabajo, y su esfuerzo no fue en vano. En una rápida acción, Gertz Manero se aplicó a resolver el asunto de su correligionario. El día 22 de junio de 1977 logró que el presidente José López Portillo publicara en el *Diario Oficial de la Federación* el "Acuerdo que establece la estructura y funciones de las Delegaciones Federales de la Secretaría del Trabajo y Previsión Social",[66] que hasta el día de hoy tiene por objeto atender eficientemente todos los asuntos correspondientes a esa dependencia.

Otra preocupación que López Obrador le expuso a Gertz Manero como procurador federal de la Defensa del Trabajo y que este respondió en forma puntual —según relata un ex funcionario de la Secretaría del Trabajo de aquella época— fue la que tenía que ver con la falta de capacitación para los trabajadores indígenas de Tabasco, pues dentro del programa Coplamar se les enseñaba poco y se les exigía mucho, lo cual también iba en detrimento de sus derechos laborales.

En respuesta al planteamiento de Andrés Manuel López Obra-

---

66. *Diario Oficial de la Federación*, Secretaría del Trabajo y Previsión Social, "Acuerdo que establece la estructura y funciones de las Delegaciones Federales de la Secretaría del Trabajo y Previsión Social", 22 de junio de 1977, pág. 8.

dor, el procurador federal de la Defensa del Trabajo, Alejandro Gertz Manero, hizo una de las aportaciones más grandes a la vida social de México de toda su carrera pública: logró —con la intermediación de Pedro Ojeda Paullada, el titular de la STyPS— que el presidente José López Portillo hiciera las modificaciones necesarias a la Constitución Política del país, a fin de que se estableciera —por ministerio de ley— la obligación de los patrones para dotar de capacitación laboral a sus trabajadores. Esto quedó plasmado en el decreto de ley que se publicó en el *Diario Oficial de la Federación* el 9 de enero de 1978, donde, con plena autoridad presidencial sobre la Cámara de Diputados, quedó definido que "las empresas, cualquiera que sea su actividad, estarán obligadas a proporcionar a sus trabajadores capacitación y adiestramiento para el trabajo".[67] Con ello, tan sólo en el estado de Tabasco, donde surgió ese reclamo, se benefició a por lo menos mil 120 trabajadores indígenas que prestaban sus servicios dentro de la administración federal.

Al margen de la relación de colaboración visionaria que tuvo en su momento con Andrés Manuel López Obrador, Alejandro Gertz Manero también tomó vuelo propio en la construcción de su carrera política... A partir de su posición de procurador de la Defensa del Trabajo se convirtió en un hombre necesario dentro de la Secretaría del Trabajo. Desde que Pedro Ojeda Paullada estuvo al frente de esta, hasta marzo de 1981, hizo que su visión administrativa prevaleciera por encima, incluso, de la de Pedro Ojeda Paullada. Entre otras reformas que Gertz Manero promovió dentro de la Secretaría del Trabajo se encuentra la publicada el 25 de septiembre de 1978,[68] re-

67. *Diario Oficial de la Federación,* Secretaría del Trabajo y Previsión Social, "Decreto por el que se adiciona la fracción XII y se reforma la fracción XIII, ambas del Aparado 'A' del Artículo 123 de la Constitución Política de los Estados Unidos Mexicanos", 9 de enero de 1978, pág. 9.
68. *Diario Oficial de la Federación,* Secretaría del Trabajo y Previsión Social, "Decreto por el que se reforman los Artículos 3, 13, 18 y 23 del Reglamento Interior de la Secretaría del Trabajo y Previsión Social", 29 de septiembre de 1978, pág. 9.

ferente a la instalación de delegaciones de la STyPS en todo el país, con la que hizo crecer el aparato burocrático de esa dependencia —a través de 32 delegaciones estatales, cuatro subdelegaciones y 13 oficinas de apoyo—, con lo que a la vez extendió los servicios oficiales tendientes a garantizar una cultura de respeto a los derechos laborales de los trabajadores, lo que hasta ese momento se consideró uno de los más grandes logros de la administración del presidente José López Portillo.

Mientras Gertz Manero fue procurador federal de la Defensa del Trabajo de la STyPS bajo la tutela de Pedro Ojeda Paullada, su carrera política iba *viento en popa*. Se desconocen las razones por las que Gertz no quiso seguir a su jefe en su nueva encomienda cuando, casi al término de la administración de López Portillo, este envió a Pedro Ojeda Paullada a la presidencia del Comité Ejecutivo Nacional (CEN) del PRI para que se hiciera cargo del destape de Miguel de la Madrid como candidato oficial a la Presidencia. Sobre este hecho se presumen dos hipótesis, vertidas por un viejo ex funcionario de la Secretaría del Trabajo que prefirió el anonimato por miedo a las represalias del hoy fiscal: en primer lugar, Alejandro Gertz, pese a ser militante del PRI, pudo haber optado por no involucrarse en la designación de Miguel de la Madrid como candidato oficial, porque su lealtad estaba con Porfirio Muñoz Ledo, quien por segunda ocasión consecutiva —previo a las sucesiones de Luis Echeverría Álvarez y del mismo José López Portillo— se mencionaba con insistencia en los corrillos del PRI como el seguro candidato presidencial.

La otra posible razón por la que Gertz Manero no siguió a su jefe Pedro Ojeda para incorporarse en un cargo directivo del CEN del PRI puede atribuirse a su convencimiento de que con Javier García Paniagua, quien suplió a Pedro Ojeda en la Secretaría del Trabajo, le avizoraban mejores perspectivas políticas en su carrera como procurador federal de la Defensa del Trabajo. Y en cierta medida así fue.

A la sombra de García Paniagua

Bajo la dirección de Javier García Paniagua, el nuevo titular de la STyPS, Alejandro Gertz Manero vivió una de sus mejores épocas de mando dentro del servicio público, hasta ese momento. Y es que quien realmente tomaba las decisiones fundamentales en esa dependencia era este último, lo cual se debía no sólo a su capacidad administrativa y al hecho de que aquel estaba más dedicado a las relaciones políticas del poder, dejando abandonada su labor como secretario, sino a que García Paniagua mantenía una deuda de honor con Gertz.

En el ánimo de Javier García Paniagua siempre estuvo presente, a manera de agradecimiento, la actitud de olvido que manifestó Gertz Manero cuando, entre 1971 y 1974, en su calidad de agente del Ministerio Público federal, jefe de unidad de Averiguaciones Previas de la PGR, se negó a levantar una sola averiguación previa por la matanza de estudiantes en la Plaza de Tlatelolco. Se entiende que eso pudo haber sido para salvar la reputación del régimen de Gustavo Díaz Ordaz y la honorabilidad del secretario de Gobernación, Luis Echeverría Álvarez, pero como efecto colateral se dejó intocada también la responsabilidad del entonces secretario de la Defensa Nacional, el general Marcelino García Barragán, padre de Javier García Paniagua.

De ahí que García Paniagua siempre le diera *manga ancha* dentro de la STyPS a Gertz Manero y se presume que por esa razón Alejandro Gertz pudo haber despreciado la invitación que para sumarse a la dirigencia nacional del PRI le hizo en su momento Pedro Ojeda Paullada, quien después de haber destapado y llevado con éxito a Miguel de la Madrid a la Presidencia de México fue recompensando con la titularidad de la Secretaría de Pesca, a donde ya no invitó a colaborar a su pupilo preferido.

Por *apostarle al caballo equivocado,* a partir de allí vino un periodo de declive en la carrera de Alejandro Gertz Manero dentro del servicio público. Permanecería al frente de la Procuraduría Federal de la Defensa del Trabajo hasta 1983, esto bajo las órdenes del secretario del Trabajo Sergio García Ramírez, quien cuidó de Gertz durante el último año de la administración de José López Portillo por la inercia de amistad que ambos tenían con Pedro Ojeda Paullada. La salida de Gertz de la Procuraduría del Trabajo se dio con la llegada de Arsenio Farell Cubillas, en el primer año del gobierno de Miguel de la Madrid.

La fractura entre Gertz y Arsenio Farell fue a causa de viejas rencillas. Arsenio Farell nunca perdonó las gestiones que hizo Gertz a partir de 1977 para dar seguridad laboral a los trabajadores indígenas de Tabasco por los que abogó Andrés Manuel López Obrador. Y es que las modificaciones a la ley que promovió Gertz pegaron directamente en la dignidad, pero sobre todo en la carrera política, de Arsenio Farell, quien ante los ojos del sistema quedó como un opresor de las conquistas laborales de los trabajadores. Hay que recordar que cuando Alejandro Gertz promovió modificaciones a la ley para garantizar la salvaguarda de los derechos laborales de los indígenas de Tabasco que trabajaban para la Coplamar, Arsenio Farell era el titular del programa IMSS-Coplamar, cuya primera finalidad era extender los servicios de seguridad y asistencia social a las poblaciones marginadas sin capacidad de pago. Por eso, en cuanto Arsenio Farell Cubillas tuvo bajo su cargo a Gertz Manero, lo primero que hizo fue solicitarle su renuncia.

Después de 1983 y hasta 1995, durante casi 12 años, Alejandro Gertz Manero desapareció del servicio público. Al parecer, durante ese periodo se concentró en su vida familiar. Retomó la actividad académica y dio rienda suelta a su pasión literaria y teatral. Combinado con la impartición de clases de derecho, dedicó todo su esfuerzo humano y económico a impulsar el desarrollo del teatro en México, y fue en ese entonces cuando vivió su época de mayor producción literaria: en 1986 escribió el libro *La situación legal de los ciudadanos alemanes en México durante los años 1942-1946*. En 1987 escribió su ensayo *Análisis de las relaciones México-Estados Unidos 1977-1850*, que lo llevó a ser parte del Consejo Directivo de la Cámara Nacional de la Industria Editorial Mexicana (Caniem), cargo en el que estuvo de 1986 a 1988. Después, en 1993, sacó a la luz el que podría considerarse su mejor libro: *México, perfil de un rostro oculto*.

El mecenas de la democracia

A la par del desahogo de su pasión literaria, teatral y académica, y sin compromisos de corte político, alejado del servicio público, en 1988 Gertz Manero se sumó —de manera discreta— al movimiento de la Corriente Nacional Democrática (CND) del PRI, que encabezó Cuauhtémoc Cárdenas Solórzano. La CND fue una propuesta a través de la cual los nuevos cuadros políticos priistas reclamaban la apertura de mayores espacios políticos para así alcanzar lo que ya se veía como un relevo generacional, que incluía la transformación del partido hegemónico hacia lo social.

Gertz se unió a esa corriente a invitación de Porfirio Muñoz Ledo, quien al lado de Cuauhtémoc Cárdenas y otros líderes de pensamiento avanzado, como Ifigenia Martínez, César Buenrostro y Rodolfo González Guevara, pugnaban por la renovación del PRI, tanto en sus métodos de selección de candidatos como en sus principios ideológicos, en los que, al de la herencia de la Revolución, se incorporaba el de la atención a las demandas sociales de mejor bienestar. A ese movimiento se adhirieron otros líderes sociales inclinados ideológicamente a la izquierda, como Heberto Castillo, Gilberto Rincón Gallardo, Amalia García, Cristóbal Arias Solís, Samuel Maldonado Bautista, Roberto Robles Garnica, Francisco Javier Ovando Hernández, Ildefonso Aguilar, Antonio Herrera, Alfonso Elizarrarás y Andrés Manuel López Obrador.

Bajo su propia convicción ideológica, más cercana a la derecha que al centro y muy alejada de la izquierda, Alejandro Gertz Manero optó por lo que mejor sabe hacer: estar presente sin hacerse presente. Lo logró gracias a su desahogada situación económica —producto de la herencia de su abuelo—, que le sirvió para ser parte de los financiadores de aquel movimiento político que, con la salida de Cuauhtémoc Cárdenas del PRI, terminó por fracturar al poderoso y hasta entonces hegemónico Partido Revolucionario Institucional.

La renuncia de Cárdenas Solórzano al partido que lo había postulado como senador y después como gobernador del estado de Michoacán puede considerarse un rompimiento tácito de la corriente social demócrata priista con la administración de Miguel de la Madrid, la cual comenzó a incubar en su seno a la clase gobernante conocida como "Los tecnócratas", un grupo de jóvenes servidores públicos con doctorados y maestrías de las principales universidades de Europa y Estados Unidos, donde ya se había comenzado a formar a los promotores del neoliberalismo americano. Sin embargo, para Gertz Manero aquello bien pudo haber significado el desacuerdo con el sistema por haber sido desechado del servicio público.

Con la fractura ocasionada al PRI, el líder de la Corriente Nacional Democrática, Cuauhtémoc Cárdenas Solórzano, fue postulado como candidato presidencial en octubre de 1987 por el Partido Auténtico de la Revolución Mexicana (PARM), que dirigía Carlos Cantú Rosas. A esa postulación luego se sumaron otras organizaciones políticas, como el Partido Popular Socialista (PPS), el Partido del Frente Cardenista de Reconstrucción Nacional (PFCRN), el Partido Social Demócrata (PSD), el Partido Verde Mexicano (PVM), el Partido Socialista Unificado de México (PSUM), el Partido Mexicano de los Trabajadores (PMT) y el Partido Revolucionario de los Trabajadores (PRT).

Aun cuando Alejandro Gertz Manero carecía de filiación ideológica alguna con esos partidos, la mayoría fundados bajo los principios del marxismo-leninismo, incluso por el trotskismo, no tuvo empacho en financiar la primera campaña presidencial de Cuauhtémoc Cárdenas. Y lo hizo no sólo por la estrecha amistad que lo unía a él, sino porque uno de los principales buscadores de financiamiento para las actividades proselitistas de Cárdenas era su otro gran amigo, Andrés Manuel López Obrador.

Gracias a la gestión de este último, Alejandro Gertz fue uno de los financiadores más importantes de las tres campañas presidenciales que encabezó Cuauhtémoc Cárdenas, en 1988, 1994 y 2000. En la de 1988, la que fue robada por el entonces secretario de Gobernación, Manuel Bartlett Díaz, para favorecer al candidato del PRI, Carlos Salinas de Gortari, también contó con el respaldo económico de Gertz Manero para las posteriores movilizaciones que denunciaron mundialmente el atraco institucional.

Cabe resaltar que los aportes económicos que hizo Gertz al movimiento político de Cuauhtémoc Cárdenas siempre fueron desde lo subterráneo. Con discreción. Nada que dejara evidencias públicas. Y eso puede entenderse como parte del cuidado de la reputación social de la que siempre ha gozado Gertz Manero como miembro de la clase alta mexicana. La mejor marca de su estatus social es haber sido —de enero de 1995 a noviembre de 2018— rector de la Universidad de las Américas (UDLA), una de las mejores universidades de las élites mexicanas, desde donde siempre se han cuestionado los movimientos sociales del México bronco.

Así, aun siendo rector de la UDLA, Alejandro Gertz Manero siempre buscó de manera reservada apoyar económicamente todas las empresas político-electorales en las que se embarcó Cuauhtémoc Cárdenas. Participó en el financiamiento tanto de las campañas presidenciales como, en forma más que generosa, de la campaña con la que Cárdenas Solórzano, en 1997, llegó a la Jefatura de Gobierno del Distrito Federal. Para compensar su respaldo, Cárdenas rescató a Gertz Manero del desempleo institucional en el que se encontraba. Lo designó presidente y coordinador del Consejo Consultivo en Procuración de Justicia y Seguridad Pública del Gobierno del Distrito Federal, un cargo fiscalizador de las acciones del secretario de Seguridad, encargado de perseguir delitos, y del procurador de Justicia, responsable de consignar a los responsables de los delitos ante la instancia judicial.

Desde ese cargo, Gertz Manero chocó con el secretario de Seguridad, Rodolfo Debernardi. Al parecer, no le gustaban sus métodos violentos de combate a la delincuencia. Gertz aprovechó el caso de una violación sexual multitudinaria —cometido por elementos de la Policía Montada en agravio de un grupo de mujeres jóvenes de la entonces delegación Tláhuac— para exigir, desde el Consejo Consultivo que encabezaba, la renuncia de Rodolfo Debernardi. Sólo que este era un protegido de la entonces secretaria de Gobierno del Distrito Federal, Rosario Robles Berlanga, que en defensa de Debernardi más bien solicitó ante Cuauhtémoc Cárdenas la renuncia de Gertz Manero. Allí nació el encono de Gertz contra Rosario Robles.

Finalmente, ante Cuauhtémoc Cárdenas, el jefe de Gobierno del Distrito Federal, pesaron más los argumentos de Gertz que los de Rosario Robles: Rodolfo Debernardi fue destituido de la Secretaría de Seguridad Pública del Distrito Federal, cuya vacante la ocupó el mismo Alejandro Gertz Manero, quien desde ese momento acrecentó más sus diferencias con la secretaria de Gobierno Rosario Robles, a la que nunca le rindió cuentas de sus acciones, únicamente reportaba sus programas y avances de trabajo a Cuauhtémoc Cárdenas Solórzano.

Como hombre de equipo que es cuando así le conviene, Alejandro Gertz hizo alianza con el entonces procurador de Justicia del Distrito Federal, Samuel del Villar, a fin de sacar adelante el plan de seguridad para el Distrito Federal, que siempre fue el mayor de los encargos que les hizo a ambos Cuauhtémoc Cárdenas como jefe de Gobierno del Distrito Federal. *Contra viento y marea* Gertz le dio su respaldo a Samuel del Villar, incluso en el gran escándalo mediático que generó el asesinato del conductor de televisión Paco Stanley, ocurrido el 7 de junio de 1999, para cuya resolución Gertz Manero actuó como "asesor" del procurador Del Villar, con la finalidad de cuadrar de cualquier forma la hipótesis planteada: que se trató de un ajuste de cuentas del mundo del narcotráfico.

De acuerdo con la versión de Luis Armando Amezcua Contreras, señalado como autor intelectual del asesinato, "todo fue una 'volada' del secretario de Seguridad y del procurador del Distrito Federal". La versión de que se había actuado en conjunto para asesinar al conductor de televisión siempre fue atribuida al secretario de Seguridad Pública del Distrito Federal, Alejandro Gertz Manero, quien de esa forma trató de darle relevancia al trabajo de la Procuraduría del Distrito Federal en la supuesta desarticulación de una gran red de miembros del crimen organizado, cuando en realidad fue un hecho ocurrido al margen de la participación de la mayoría de los involucrados.

Por recomendación de Gertz Manero, quien ya desde entonces se mostraba proclive a usar la figura de testigos colaboradores para resolver casos indescifrables, la Procuraduría General de Justicia del Distrito Federal utilizó a un testigo que terminó por señalar —desde su imaginación— a un grupo de personas que supuestamente actuaron en comparsa para cometer el asesinato del reconocido conductor de televisión. Aquel testigo protegido fue Luis Gabriel Valencia, que en ese tiempo estaba preso en el Reclusorio Sur de la Ciudad de México, por el delito de robo, al que se le asoció con la agrupación de los Hermanos Amezcua.

Por las declaraciones de Luis Gabriel Valencia, que obran en el proceso penal 184/99 y todo indica que fueron pactadas con la Secretaría de Seguridad del Distrito Federal, que coadyuvó en el caso con la Procuraduría, se estableció que los asesinatos de Paco Stanley y de Juan Manuel de Jesús Núñez, un agente de seguros que incidentalmente pasaba por el lugar, el día y a la hora de los hechos, fueron cometidos en una acción concertada entre Erasmo Pérez Garnica, alias el Cholo; Mario Rodríguez Bezares, Mayito, compañero de Paco Stanley en los programas televisivos *Una Tras Otra* y

Sí hay... ¡y bien!; Jorge García Escandón, ex chofer de Paco Stanley; José Luis Rosendo Martínez Delgado, ex asistente de Mario Bezares; Paola Durante Ochoa, ex edecán del programa de Paco Stanley, y Luis Armando Amezcua Contreras, presunto narcotraficante, encarcelado entonces en el Reclusorio Preventivo Sur.

A los primeros cuatro se les señaló como coautores materiales, mientras que a los últimos dos se les mencionó como coautores intelectuales de los delitos de homicidio calificado en agravio de Francisco Jorge Stanley Albaitero (Paco Stanley) y Juan Manuel de Jesús Núñez, además de tentativa de homicidio calificado en agravio de Pablo Hernández Pérez —el acomodador de coches del restaurante El Charco de las Ranas—, Enrique Gabriel Tamayo —escolta de Paco Stanley— y Jorge Francisco Gil González; así como de lesiones calificadas en agravio de Lourdes Hernández Gómez, esposa del agente de seguros.

Años después, a finales de 2008, el caso se derrumbó; todos los inicialmente implicados en el asesinato de Paco Stanley fueron absueltos y puestos en libertad. No fue sino hasta 2011, ya casi a finales de la administración de Marcelo Ebrard Casaubón, siendo procurador de Justicia del Distrito Federal Miguel Ángel Mancera, cuando se detuvo a Luis Alberto Salazar Vega, alias el Bolas, un sicario del Cártel de los Hermanos Arellano Félix, quien reconoció su participación como autor material del homicidio e involucró a Paco Stanley como parte de la red de tráfico de drogas que esa organización criminal había extendido en la Ciudad de México.

El conflicto con Rosario Robles

Pese a la pifia del caso Stanley —que se observaba así desde el principio—, a Alejandro Gertz no lo removieron del cargo. Allí permaneció, incluso después de que Cuauhtémoc Cárdenas dejó su cargo de jefe de Gobierno del Distrito Federal para contender en su tercera campaña en busca de la Presidencia de la República. Con Rosario Robles como heredera de la Jefatura de Gobierno del Distrito Federal se tensaron aún más las relaciones entre ella y Alejandro Gertz.

Y es que Alejandro Gertz Manero seguía informando de sus actividades nada más a Cuauhtémoc Cárdenas, pasando por alto la autoridad de Rosario Robles. La entonces jefa de Gobierno de la capital del país, ante la desobediencia de Gertz Manero, comenzó a delegar cada vez más funciones a su secretario de Gobierno, Leonel Godoy Rangel, para que este dirigiera la Secretaría de Seguridad Pública, donde se acotó cada vez más el poder de Gertz Manero, al grado de dejarlo solamente como figura decorativa. Aunque contaba con el nombramiento de secretario de Seguridad Pública del Distrito Federal, Alejandro Gertz se limitó a ver cómo el futuro gobernador de Michoacán, Leonel Godoy, era el verdadero titular de su dependencia.

Alejandro Gertz Manero tampoco olvidó nunca aquel agravio, que venía tanto de Rosario Robles como de Leonel Godoy. Fiel a su principio de esperar para lanzar mejor su venganza cuando las condiciones le fueran favorables, simplemente guardó silencio. Se mantuvo quieto. Y la oportunidad de la venganza, al menos contra Leonel Godoy, llegó en 2010, cuando Alejandro Gertz ya era diputado federal por el Partido Convergencia (después Movimiento Ciudadano), que lo postuló como candidato plurinominal por la Quinta Circunscripción Electoral, que comprende los estados de Colima, Hidalgo, Estado de México y Michoacán, con lo que obtuvo una curul en la Cámara de Diputados.

Como diputado federal del Partido Convergencia, Alejandro Gertz Manero fue presidente de la Comisión de Marina y secretario de las comisiones de Hacienda y Crédito Público, Auditoría Superior de la Federación, Participación Ciudadana y Seguridad Pública. Aun cuando nunca ocupó ningún cargo directivo dentro de la legislatura a la que sirvió, Gertz Manero siempre fue uno de los diputados con mayor peso político, sobre todo porque, como enemigo de Genaro García Luna, quien en ese momento era secretario de Seguridad en la administración de Felipe Calderón, siempre cuestionó la ola de violencia desatada al amparo de la guerra contra el narco.

Justo en ese contexto, en el que dentro de la sociedad y del gobierno se había exacerbado un fóbico sentimiento contra todo lo que implicara delincuencia, crimen organizado y narcotráfico, Gertz encontró y aprovechó el momento propicio para su venganza contra Leonel Godoy: fue uno de los principales promotores dentro de la Cámara de Diputados para que se desaforara al entonces diputado Julio César Godoy Toscano, del PRD, hermano de Leonel Godoy, tras ser señalado por el secretario de Seguridad, Genaro García Luna, como miembro directivo del Cártel de La Familia Michoacana.

A Julio César Godoy Toscano, quien fue alcalde de Lázaro Cárdenas y después diputado federal por el PRD, lo acusó el gobierno de Felipe Calderón de los delitos de delincuencia organizada y operación con recursos de procedencia ilícita. Todo el fundamento de esa acusación fue la grabación de una llamada telefónica entre él y Servando Gómez Martínez, alias la Tuta,[69] en ese entonces líder del Cártel de La Familia Michoacana. La PGR dio a conocer la grabación el 14 de octubre de 2010, pero desde antes de septiembre del mismo año ya contaba con una orden de aprehensión, la cual Julio César Godoy pudo evadir porque rindió protesta como diputado federal el 23 de septiembre de 2010, entrando al Palacio Legislativo dentro de la cajuela de un auto propiedad del diputado Guadalupe Acosta Naranjo, con lo que el indiciado fue investido con el fuero constitucional, que lo hacía inmune al proceso penal.

Frente a ello, el entonces procurador general de la República, Arturo Chávez, solicitó a la Cámara de Diputados el desafuero del diputado Julio César Godoy a fin de procesarlo penalmente, como a cualquier ciudadano infractor. Así, el 13 de diciembre de 2010 se

---

69. "Conversación entre Julio César Godoy Toscano y 'La Tuta'", disponible en: https://www.youtube.com/watch?v=aL9oEnpKE3w

publicó en el *Diario Oficial de la Federación* un acuerdo[70] por medio del cual la Cámara de Diputados se convertía —como hacía mucho tiempo no sucedía— en Jurado de Procedencia para permitir el enjuiciamiento penal de uno de sus integrantes.

Esa fue la coyuntura que aprovechó Gertz Manero para consumar su venganza personal contra Leonel Godoy... En el interior de la Cámara de Diputados, aun cuando la bancada de Convergencia o Movimiento Ciudadano era de las más pequeñas, en cuanto a su número de integrantes, con apenas ocho diputados, Gertz promovió entre sus amigos diputados del PAN, PRI y PRD que se hiciera una votación a favor del desafuero de Julio César Godoy Toscano, hermano de Leonel Godoy Rangel. Y lo hizo con tal éxito, dentro del Juicio de Procedencia, que el 14 de diciembre de 2010 el pleno de la Cámara de Diputados votó mayoritariamente para que se le retirara el fuero constitucional al indiciado: la determinación se aprobó por 384 votos a favor, dos en contra y 21 abstenciones.

De los ocho diputados con los que contaba el Partido Convergencia, cuatro no estuvieron presentes en la votación o se abstuvieron de emitir su voto. Los que sí votaron a favor del desafuero de Julio César Godoy Toscano fueron Víctor Hugo Círigo Vásquez, Laura Piña Olmedo, María Teresa Rosaura Ochoa Mejía y Alejandro Gertz Manero. De ese modo, el acusado dejó de ser diputado y también se convirtió en prófugo de la justicia.

Como legislador —y se debe decir con estricto apego a la verdad—, Alejandro Gertz Manero fue uno de los más productivos de su legislatura. En ello denotó su capacidad intelectual y su preocupación por los grandes problemas nacionales, entendidos así a lo largo de su trayectoria a través del servicio público. Durante sus tres años de gestión como diputado, entre septiembre de 2009 y agos-

---

70. *Diario Oficial de la Federación*, "Acuerdo que rige la actuación de la Cámara de Diputados como Jurado de Procedencia para conocer del dictamen emitido por la Sección Instructora en el Expediente SI/001/2010", México, Distrito Federal, 13 de diciembre de 2010.

to de 2012, Gertz Manero presentó ante el pleno de la Cámara de Diputados un total de 11 iniciativas de ley; dos fueron desechadas, pero otras nueve sí surtieron efecto en la modificación del marco jurídico del país.

La iniciativas de ley que dejó Gertz Manero como legado de su quehacer legislativo se asocian a modificaciones a la Ley de Justicia Cívica, Ley de Justicia para Adolescentes, Ley sobre Ejecución de Penas y Readaptación Social de Sentenciados, Ley General de Puertos, el Código Penal Único, el Código de Procedimientos Penales Único, Ley de Fiscalización y Rendición de Cuentas de la Federación, la Ley General de Rendición de Cuentas y Auditoría Ciudadana, y las leyes Federal de Responsabilidades Administrativas de los Servidores Públicos, Orgánica del Poder Judicial de la Federación, Orgánica de la Procuraduría General de la República, de la Policía Federal y Orgánica de la Administración Pública Federal. Es como si hubiera visto el futuro y desde entonces hubiera preparado el camino jurídico para poder desempeñar a su modo el cargo de fiscal general de la República.

Durante el primer periodo ordinario de sesiones, en 2009, presentó sin éxito una iniciativa de ley tendiente a reformar el artículo 79 de la Constitución Política de los Estados Unidos Mexicanos, en materia de fiscalización,[71] que en su espíritu no era otra cosa que permitir el acceso ciudadano a las instancias fiscalizadoras del gasto público del gobierno federal, a fin de abatir el proceso de corrupción que parecía imperar en todas las esferas del gobierno. No obstante la importancia de dicha iniciativa, por mayoría de los legisladores se desechó.

La otra iniciativa de ley de Gertz Manero que nació muerta fue la que presentó en 2010, en relación con prevención del delito, pro-

71. Cámara de Diputados, Alejandro Gertz Manero, "Iniciativa de ley que reforma el artículo 79 de la Constitución Política de los Estados Unidos Mexicanos", en materia de fiscalización, *Gaceta Parlamentaria,* núm. 2902-II, 1 de diciembre de 2009.

curación y administración de justicia y readaptación social, la cual en esencia proponía adecuar el marco jurídico para terminar con "la lentitud, falta de transparencia y exceso de trámites" en todos los procesos penales llevados a cabo por el sistema de procuración de justicia, principalmente por la entonces Procuraduría General de la República y sus auxiliares, las procuradurías de Justicia en todos los estados del país, donde —refirió el diputado Gertz—, "de las denuncias que se convierten en averiguación previa, se consignan el 15 por ciento, pero sólo el 6 por ciento se consigna con detenido; se envían a la reserva o se determina el no ejercicio de la acción penal en el 42 por ciento; el 17 por ciento se queda en trámite y se declaran incompetencias en un 22 por ciento, principalmente por tratarse de menores de edad y otras causas; finalmente sólo el 4.5 por ciento termina con sentencia condenatoria, lo que equivaldría a que de cada 300 delitos reales (100 denunciados y 200 sin denuncia) sólo se sanciona el 1.5 por ciento, quedando impunes el otro 98.5 por ciento de los delitos".[72]

De haberse aprobado dicha iniciativa de ley, sería hoy una de las que obligarían a la Fiscalía General de la República, que encabeza Alejandro Gertz Manero, a no ser tan oscura y omisa en la persecución de los delitos, pues al amparo de que no existe una ley que obligue a la FGR a dar seguimiento a todas las denuncias presentadas ante el Ministerio Público, hoy se tiene uno de los índices más altos de omisión.

Durante el ejercicio como fiscal de Gertz Manero, nada más de enero de 2019 a julio de 2021 la FGR dejó de perseguir por lo menos 117 mil 232 delitos integrados en igual número de carpetas de investigación. Según una respuesta oficial despachada en septiembre de

---

72. Cámara de Diputados, Alejandro Gertz Manero, "Iniciativa de ley que reforma y adiciona diversas disposiciones de la Constitución Política de los Estados Unidos Mexicanos", en materia de prevención del delito, procuración, administración de justicia y readaptación social, *Gaceta Parlamentaria*, núm. 3092-IV, 7 de septiembre de 2010.

2021 por la misma FGR, desde que Gertz Manero está al frente de esa dependencia, en por lo menos 26 mil 187 carpetas de investigación el agente del Ministerio Público de la Federación ha decretado la abstención de la investigación, otras 21 mil 553 carpetas que integran diversos delitos se han enviado al archivo, en por lo menos 65 mil 947 carpetas se ha decretado la no ejecución de la acción penal y otras 3 mil 545 carpetas se han dejado de investigar por razones no especificadas.[73] Todo esto al amparo de los supuestos que establece el Código Nacional de Procedimiento Penales, en sus artículos 253, 254 y 255, los mismos que en su momento buscó silenciosamente derogar Alejandro Gertz Manero cuando formó parte del Poder Legislativo.

---

73. Fiscalía General de la República, respuesta a la Solicitud de Información Pública núm. 0001700234921, Ciudad de México, 8 de septiembre de 2021.

5

El discreto secretario de Seguridad

Las personas que hacen poco ruido son
las más peligrosas.

—JEAN DE LA FONTAINE, *escritor*
y poeta francés

ANTES DE SER DIPUTADO, Alejandro Gertz
Manero fue secretario de Seguridad Pública del Distrito
Federal, de 1998 a 2000, durante las administraciones de
Cuauhtémoc Cárdenas Solórzano y Rosario Robles Berlanga. Allí,
envuelto en el halo de la discrecionalidad vengativa, no faltó a su
naturaleza: pocos reflectores, mucha observación. Calculador. Haciendo lo suyo, estando en todo sin estar presente, operó como el
operador que siempre ha sido; atento al escenario, desde lo lejos,
para tener mejor perspectiva del entorno.

Bajo esa fórmula, Gertz pudo ofrecer buenos resultados en su
encomienda. De agosto de 1998 a noviembre de 2000 logró redu-

cir notoriamente los índices de delincuencia, que ya eran por demás elevados, en la Ciudad de México, y eso popularmente fue el principal rasgo del gobierno de Cuauhtémoc Cárdenas. Gertz dio muestras de su desempeño tan sólo en los primeros cuatro meses de gestión al frente de la Secretaría de Seguridad Pública del Distrito Federal: el robo con violencia la disminuyó de 59 mil 380 casos a 29 mil 176; redujo el robo sin violencia de 41 mil 611 a sólo 19 mil 763 casos denunciados. Por lo que hace al delito de fraude, bajó de 5 mil 653 eventos a 2 mil 464, mientras que el delito de abuso de confianza disminyó de 2 mil 71 denuncias a 874. Todo ello sin recurrir a mayores presupuestos ni al incremento de elementos de policía… ¿Únicamente a base de estadísticas? Pudiera ser, pero esa situación le valió a Gertz Manero el reconocimiento no sólo del jefe de Gobierno del Distrito Federal, sino también del mismo presidente de la República, Ernesto Zedillo Ponce de León.

Entre otros delitos que en esos primeros cuatro meses de gestión Alejandro Gertz Manero también logró disminuir en la Ciudad de México se encuentran el de lesiones intencionales, que pasó de 16 mil 364 eventos a 8 mil 131. El delito de homicidio doloso bajó de 613 a 334.[74] Los delitos sexuales se redujeron de mil 675 a sólo 334. El de secuestro bajó de 35 a 31 denuncias. Y el de delitos contra la salud, casi de manera mágica, cayó de 3 mil 111 a únicamente 119 denuncias con detenido ante el agente del Ministerio Público.

¿A qué se debió ese decremento de los índices delictivos? Nada más hay una respuesta, si no se quiere considerar el tan socorrido *maquillaje de cifras*: el pacto con los principales grupos delictivos que estaban operando ya en la Ciudad de México. Después de todo, el uso de delincuentes para cumplir con su encomienda oficial no es *camino no andado* por Gertz Manero. Ya lo hizo cuando estuvo al frente de la *Operación Cóndor,* cuando se valió del narco-

---

74. Secretariado Ejecutivo del Sistema Nacional de Seguridad Pública, "Incidencia delictiva del Fuero Común 1998", Ciudad de México, enero de 1999.

traficante Humberto Rodríguez Bañuelos, la Rana, y no hubo nada que se lo impidiera cuando fue secretario de Seguridad de la Ciudad de México.

En versión de una fuente, que estuvo preso en una cárcel federal durante 18 años y que a cambio de hablar para esta investigación pidió sólo ser identificado como "Tito" —por temor a una represalia del hoy poderoso fiscal—, cuando Gertz fue secretario de Seguridad Pública de la capital del país "buscó el acercamiento con los líderes de muchos de los grupos delictivos que trabajaban de la ciudad [de México], a los que —a cambio de impunidad— les propuso la pacificación de las zonas más conflictivas del Distrito [Federal]".

El encargado de hacer contacto con estos grupos fue Guillermo González Calderoni, comandante de la Policía Judicial Federal, quien —a decir de "Tito"— fue muy cercano a Gertz Manero. Se conocieron en la PGR, cuando Gertz Manero era el coordinador nacional de la Campaña contra el Narcotráfico, en 1975. En ese año Guillermo González Calderoni causó alta dentro de la PGR y fue asignado como policía de combate al narcotráfico dentro del mismo programa que Gertz coordinaba a nivel nacional. Cuando a González Calderoni lo ascendieron a comandante de la Policía Judicial, "Tito" fue uno de los muchos policías que estuvieron a su cargo.

"Tito", hoy de 72 años, narra que él mismo fue uno de diez policías que, estando bajo el mando de Guillermo González Calderoni, en 1998, y trabajando para la PGR, se dieron a la tarea encomendada por su comandante, quien dijo que se trataba de un favor para el secretario Gertz, para dialogar con miembros de las principales pandillas —todavía no reconocidas como cárteles— que por su grado delictivo asolaban a la Ciudad de México. A "Tito" le tocó negociar con una persona de nombre José Barandas, alias el Banderillas, que encabezaba un grupo delictivo conocido como Los Banderillas o Los Bandera, el cual operaba en la demarcación de Iztapalapa y que posteriormente se sumaría al que hoy se conoce como el Cártel de la Unión Tepito.

Según "Tito", la orden del comandante Guillermo González Calderoni incluía dar impunidad a los grupos con los que se dialogara, así como brindar protección a los miembros de esas organizaciones criminales, a cambio de que dejaran de asolar sus respectivas demarcaciones, principalmente en horas del día. La instrucción fue no atentar contra familias en la vía pública, respetar a las mujeres y sobre todo no cometer ilícitos en las zonas de mayor actividad comercial, incluidas todas las estaciones del metro. Se hizo hincapié en disminuir todos los delitos que tuvieran que ver con hechos de sangre, principalmente homicidios y lesiones, además de narcomenudeo.

Estas acciones comenzaron a gestionarse hacia septiembre de 1998, apenas Gertz Manero llegó a la Secretaría de Seguridad Pública. Los resultados fueron visibles en diciembre de ese mismo año, cuando —por citar un ejemplo— el número de delitos contra la salud (narcomenudeo) bajó de 3 mil 111, que se habían registrado entre enero y agosto, a sólo 119, registrados entre septiembre y diciembre de ese mismo año.

Por la amistad que unía a González Calderoni con Gertz Manero —explica "Tito"—, el comandante de la PGR, entonces todavía destinado a la lucha contra el narco, también *metió en cintura* a las pandillas que posteriormente dieron origen a los cárteles capitalinos La Ronda 88, Los Baltas, Los Rodolfos, La Madame, Los Trompas de la Merced y La Banda de El Chori, dedicados principalmente al narcomenudeo, el robo con violencia, la extorsión y el secuestro. También se logró una importante reducción de la incidencia en delitos como agresiones sexuales, asaltos sin violencia, robos en el transporte público y fraude, principales actividades a las que se dedicaban las bandas que después se integrarían en los grupos conocidos como cárteles de Los Malcriados, Los Pelones, Los Tanzanios, Las Borregas, Los Charcos y Los Rudos, todos ellos regenteados por el comandante de la PGR Guillermo González.

Para dejar en claro quién era Guillermo González Calderoni, basta recordar que fue el protagonista de la alianza que formalizaron, a inicios de la década de 1980, los cárteles de Los Valencia, de Michoacán, y del Golfo, de Tamaulipas, esto a petición directa de Juan García Ábrego y Óscar Malherbe de León, las cabezas del narcotráfico en Tamaulipas, quienes también dieron origen al Cártel de Los Zetas. Gracias a los oficios mediadores de Guillermo González Calderoni, siendo comandante de la PGR, se logró la alianza entre Juan García Ábrego y Armando Cornelio Valencia, con lo que se constituyó una de las rutas de trasiego de drogas más importes en México, desde Michoacán hasta Texas.

Los oficios de González Calderoni, que seguramente no eran desconocidos para Gertz Manero, fueron los que le permitieron a este, a través de una leve disminución negociada en los índices delictivos, apuntalarse —al menos así se promocionó— como un eficiente secretario de Seguridad de la Ciudad de México, al grado que fue considerado uno de los mejores secretarios de Seguridad de todas la entidades federativas. Ese exagerado reconocimiento no sólo corrió a cargo del jefe de Gobierno Cuauhtémoc Cárdenas, sino también del presidente Ernesto Zedillo Ponce de León. Posteriormente, así sería reconocido también por el sucesor de Zedillo, el panista Vicente Fox, quien por esa supuesta eficiencia de Gertz lo llamó a colaborar en el gabinete presidencial como secretario de Seguridad Pública a nivel federal.

Los datos con los que Gertz magnificó su gestión como encargado de la seguridad de la Ciudad de México no fueron muy significantes, pero supo promocionarlos bien a través de la prensa: en un año de gestión logró reducir el delito de robo sin violencia, pasando de 64 mil 373 eventos en 1998 a 58 mil 639 en 1999. También disminuyó el delito de fraude, que al inicio de su gestión se ubicaba en 8 mil 117 denuncias por año y en 12 meses lo bajó a 5 mil 55 hechos denunciados. Lo mismo sucedió con el delito de abuso de confianza, que un año antes era de 2 mil 945 casos, pero al siguiente lo redujo marginalmente a 2 mil 431. Por lo que hace al delito de lesiones dolosas, lo redujo de 24 mil 945 eventos a 23 mil 926 al año siguiente. En cuanto al delito de homicidio doloso, pasó de 947 a 880 casos.

En términos generales, Gertz redujo en la Ciudad de México la mayoría de los delitos con los que la Secretaría de Gobernación cuantifica el índice de violencia de una entidad. Los únicos delitos con lo que no pudo, pese a la gestión de diálogo con los líderes de los principales grupos delictivos de la capital del país, fueron los de robo con violencia, que de 1998 a 1999 pasaron de 88 mil 556 a 88 mil 691; el de delitos sexuales, que creció de 2 mil 584 a 2 mil 906, y el de secuestro, que pasó de 66 eventos a 120.

Según el informe anual de incidencia delictiva del Secretariado Ejecutivo del Sistema Nacional de Seguridad Pública (SESNSP), en el año 2000, el último de gestión de Gertz como secretario de Seguridad Pública del Distrito Federal, también crecieron los delitos sexuales, que pasaron, en comparación con 1999, de 2 mil 906 a 3 mil 180. Igual sucedió con el delito de secuestro, que en ese el último mo año creció de 120 casos a 141.

Los buenos oficios del secretario

Si se comparan los delitos que se registraron en la Ciudad de México durante la gestión de seguridad de Gertz con los índices nacionales, queda claro que su trabajo resultó poco favorable. Sin embargo, fue otro factor el que contribuyó a su promoción personal como servidor público eficiente…

Al margen de las buenas relaciones que Gertz mantenía con Cuauhtémoc Cárdenas, a quien invariablemente la prensa nacional ha tratado con amabilidad, y la desmedida protección que tuvo para Gertz el presidente Ernesto Zedillo, que lo cuidó como el hombre del sistema que siempre ha sido, no debe pasarse por alto otro fenómeno social: cuando se desempeñó como secretario de Seguridad Pública de la Ciudad de México, Alejandro Gertz fue el primer funcionario de alto nivel en valerse de la llamada sociedad civil, para contar con el aval de ese sector élite, aparentemente representativo de las causas populares, que de alguna forma ponderó positivamente su labor. La alianza que hizo Gertz Manero con la sociedad civil, representada en diversas organizaciones que de pronto nacieron para velar por la debida procuración de justicia en la Ciudad de México, fue la ruta que luego habrían de seguir las administraciones de Vicente Fox y Felipe Calderón para trabajar —sobre todo en el tema de procuración de justicia— de la mano de la supuesta sociedad civil.

Por ello se estima que, aun cuando algunos delitos se mantuvieron a la alza, en términos mediáticos la gestión de Alejandro Gertz Manero al frente de la Secretaría de Seguridad Pública del Distrito Federal fue vista con saldo favorable. Existen pocos estudios al respecto de ese periodo de seguridad en la Ciudad de México, pero la mayoría refieren que Gertz hizo un trabajo muy importante que contribuyó a disminuir la delincuencia en la capital del país.

Uno de esos informes es el "Análisis comparativo de programas de seguridad pública en diversas ciudades del mundo" que a mediados de 1999 presentó el Instituto de Investigaciones Legislativas del Senado de la República. En él se reconoce que, "en el caso concreto de la Ciudad de México, en los últimos tiempos se habla de la disminución de la delincuencia y de acuerdo con algunos analistas este hecho es así, de los delitos denunciados ante la Procuraduría General de Justicia durante 1998 la delincuencia disminuyó 6.9 por ciento, mientras que para 1999 se prevé una reducción del 2.8 por ciento".

Sin embargo, reconoce el informe, "la consideración de la criminalidad en su conjunto [en la Ciudad de México] oculta algunos problemas, si bien los descensos más importantes se registraron en robo a transportistas (–16.14%), en homicidio doloso (–13.15%) y en un rubro que comprende el fraude, el abuso de confianza y otros delitos culposos o accidentales (–10.98%), hubo otros que mostraron un ritmo ascendente, lesiones dolosas (+0.97%), robo a casas habitación (+2.99%), pero los incrementos más importantes fueron los de violaciones (+13.80%) y el robo a transeúnte (+18.10), este último es particularmente importante, pues determina la manera en que la población percibe y juzga el estado de la seguridad pública".[75]

Durante su paso como titular de la Secretaría de Seguridad Pública de la Ciudad de México, del 29 de agosto de 1998 al 30 de noviembre de 2000, Gertz Manero *no las tuvo de todas, todas;* hubo casos judiciales muy mediáticos que no pudo resolver, ni con la ayuda de miembros de los grupos delictivos. Tal fue el caso de Juana Barraza Samperio, conocida como la Mataviejitas, cuyos asesinatos escandalizaron y atemorizaron a los capitalinos y a toda la sociedad mexicana.

De la noche a la mañana, Juana Barraza Samperio pasó de ser una enfermera y aficionada al extremo de la lucha libre para convertirse en un despiadada asesina. Se le atribuyen como mínimo 16 asesinatos de personas de la tercera edad, la mayoría de ellas mujeres, de ahí que la prensa la apodara la Mataviejitas. Por lo menos cinco de esos 16 asesinatos fueron cometidos durante la gestión de Gertz Manero como secretario de Seguridad Pública de la Ciudad de México, por lo que la prensa puso en tela de juicio su desempeño.

A pesar de los cuestionamientos públicos al trabajo de Gertz, este —fiel a su personalidad— nunca manifestó una postura pública sobre aquellos reclamos. Se mantuvo impasible en su mundo de relaciones personales, manejando a su consideración el mejor destino para la dependencia a su cargo, rindiendo cuentas sólo a Cuauhtémoc Cárdenas y agradando a los planes del presidente Ernesto Zedillo, que se esforzaba por hacer notar su gestión de gobierno

---

75. Instituto de Investigaciones Legislativas del Senado de la República, "Análisis comparativo de programas de seguridad pública en diversas ciudades del mundo", México, Distrito Federal, 1999, pág. 6.

ante los mexicanos. En ese entorno, pareciera que a Gertz Manero, más allá de su desacreditada figura pública como encargado de seguridad, le importó más su propia subsistencia política dentro de la administración de Rosario Robles, donde había muchas voces —como la del secretario de Gobierno, Leonel Godoy— que exigían su renuncia al cargo.

Gertz Manero no pudo resolver el caso de la Mataviejitas. Tuvieron que transcurrir seis años después de que dejara el cargo para que la policía de la Ciudad de México, en enero de 2006, detuviera a la asesina serial. Eso ocurrió ya en la administración de Alejandro Encinas como jefe de Gobierno del Distrito Federal, cuando estaba al frente de la Secretaría de Seguridad de esa entidad Joel Ortega y cuando también seguía como procurador de Justicia del Distrito Federal Bernardo Bátiz. A la Mataviejitas se le procesó penalmente y se le encontró culpable de los homicidios atribuidos; se le sentenció a 759 años de cárcel, los cuales purga en la prisión de Santa Martha Acatitla.

Con respecto a la cercanía de Gertz Manero con el presidente Ernesto Zedillo Ponce de León, no debe pasarse por alto que, en su calidad de experto en leyes y como rector de la Universidad de las Américas (UDLA), Gertz colaboró con el gobierno federal de entonces para elaborar la Ley contra la Delincuencia Organizada, que promulgó el mismo presidente Zedillo el 7 de noviembre de 1996. El analista Sergio García Ramírez calificó a esta ley como "el bebé de Rosemary". "En esta expresión se evocaba la clásica película de terror de Roman Polanski, que presenta la historia de una mujer embarazada por el demonio. De esta suerte se iniciaría una nueva generación de seres malignos. En forma semejante, la Ley Federal contra la Delincuencia Organizada representaba el primer paso —o uno de los primeros— en una nueva era de normas que abandonan los principios del derecho penal liberal en aras de un (falso) eficientismo, fundado en la idea de que con reglas más restrictivas de derechos fundamentales será posible enfrentar la emergencia —si se puede llamar así a una situación que ha durado varias décadas— que significa el crimen organizado".[76]

La cercanía con el presidente Zedillo, ya entonces de salida, no fue limitante para que la carrera de Gertz como "eficiente" servidor público continuara en ascenso. Tras la disputa con Rosario Robles, que terminó en ruptura, Gertz presentó su renuncia como secretario de Seguridad Pública del Distrito Federal. Se separó del cargo a sólo cuatro días de que concluyera la administración del PRD que había iniciado Cuauhtémoc Cárdenas tres años antes. Para cuando Gertz renunció al cargo, ya habían pasado las elecciones presidenciales de 2000, en las que apoyó financieramente la campaña de su amigo Cárdenas, pero también hizo aportaciones de dinero a otra campaña, la del panista Vicente Fox, quien desde el inicio de la contienda se perfilaba como favorito en las encuestas de intención del voto, que lo apuntalaban como el seguro ganador de aquellas elecciones.

Si algo hay que suponer de Alejandro Gertz es que nunca deja de tener *un as bajo la manga*. Y no fue la excepción en las elecciones de 2000. En efecto, mientras por un lado se manifestó leal a la amistad de Cuauhtémoc Cárdenas y respaldó financieramente la campaña del PRD, que buscaba llevarlo a la Presidencia, y también apoyó la campaña de su amigo Andrés Manuel López Obrador, que buscaba —y lo consiguió— ser jefe de Gobierno de la Ciudad de México, tampoco dejó de ver por sus propios intereses. Lo mismo hizo con la campaña de Vicente Fox Quesada, al que no sólo respaldó económicamente sino que lo asesoró en la elaboración de planes de seguridad para el México que Fox buscaba gobernar bajo el lema "México YA, el cambio que a ti te conviene". Después de todo, Gertz siempre ha sido un especialista en los cambios que no cambian nada.

76. Sergio García Ramírez y Eduardo Rojas Valdez, *Evolución y resultados de la Ley Federal contra la Delincuencia Organizada*, Instituto de Investigaciones Jurídicas de la UNAM, Serie Estudios Jurídicos, núm. 352, México, 2020, pág. 3.

Entre la izquierda y la derecha

El 2000 fue un año de coyuntura para Gertz Manero. Tuvo la opción de integrarse al gabinete de Andrés Manuel López Obrador, a cuya campaña por la Jefatura de Gobierno de la Ciudad de México dio apoyo económico —como ya se relató—; y a la vez tuvo la posibilidad de sumarse al gabinete presidencial de Vicente Fox. Pero como la opción siempre es un acto ilusorio porque desde siempre uno ya ha tomado la decisión inconscientemente, Gertz terminó decantándose por el equipo de Vicente Fox.

¿Por qué Gertz no se integró al gabinete de Andrés Manuel en la Jefatura de Gobierno del Distrito Federal, si ya desde entonces eran grandes amigos? La respuesta sólo la conoce el propio Gertz, pero se infiere —a partir del testimonio de un alto funcionario cercano al presidente López Obrador— que el paso para que Gertz fuera parte del gabinete de López Obrador le fue cerrado por Leonel Godoy Rangel, el mismo con quien ya se había enfrentado Gertz Manero durante la administración de la Ciudad de México que encabezó Rosario Robles. Según dicho testimonio, Leonel Godoy Rangel recomendó a López Obrador no sumar a Gertz debido a que este había apoyado la campaña de Vicente Fox, lo que se supo gracias a la contrainteligencia partidista en la que Leonel Godoy siempre se ha manejado *como pez en el agua*. A causa de esa información que Leonel Godoy reveló, al hoy fiscal se le consideró traidor a la causa cardenista.

Así, tras el triunfo de Vicente Fox —quien obtuvo 15 millones 989 mil 636 votos, el 42.52 por ciento del total de la elección, superando al segundo lugar de la contienda, el priista Francisco Labastida Ochoa, quien obtuvo 13 millones 579 mil 718 sufragios, que representaron el 36.11 por ciento de los votos emitidos, y pasando también por encima de Cuauhtémoc Cárdenas, candidato del PRD, que sólo obtuvo 6 millones 256 mil 780 votos, o el 16.64 por ciento—, Alejandro Gertz Manero optó por *el cambio de bandera*. Se incorporó al equipo de trabajo de Vicente Fox y se encumbró como el primer secretario de Seguridad Pública a nivel federal. Él mismo diseñó las reglas bajo las que operaría esa secretaría que aparecía en escena por primera vez, como una urgente respuesta del gobierno federal al desbordado clima de violencia que ya se registraba a nivel nacional, pero que todavía no se atribuía a los cárteles de las drogas.

De hecho, fue Gertz Manero quien, a su llegada a la Secretaría de Seguridad Pública federal, le imprimió a la violencia un origen más allá de los actos propios de la delincuencia común. Aplicó con firmeza los principios establecidos en la Ley contra la Delincuencia Organizada y con base en ello logró que el presidente Fox trasfiriera a la recién creada Secretaría de Seguridad Pública las acciones de la Policía Federal Preventiva (PFP), que antes estaba bajo la directriz de la Secretaría de Gobernación. Así, Gertz Manero se convirtió en secretario de Seguridad Pública federal y a la vez comisionado de la PFP, que posteriormente habría de distinguirse por el alto grado de corrupción que manifestó hasta su desaparición en 2019, ya bajo el gobierno del presidente López Obrador.

Solamente para abonar a la historia, cabe recordar que el presidente Ernesto Zedillo creó la PFP a través del decreto presidencial publicado en el *Diario Oficial de la Federación* del lunes 4 de enero de 1999, bajo el principio de "prevenir la comisión de delitos y las faltas administrativas que determinen las leyes federales".[77] Esta institución nació con la integración de elementos de la Policía Federal de Caminos (PFC), la Policía Fiscal (PF) y otros cuerpos de seguridad de las Fuerzas Armadas, tanto de la Sedena como de la Semar, que seleccionó inicialmente Genaro García Luna, entonces subdirector A de Seguridad Institucional del Cisen.

---

77. *Diario Oficial de la Federación*, "Decreto por el que se expide la Ley de la Policía Federal Preventiva y se reforman diversas disposiciones de otros ordenamientos legales", México, Distrito Federal, 4 de enero de 1999.

No puede negarse que la corrupción ya estaba arraigada dentro de la PFP cuando Alejandro Gertz Manero asumió el control de esa policía, pero tampoco puede dejarse de lado el hecho de que él hizo poco o nada para limpiar la dependencia. Tan corrupta fue la PFP que, al día de hoy, de los siete comisionados que tuvo después de que Gertz la encabezó, por lo menos tres cuentan con carpetas de investigación por diversos delitos dentro de la Fiscalía General de la República, y uno más se encuentra detenido por el delito de corrupción y tráfico de armas.

Entre los comisionados de la PFP que hasta el cierre de este trabajo aún no eran investigados por la FGR se encuentra el coronel José Sigifredo Valencia Rodríguez, quien estuvo al frente de la corporación durante 2019, el último año de operaciones de la PFP, y quien también se desempeñó como director general del Cuerpo Técnico de la Subprocuraduría Especializada en Investigación de Delincuencia Organizada (SEIDO), encargada de combatir a los cárteles de las drogas durante la administración de Enrique Peña Nieto, cuando el general Salvador Cienfuegos Zepeda —según la acusación que aún pesa sobre él en Estados Unidos— protegió al cártel de Francisco Patrón Sánchez, el H2. Además, el coronel José Sigifredo también está relacionado con escándalos de espionaje. A él se le atribuye la compra de *software* que se empleó desde la entonces Procuraduría General de la República para espiar a los candidatos presidenciales en la elección federal de 2018. Por razones poco claras, la FGR mantiene en reserva esta carpeta de investigación, desde que Gertz Manero asumió el mando de esa dependencia.

Otro que fue encargado de la corrupta PFP es el general Luis Rodríguez Bucio, actualmente comandante de la Guardia Nacional, institución que suplió a la PFP por instrucciones del presidente Andrés Manuel López Obrador. Hasta hoy a este general no se le conocen actos de corrupción o de violación de derechos humanos que haya cometido durante su función como comisionado de la PFP. De hecho, dentro de las Fuerzas Armadas, el general Rodríguez Bucio goza de una impecable reputación. Un caso similar es el del general Arturo Jiménez Martínez, quien fue comisionado de la PFP de 2018 a 2019 y que hasta hoy es uno de dos ex titulares que no han sido señalados por corrupción a su paso por esa corporación policial. Al menos tampoco es investigado por la FGR de Gertz Manero.

Sin embargo, ese no es el caso de Manelich Castilla Craviotto, quien estuvo al frente de la PFP de 2016 a 2018, por recomendación del hombre más rico de México, Carlos Slim. A Manelich Castilla se le ha acusado mediáticamente de tener nexos con el crimen organizado; concretamente se le atribuyen vínculos con el Cártel de Los Zetas, cuando encabezó la PFP. De acuerdo con versiones del interior de ese cártel, Manelich Castilla estaba en la nómina de Los Zetas, a los que les cobraba entre 25 mil y 30 mil dólares mensuales por permitir y proteger sus operaciones. Ese arreglo cambió a finales de 2017, cuando el entonces comisionado de la PFP decidió pactar con el Cártel de Sinaloa y le dio todo el respaldo a esta organización criminal para que se asentara en las localidades controladas por el Cártel de Los Zetas. A raíz de ello se incrementó la violencia en algunas regiones de los estados de Zacatecas, Durango, San Luis Potosí, Querétaro y Aguascalientes, donde actualmente se ha reposicionado la fracción de Los Chapitos, del Cártel de Sinaloa.

Por su parte, Enrique Francisco Galindo Ceballos, quien fue comisionado de la PFP de 2013 a 2016, actualmente cuenta con al menos tres carpetas de investigación que se encuentran archivadas, por orden directa de Alejandro Gertz Manero, dentro de la Fiscalía General de la República. De las tres averiguaciones penales suspendidas, dos se relacionan con las matanzas de Apatzingán y Tanhuato, en Michoacán. La primera ocurrió el 6 de enero de 2015, cuando la PFP asesinó a mansalva a nueve personas y diez más resultaron heridas.[78]

---

78. Ver J. Jesús Lemus, *Jaque a Peña Nieto*, HarperCollins México, 2021, págs. 238-247.

En la segunda, ocurrida el 22 de mayo de 2015,[79] la PFP literalmente fusiló a 42 personas que ya se habían rendido luego de un enfrentamiento con efectivos de esa corporación.

La tercera averiguación penal contra Enrique Francisco Galindo Ceballos, suspendida por instrucción del fiscal Gertz Manero, es relativa al violento desalojo que hizo la PFP de un grupo de manifestantes de la Coordinadora Nacional de Trabajadores de la Educación (CNTE), en la localidad de Nochixtlán, Oaxaca.[80] Esta represión ocurrió el 19 de junio de 2016; ocho personas fueron asesinadas y otras 103 resultaron con lesiones de todo tipo. En aquella acción —según reconoce la Comisión Nacional de los Derechos Humanos (CNDH)— la PFP actuó con exceso de fuerza, violentando el derecho a la libre manifestación de las víctimas. Sin embargo, pese a que existen recomendaciones de la CNDH y de la Corte Interamericana de Derechos Humanos (CIDH), la FGR y Gertz Manero han optado por la omisión, sin siquiera permitir el acceso público a documentos relacionados con esos hechos, los cuales siguen manteniéndose con carácter de reserva confidencial.

La sombra de "Rápido y Furioso"

Bajo la misma tesis de impunidad se encuentra Maribel Cervantes Guerrero, comisionada de la corrupta PFP de 2012 a 2013, en el sexenio del presidente Enrique Peña Nieto. La Fiscalía General de la República no ha podido detenerla, aun cuando en su haber obran al menos dos carpetas de investigación y una orden de aprehensión por el delito de tráfico de armas. Gracias a un amparo, otorgado apenas en 2021 por deficiencias del Ministerio Público federal, Maribel

---

79. Ibídem, págs. 294-300.
80. Comisión Nacional de los Derechos Humanos, "Masacre en Nochixtlán, Oaxaca", disponible en: https://www.cndh.org.mx/noticia/masacre-en-nochixtlan-oaxaca

Cervantes sigue libre, no obstante que se le señala la conducta atípica de participar en una operación concertada para ingresar a suelo mexicano 2 mil 670 armas de fuego de diversos calibres procedentes de Estados Unidos, como parte del operativo *Rápido y Furioso*, acordado en 2010 entre los gobiernos de México de Felipe Calderón y de Estados Unidos de Barack Obama.

De todos los comisionados de la PFP, el único que al cierre de este trabajo se encontraba en prisión era Facundo Rosas. Fue detenido el 27 de enero de 2022 con base en una orden de aprehensión que obtuvo la FGR, bajo la imputación de haber participado, al lado de Genaro García Luna, Luis Cárdenas Palomino, el narcotraficante Joaquín Guzmán Loera y otras cuatro personas, entre ellas Maribel Cervantes Guerrero, en una empresa delictiva que posibilitó el ingreso de miles de armas de fuego a México, procedentes de Estados Unidos, también dentro del operativo *Rápido y Furioso*.

Sobre dicho operativo, que por involucrar a Genaro García Luna comenzó a cobrar revuelo mediático a principios de 2022, es necesario precisar la manera facciosa con que el fiscal Alejandro Gertz Manero ha manejado la investigación, ya que ha sido muy selectivo sobre las órdenes de aprehensión que la FGR ha solicitado ante un juez competente. Llama la atención que Gertz Manero haya dejado de lado a otros de los involucrados en el operativo, sólo por la jerarquía política que tenían en el momento en que permitieron el ingreso de esas armas. Entre los responsables del citado operativo a quienes el fiscal no ha querido molestar se encuentran el ex presidente Felipe Calderón; el ex secretario de Gobernación, Fernando Gómez-Mont Urueta; la ex canciller Patricia Espinosa Castellano; el ex secretario de la Defensa Nacional, general Guillermo Galván; el ex secretario de Marina, almirante Mariano Francisco Saynez Mendoza (fallecido el 4 de noviembre de 2020); el ex secretario de Hacienda y Crédito Público, Ernesto Javier Cordero Arroyo, y el ex procurador general de la República, Arturo Chávez, todos ellos corresponsables.

Gertz Manero, cuidando sus relaciones personales o por compromiso con su amigo el ex presidente Vicente Fox, no ha querido involucrar a los principales responsables de ese ilícito en las investigaciones que lleva a cabo la FGR sobre el operativo *Rápido y Furioso*. Mejor decidió ir contra Genaro García Luna y otros *peces no tan gordos*, como Luis Cárdenas Palomino, Facundo Rosas, Maribel Cervantes, Ramón Eduardo Pequeño García, Tomás Zerón de Lucio, Vidal Diazleal Ochoa, Francisco Javier Garza Palacios, Armando Espinosa de Benito, Domingo González Díaz, Manuel Becerril Mina y Gerardo Garay Cadena, cuyas indagatorias le han permitido a la FGR de Gertz Manero aparentar un férreo combate a la delincuencia, al más puro estilo de la guerra contra el narco de Genaro García Luna.

Aunque Gertz Manero proyecta la imagen de ir a fondo en el caso del operativo *Rápido y Furioso*, lo cierto es que nada más se trata de una simulación. La FGR sólo busca llevar ante la justicia a aquellos actores que el fiscal considera "viables de proceso", que no impliquen mayor problema en sus relaciones interpersonales. Ni siquiera se contempla presentar ante la justicia a los verdaderos responsables del ilícito de introducir ilegalmente armas de fuego a territorio mexicano. Mucho menos se considera el daño infligido a la sociedad por la circulación permitida de esas armas, que han sido utilizadas en múltiples homicidios.

A causa de la decisión del entonces presidente Felipe Calderón, y de su gabinete de seguridad, de ceder a la propuesta de Kenneth E. Melson —director de la Agencia de Alcohol, Tabaco, Armas de Fuego y Explosivos (ATF, por sus siglas en inglés)—, Michele Leonhart —administradora de la DEA— y Robert Mueller —director del Buró Federal de Investigaciones (FBI, por sus siglas en inglés)—, todos funcionarios del gobierno de Estados Unidos, que diseñaron el ilegal e inmoral plan secreto para enviar esas armas de fuego hacia México, sólo para conocer la red del tráfico de armas, al menos 144 personas fueron asesinadas. Entre ellas funcionarios del mismo gobierno estadounidense y ciudadanos mexicanos, de los que siete eran periodistas.

Hacia principios de 2022, esta investigación pudo documentar que las armas del operativo *Rápido y Furioso*, luego de transitar por más de 12 años, pasando de mano en mano de delincuentes, estuvieron presentes en escenas del crimen de por lo menos seis asesinatos en masa y diez ejecuciones directas. Dos de estas ejecuciones fueron cometidas contra agentes policiales de Estados Unidos y en siete casos las armas de *Rápido y Furioso* se usaron en asesinatos de periodistas. Hasta el cierre de este trabajo, la FGR ni siquiera había tomado en cuenta dichos asesinatos, por lo que a los implicados no se les había atribuido el delito de homicidio, únicamente se les ha acusado de permitir la circulación de las armas. Si el delito de homicidio está lejos en este caso, más distante aún se observa la posibilidad de imputación contra el presidente de Estados Unidos, Joe Biden, quien en su calidad de vicepresidente en el gobierno de Barack Obama autorizó el operativo *Rápido y Furioso*.

No hay que olvidar que los gobiernos de México y Estados Unidos planearon el operativo, a finales de 2009, con el objetivo de descifrar y desmantelar la red ilegal de tráfico de armas de fuego que han establecido los grupos delictivos, principalmente el Cártel de Sinaloa, al que iba dirigida la trampa. Sin embargo, el plan falló. La mayoría de las 2 mil 670 armas de fuego que se pretendía mantener bajo vigilancia, a través de un dispositivo de geolocalización, terminaron en manos de otros grupos criminales, como los cárteles de Juárez, de Los Zetas, del Golfo, de La Familia Michoacana, de los Hermanos Beltrán Leyva y de los Hermanos Arellano Félix.

La participación, entre otros, de Genaro García Luna, Luis Cárdenas Palomino, Facundo Rosas, Tomás Zerón de Lucio, Maribel Cervantes, Ramón Eduardo Pequeño, Vidal Diazleal Ochoa, Francisco Javier Garza Palacios, Armando Espinosa de Benito, Domingo González Díaz, Manuel Becerril Mina y Gerardo Garay Cadena consistió no sólo en permitir el ingreso de las armas desde Estados

Unidos a México, sino además en poner a disposición de la ATF de Estados Unidos vehículos y personal para el traslado de las armas a suelo mexicano y su entrega a un grupo del Cártel de Sinaloa, autorizado para ello por Joaquín Guzmán Loera.

Los policías mexicanos que participaron en ese operativo transportaron las armas a través de la frontera norte de México, ingresándolas por los puntos fronterizos de Nogales, Agua Prieta y Sonoyta, y cobraron por esas armas al Cártel de Sinaloa. Por versiones contenidas en la carpeta de investigación que la FGR ha declarado oficialmente inexistente,[81] se establece que las armas fueron vendidas por los funcionarios de la entonces Policía Federal Preventiva a razón de 40 millones 500 mil pesos, cuando los funcionarios del gobierno estadounidense las enviaron gratuitamente con la intención de que así fueran entregadas a los miembros del Cártel de Sinaloa.

El cargamento de armas que transportó la PFP desde Estados Unidos fueron en total 2 mil 670 unidades, entre ellas rifles de asalto AK-47, rifles M16, pistolas .9 milímetros y lanzagranadas. De esas armas, según fuentes extraoficiales dentro de la FGR, se sabe que sólo se han recuperado 756. El resto, por lo menos mil 914 armas, todavía están en circulación, presuntamente en manos de miembros de diversos grupos delictivos, lo que sigue siendo un riesgo potencial para la seguridad de los mexicanos.

El uso de esas armas se ha podido documentar en por lo menos 144 asesinatos, ocurridos entre 2009 y 2021, en que las víctimas se encontraban junto a balas disparadas por algunas de esas armas, o bien algunas de esas armas se localizaron abandonadas en las escenas del crimen o en sus inmediaciones. No obstante, el número de asesinatos cometidos con esas armas podría ser mayor, pues en las investigaciones de por lo menos 8 por ciento de los 180 mil 692 asesinatos que se han registrado por arma de fuego —entre 2009 y

81. Fiscalía General de la República, respuesta a la Solicitud de Información núm. 0000500013721, Ciudad de México, 21 de enero de 2021.

2021— no se manifiesta la existencia de balas o armas de fuego en las escenas del crimen, y no se descarta que se hayan utilizado algunas de las de *Rápido y Furioso.*

Masacres en masa, sin investigación

Las masacres en masa en donde sí hay evidencias del uso de armas del operativo *Rápido y Furioso* son las conocidas mediáticamente como la Matanza de Villas de Salvárcar, de Ciudad Juárez, Chihuahua, en la que perdieron la vida 17 personas; la Matanza de San Fernando, Tamaulipas, en que fueron ejecutados 72 inmigrantes; la Matanza del Bar Sabino Gordo, en Monterrey, Nuevo León, donde asesinaron a 21 personas, y la Matanza del Bar El Encanto, también en Monterrey, donde literalmente fusilaron a tres personas. Todos estos hechos se atribuyeron al crimen organizado. En cuanto a las masacres de Tlatlaya, en el Estado de México, donde el Ejército asesinó a 22 personas, y de Apatzingán, en Michoacán, donde efectivos de la Policía Federal Preventiva asesinaron a nueve personas, algunas de las armas de *Rápido y Furioso* fueron utilizadas por las víctimas cuando inicialmente repelieron el ataque de las fuerzas federales.

A los asesinatos en masa en que se accionaron armas del operativo *Rápido y Furioso* se suman los asesinatos de dos agentes de la policía estadounidense, quienes cayeron abatidos por dichas armas: Brian Terry, agente de la patrulla fronteriza (Border Patrol), y Jaime Zapata, del Servicio de Inmigración y Control de Aduanas (ICE, por sus siglas en inglés).

El asesinato de Mario González Rodríguez, hermano de la entonces procuradora de Justicia del Estado de Chihuahua, Patricia González, también se atribuye al uso de armas que entraron a México a través de la operación encubierta.

Hay otras muertes que lamentar como efecto de *Rápido y Furioso,* las cuales pareciera que al fiscal Alejandro Gertz Manero no le interesa investigar: al menos siete periodistas han sido asesinados con una o varias armas de ese operativo. Ellos son Érik Bolio López, asesinado en la ciudad de Puebla, el 1 de mayo de 2017; Javier Valdez Cárdenas, ejecutado en Culiacán, Sinaloa, el 15 de mayo de 2017; Edwin Rivera Paz, muerto en Acayucan, Veracruz, el 10 de julio de 2017; José Guadalupe Chan, acribillado en Playa del Carmen, Quintana Roo, el 1 de julio de 2018; Luis Pérez García, asesinado en la Ciudad de México, el 23 de julio de 2018; Arturo Porcallo Aguiluz, ejecutado en Taxco, Guerrero, el 28 de septiembre de 2018, y Reynaldo López, asesinado el 16 de febrero de 2019 en Hermosillo, Sonora.

La FGR y Gertz Manero no han querido vincular todos estos asesinatos con el operativo *Rápido y Furioso*. A pesar de que está documentado que se accionaron algunas de esas armas en dichos crímenes, la fiscalía ha optado por lo más mediático: prefirió darle a la opinión pública la posibilidad de sentir satisfechas sus ansias de justicia a través del enjuiciamiento de un grupo de policías corruptos, que bien pudieran ser procesados por otros delitos, antes que atender la obligación legal y moral de brindar justicia a los deudos de los fallecidos y a las mismas víctimas.

6

Venganza de familia

> Uno no elige a su familia. Ella es un regalo de Dios, como uno lo es para ella.
>
> —DESMOND TUTU, *clérigo y pacifista sudafricano*

CON ALEJANDRO Gertz Manero a la cabeza, la Fiscalía General de la República encarna el ideal de todo sistema totalitario: distante, impasible, operando cómodamente sin la obligación de rendir cuentas a nadie, todo bajo el manto de la mal entendida autonomía de la que ha sido revestida esa institución. Ante esa directriz, la FGR parece no tener responsabilidades con nadie ni nada que no sean los propios intereses personales de quienes controlan ese sistema. Gertz es un experto en ello. Al menos así lo ha demostrado a lo largo de su carrera en el servicio público.

Son muchos los casos que ejemplifican la forma en que Alejandro Gertz Manero hace que el sistema siempre opere a su favor, pero ninguno tan evidente, tan cruel, ni tan perverso, como el de la venganza que lanzó contra la familia de Laura Morán Servín, su cuñada. A ella y a su hija, Alejandra Cuevas Morán, las acusó de ser responsables de la muerte de Federico Gertz Manero, el hermano del fiscal. De manera evidentemente indebida, el fiscal Gertz Manero —convertido en juez y parte— les atribuyó el delito de homicidio doloso de concubino por omisión de auxilio. A causa de ello, Laura Morán Servín, de 96 años de edad, se mantuvo durante 17 meses con una orden de aprehensión pendiente, mientras que Alejandra Cuevas Morán, de 69 años, fue recluida en la cárcel de Santa Martha Acatitla, desde donde habló en diversas ocasiones para esta investigación.

No conforme con el encarcelamiento de Alejandra Cuevas y la zozobra que le causaba la orden de aprehensión a su cuñada Laura Morán, Gertz no limitó su venganza a la persecución de dos mujeres de la tercera edad. También buscó a toda costa incriminar, al menos intimidar, a los hijos de Alejandra: Alonso, Gonzalo y Ana Paula Castillo Cuevas, que no se quedaron quietos y buscaron por todos los medios a su alcance exhibir la manipulación de Alejandro Gertz Manero, quien, en el reclamo de una millonaria herencia de su hermano, dejó caer todo el peso del sistema de procuración de justicia sobre la que un día fue su familia política.

Aunque Alejandra Cuevas Morán no es una persona de rencores, no por eso es tonta —dice ella misma—. Sabe qué quiere el fiscal Gertz Manero, pero eso no está al alcance de nadie, "porque esa herencia que reclama simplemente no existe", explica ella con serenidad mientras le da una calada a su tercer cigarro Pall Mall con esencia de pepino. Sentada a la sombra de uno de los quioscos del área de visitas del dormitorio C del Penal de Santa Martha Acatitla, de la Ciudad de México, contó que Alejandro Gertz quería a toda costa que la viuda de su hermano Federico le entregara una millonaria herencia que —en su imaginación— este debió haber dejado.

Pero no hay tal herencia, insiste Alejandra. "Federico le dejó a mi mamá sólo dos cuentas bancarias; una con un millón de pesos y la otra con un fondo de 100 mil dólares. Fuera de allí no existe más dinero". Luego, con un dejo de impotencia reflejado en el rostro, acota: "Sí, es cierto que mi mamá apareció como beneficiaria en una cuenta bancaria que Federico creó en un banco de Suiza, pero los fondos de esa cuenta —que llegaron a ser de 7 millones 750 mil 898 dólares [algo así como 159 millones 846 mil 769 pesos, al tipo de cambio promedio de abril de 2022]— fueron posteriormente transferidos a favor de Alejandro Gertz".

La cuenta bancaria a la que hace referencia Alejandra Cuevas Morán es la que se abrió en el Bank Julius Baer & Co. Ltd., con sede en Zúrich, Suiza, la cual era manejada por la Operadora Invictus, con domicilio oficial en la ciudad de Panamá, bajo el portafolio número 0016.986302.0, con número de cliente 0016.9863.[82] Esta cuenta estuvo activa, como mínimo, de 2010 a 2014, un año antes de que muriera Federico. Mientras la cuenta estuvo activa se registraron por lo menos tres grandes depósitos de dinero.[83] En 2010 se depositó un millón 298 mil 697 dólares; en 2012, 6 millones 158 mil 293 dólares, y en 2013, 293 mil 908 dólares.

Se desconoce el origen del dinero depositado. Ni la familia política de Federico Gertz Manero se aventura a hacer alguna conjetura. Pero no hay que perder de vista que, desde niños, tanto Federico como Alejandro Gertz fueron depositarios de la herencia económica de su abuelo Cornelius B. Gertz, quien amasó una gran fortuna, producto de su actividad lícita como propietario de casas de empeño y hombre de negocios que fue. Sin especulación alguna, también cabe referir que durante el periodo en que se hicieron los citados depósitos bancarios Federico se mantenía activo como inversionista,

82. Bank Julius Baer & Co. Ltd., estado de cuenta, portafolio de inversiones núm. 0016.986302.0, Zúrich, Suiza, 2014.
83. Ídem.

haciendo rendir la fortuna heredada de su abuelo. Por lo que hace a Alejandro Gertz, durante ese mismo periodo se desempeñaba como diputado federal (2009-2012) y a la par era catedrático de la Universidad de las Américas y director investigador del Centro de Estudios Mexicanos.

Volviendo a la fortuna de Federico Gertz que reclamó su hermano Alejandro a su familia política, surge otro dato de importancia… Federico, como especialista que era de la administración, además de economista, contador público y auditor, el 21 de septiembre de 1995 abrió una firma *offshore*, de las también conocidas como *empresas fantasmas*, las cuales se emplean para realizar operaciones financieras que no están reguladas por la ley en México ni en muchos otros países del mundo y que sirven principalmente como fachada para el manejo de dinero del que no se quiere enterar al fisco.

La empresa creada por Federico Gertz es Jano Ltd., la cual, de acuerdo con el Consorcio Internacional de Periodistas de Investigación (ICIJ, por sus siglas en inglés), registró como oficina una dirección en George Town, Islas Caimán, mientras que en San Antonio, Texas, designó una dirección para recibir comunicaciones.[84] En dicha empresa Federico Gertz Manero, quien aparece como su beneficiario final, nombró como vicepresidente a su hermano Alejandro Gertz Manero, mientras que Laura Morán Servín, su compañera de vida, aparece como directora.

Si Laura Morán Servín figura en el entramado financiero de Federico y Alejandro Gertz, puede atribuirse a una sola razón, apunta su hija Alejandra: Laura siempre amó al extremo a "su alemán", como le decía. Era condescendiente con él. Casi dócil. Atendía todos sus caprichos. Nunca lo contradecía. Pudo haber algo de temor a la rigidez de Federico, "porque era duro, estricto, frío, como la alemana sangre que corría por su cuerpo", pero al tiempo pasado de esa re-

---

84. Consorcio Internacional de Periodistas de Investigación, Investigación Papeles del Paraíso, Diagrama de la firma Offshore Jano Ltd., 2020.

lación lo que habla es el amor. En efecto, fue una relación fincada en el amor —explica Alejandra con sus dos luminosos y cautivos ojos azules—: nunca hubo interés por parte de Laura.

Tanto era el amor que sentía Laura por Federico, que puede suponerse que por ello no se negaba a nada de lo que su compañero le pidiera, incluido lo relativo a sus estrategias financieras. Un ejemplo que habla de la docilidad de Laura frente a Federico es el hecho de que ella aprendió a tejer. A Federico le gustaba, y lo tenía por costumbre, sentarse todos los días, en punto de las cinco de la tarde, a tomar el té, en la sala de su casa. Ese momento era sagrado para él. Podía permitir todo, menos dos cosas: que alguien interrumpiera su lectura del periódico mientras tomaba el té y que no estuviera su mujer, Laura, a su lado. Ambos tomaban el té en silencio. Cada uno absorto en sus pensamientos y escuchando ópera desde un viejo pasadiscos que Federico atesoraba como a su vida misma. Para no morir en el encierro musical de aquellas tardes, Laura aprendió a tejer. Así, al tiempo que acompañaba amorosa a Federico escuchando la ópera y sintiendo el chasquido del papel que daba vueltas en el aire, tejía un suéter, una bufanda. Siempre todo para Federico. Por eso Laura Morán Servín no reparó en nada cuando Federico le pidió su firma para sus movimientos financieros, al crear la empresa fantasma Jano Ltd., sin saber que a la larga Alejandro Gertz utilizaría eso para someterla, a ella y a su hija, a un proceso penal a todas luces viciado.

La *firma fantasma* Jano Ltd. de Federico Gertz Manero dejó de operar en el año 2010, de acuerdo con los datos proporcionados en la investigación "Papeles del Paraíso", del ICIJ, que coincide justamente con el periodo en el que inician los depósitos millonarios en la cuenta que Federico Gertz abrió en el banco Julius Baer de Suiza. Pero a partir de ese año la empresa Jano Ltd. aparece asociada con otra *empresa fantasma* que sigue en operaciones: Marimina Company Ltd., dedicada a la transportación marítima de carga y que tiene registradas para sus oficinas las mismas direcciones de

Jano Ltd., en las Islas Caimán y en San Antonio, Texas, Estados Unidos.[85]

Como parte de su entramado financiero en paraísos fiscales, Federico Gertz diseñó una estrategia para mover su dinero a las cuentas del banco Julius Baer de Suiza. Esta estrategia financiera se registró a través de la operadora panameña Invictus, bajo el nombre clave de Proyecto Artemisa, en donde el beneficiario final de los movimientos bancarios era el mismo Federico Gertz Manero. Laura Morán Servín aparecía como directora de ese proyecto; su hermano Alejandro Gertz, como el vicepresidente, y una cuarta persona, de nombre John M. Castillo, como contacto para dichas operaciones.[86] Por eso, asegura Alejandra Cuevas, nunca hubo una fortuna oculta que no conociera Alejandro Gertz Manero.

Sin piedad, contra su familia política

Tras la muerte natural de su hermano Federico, el fiscal general de la República acorraló a la familia de Laura Morán Servín, exigiendo la entrega de una herencia que —supuso— quedó en poder de la viuda, "cosa que es totalmente irreal, fantasiosa", explicaba Alejandra Cuevas en prisión, donde no lloró una sola lágrima, pero donde el sofoco fue cotidiano por la obstinación de Alejandro Gertz Manero de mantenerla privada de su libertad, acusada de un delito que —asegura— "ni en mis peores pensamientos podría cometer, y menos contra Federico, quien siempre fue una persona muy querida por mí, mi hermana y mis hijos, a pesar de ser tan alemán".

Alejandra define claramente el calificativo "alemán" dado a Federico Gertz: "Era frío. Distante. No se dejaba querer. No tenía sen-

---

85. Consorcio Internacional de Periodistas de Investigación, Investigación Papeles del Paraíso, Diagrama de la firma Offshore Marimina Ltd., 2020.
86. Operadora Invictus, Transferencias del Proyecto Artemisa, San Antonio, Texas, Estados Unidos, 2009.

tido del humor. Era irónico. Hiriente". Aun así, la familia de Laura Morán lo quería. Cuenta Alejandra que en muchas ocasiones, sobre todo en las fiestas de Navidad y Fin de Año que acostumbraban pasar en familia, nunca aceptó de buena gana ningún obsequio de la familia: "En una ocasión yo le regalé una bufanda, con motivo de Navidad. Él sólo tomó el regalo, viéndolo despectivamente, y se limitó a decir: 'Y yo para qué quiero una bufanda, si bufandas tengo muchas'. Después, tiró la bufanda de regalo y la dejó abandonada en un sillón, sin darle mayor importancia".

En el seno de la familia de Laura Morán Servín, el carácter áspero que distinguía al trato del hermano del fiscal Gertz Manero se le atribuía a su propia ideología nazi, heredada de su abuelo y su padre, y que Federico y Alejandro Gertz compartieron. Frente a la discreción con la que siempre se condujo Alejandro Gertz en relación con esa ideología nazi, Federico nunca la ocultó y hasta se mostraba orgulloso de ella. En no pocas ocasiones —agrega Alejandra Cuevas—, cuando en las pláticas de la reunión familiar salía al tema la comunidad israelita en México, Federico arrancaba el asombro de todos, lamentándose de una sola cosa: "Yo no sé por qué el tío Fito [Adolfo Hitler] no exterminó a todos los judíos".

Luego venía el silencio y Laura propiciaba el cambio de plática a fin de evitar incomodidades a todos, pero principalmente para mantener en resguardo el cariño que la familia le prodigaba a Federico Gertz.

Por eso fue mayor el extrañamiento de Alejandra Cuevas al saberse acusada de la muerte de Federico, por la que se convirtió en blanco de la venganza del fiscal Alejandro Gertz Manero, quien la mantuvo recluida en prisión y amenazada con dejarla allí por muchos años, inculpada por un delito que no cometió. Un delito que Alejandro Gertz también le quiso atribuir falsamente a la señora Laura Morán Servín, quien fue presa del miedo y se angustiaba ante la posibilidad de que en cualquier momento la FGR cumplimentara la orden de aprehensión girada en su contra.

Para entender el grado de venganza que Alejandro Gertz pretendió sobre Laura Morán Servín y su hija Alejandra Cuevas Morán, es necesario conocer a detalle la historia del caso, que el mismo Gertz quiso llevar a juicio antes de ser fiscal general de la República y que le fue negado desde 2015 por no tener fundamentos legales para ello. No obstante, una vez entronado como principal procurador de justicia por el presidente Andrés Manuel López Obrador, Gertz no tuvo ningún reparo —porque así está diseñado el sistema, para atender ciegamente las órdenes de quien lo conduce— para llevar a cabo sus intenciones personales, sin necesidad de dar explicaciones a nadie.

Laura Morán Servín y Federico Gertz Manero se conocieron en 1968. Él era soltero, de 38 años de edad, y ella, divorciada, de 42 años, con tres hijos. Desde allí —explica Alejandra Cuevas— Laura Morán recibió el rechazo de los padres de Federico, don José Cornelio Gertz Fernández y doña Mercedes Manero Suárez, quienes nunca aprobaron aquella relación. Siempre vieron a Laura como aventajada y por eso trataron —con éxito— de impedir el matrimonio legal. Sin embargo, el amor que desde un principio se tuvieron Federico y Laura pudo más contra todo. Sin casarse ante ninguna ley legal ni moral, hicieron vida de pareja durante poco más de 47 años.

El matrimonio no legal, pero formal, que decidieron formar Federico y Laura se mantuvo sólido hasta el 27 de septiembre de 2015 cuando, a la edad de 85 años, Federico dejó de existir por muerte natural en el Hospital ABC de Observatorio, en la Ciudad de México, estando bajo los cuidados de su propio hermano, quien entonces aún no era fiscal general de la República. De acuerdo con el acta de defunción de Federico Gertz, cuyo deceso se registró bajo el nombre de "Federico Gertz Y Manero", falleció a causa de "congestión visceral generalizada",[87] según el declarante Fermín Hernández Jiménez.

---

87. Registro Civil del Distrito Federal, Juzgado núm. 16, acta de defunción de Federico Gertz Y Manero, Acta núm. 550, Ciudad de México, 29 de septiembre de 2015.

Desde el momento en que murió Federico Gertz puede presumirse que en su hermano Alejandro ya se movía la intención de culpar a alguien. De no haber sido así, no se entiende entonces la razón por la que el acta de defunción se levantó dentro de un proceso de averiguación previa, según consta en un agregado dentro de la misma acta, donde se señala que ese documento forma parte de la "Averiguación Previa FAO/AO-1/T3/81589/15-89 [de la] Subprocuraduría de Averiguaciones Previas Desconcentradas [de la] Fiscalía desconcentrada en Álvaro Obregón [,] Coordinación de Álvaro Obregón uno [,] Unidad de Investigación tres [,] con detenido…",[88] lo que fue avalado por el agente del Ministerio Público del Fuero Común, Ramón Armando González Barrera.

Aquí, hasta ese momento procesal, saltan las primeras irregularidades… ¿Por qué, si Federico Gertz murió en el hospital bajo el cuidado médico que le procuró su hermano Alejandro, era necesaria la integración de una averiguación previa? Además, como refiere el acta de defunción, en el momento del levantamiento de la misma se contaba con un detenido. ¿Quién era ese detenido? Porque Alejandra Cuevas Morán, aun bajo el supuesto de su responsabilidad, no fue detenida sino hasta el 16 de octubre de 2020, más de cinco años después de iniciada la averiguación previa.

Según se establece en el expediente 190/2020 de la causa penal que se abrió contra Laura Morán Servín y su hija Alejandra Cuevas Morán, por el presunto delito de homicidio doloso de concubino por omisión de auxilio, Federico Gertz Manero siempre recibió el cuidado de su mujer, pues debido a su longeva edad, meses antes de su muerte, ya estaba delicado de salud a causa de que se le había colocado un marcapasos. Además —explica Alejandra Cuevas—, "su vista era escasa, casi nula, y sufría de síntomas de deterioro mental que se materializaban en alucinaciones", lo que llevaba a que Laura, su esposa, le procurara cuidados con apoyo de dos personas de

88. Ídem.

servicio doméstico y un chofer, "hasta que esto fue insuficiente y contrató un servicio de cuidadores".

El día 4 de agosto de 2015, según obra en el expediente penal referido, Federico Gertz sufrió una caída. Se golpeó la cabeza, "lo que le provocó una herida sangrante", continúa Alejandra Cuevas. Pese a ello, Federico decidió salir a la calle en compañía de su hermano Alejandro Gertz Manero, argumentando que iban "a ver a unas personas". Alejandro Gertz no reparó en la delicada condición de salud de su hermano, no obstante que Laura Morán lo puso al tanto del accidente y que era visible la curación de la herida en la cabeza.

En la versión de Laura Morán Servín, en el transcurso de los 20 días subsecuentes al 4 de agosto de 2015 la salud de Federico se agravó considerablemente, por lo que ella lo llevó a tres médicos distintos: los especialistas Érick Soberanes Gutiérrez, Eduardo Perusquía y Sergio Cortés Ocampo. Asimismo, para mayor cuidado de Federico, se sustituyó con enfermeros a las personas que lo atendían. Además, le procuró otros cuidados: lo trasladó para practicarle "estudios médicos, compró las medicinas que los médicos recetaron, rentó tanques de oxígeno y una cama hospitalaria para colocarlo en el primer piso de la casa, pues Federico ya no podía subir las escaleras hacia su cuarto en la segunda planta".

Al complicarse la salud de Federico, su mujer, Laura Morán, decidió llamar a su cuñado Alejandro Gertz, con la intención de enterarlo de la salud en deterioro del paciente. Alejandro Gertz se presentó en la casa conyugal de Federico y Laura el 24 de agosto de 2015. En ese momento Alejandro Gertz Manero asumió la tutela de su hermano mayor. Se valió de dos médicos que trabajaban para él en la Universidad de las Américas: Hugo Mancilla Nava y Homero Aguirre, quienes se hicieron cargo de la atención médica de Federico. Más tarde se sumó al equipo médico que cuidaba de Federico el doctor Miguel Ángel Ceñal Martínez, a quien Alejandro Gertz Manero se refirió como "el mejor geriatra de México", explicó la viuda Laura Morán Servín, dentro del proceso penal que se le inició.

De ese testimonio hay otros contenidos dentro del citado expediente penal que van en el mismo sentido. Incluso, muchos de los testigos que hablan de estos hechos refieren, en relación con la supuesta participación de Alejandra Cuevas Morán en el homicidio doloso de Federico Gertz, que ella, en ese lapso de tiempo en que Federico cayó en convalecencia, únicamente acudió a la casa conyugal de su madre en tres ocasiones. Otros testigos ni siquiera la ubicaron en la vida familiar que llevaron Federico y Laura. Y es que Alejandra Cuevas, durante la postración de Federico —según su versión y la de algunos testigos—, a veces acudía a la casa conyugal de Laura y Federico principalmente los martes, que era cuando le permitían utilizar el comedor de la casona "para tener una clase de logoterapia con siete amigas y su maestro".

Cuenta Alejandra que sólo en una ocasión acompañó a su mamá a llevar a Federico al médico, "y en cierta ocasión que no conseguía mi mamá ni sus empleados una sonda que requería Federico, me puse a buscarla telefónicamente, hasta que la encontré, y le dije al chofer de mi mamá a dónde dirigirse". Esa fue la única vez que Alejandra se involucró directamente en los cuidados de su padrastro. Se limitaba a saber de la salud de Federico, con cierta distancia que no invadiera la intimidad de la pareja adulta.

Bajo esas circunstancias, el 29 de agosto de 2015, ya más deteriorada la salud de Federico, se hizo presente en el domicilio de Laura Morán su cuñado Alejandro Gertz. Llegó junto con su abogado Juan Ramos López —actual titular de la Subprocuraduría Especializada en Investigación de Delitos Federales de la FGR— y con un grupo de funcionarios, agentes del Ministerio Público y policías de la entonces Procuraduría General de Justicia del Distrito Federal, para ingresar de manera arbitraria al domicilio, sin contar con una orden de cateo.

Fue en ese momento cuando, de manera implacable, Alejandro Gertz Manero le informó a su cuñada Laura Morán Servín que ella ya estaba señalada por el delito de homicidio en grado de tentativa por la deteriorada condición de salud de Federico. Esto ocurrió aún estando Federico con vida. Acto seguido, Alejandro Gertz se llevó a su hermano para internarlo en el mencionado Hospital ABC de Observatorio, en la Ciudad de México, y se le prohibió a Laura Morán aparecerse en el lugar, pues no se le permitiría el acceso. Esa fue la última vez que Laura vio con vida a Federico. Veintinueve días después, el 27 de septiembre de 2015, en punto de las 15:00 horas, Federico dejó de existir.

Tras la muerte de Federico Gertz, y luego de una reunión notarial, se conocieron sus últimos designios en relación con sus propiedades y dinero. En su testamento, Federico Gertz estableció que su hermano Alejandro fuera el depositario único de todos sus bienes. Pero, también, en la cláusula segunda de su testamento señaló que su esposa, Laura Morán Servín, se quedara con "el usufructo vitalicio de la casa marcada con el número 150 de la calle Juan Vicente Güemes, colonia Lomas de Virreyes [de la Ciudad de México], así como el usufructo vitalicio de todos los muebles y enceres que se encuentren en dicha casa; así mismo le lega con cargo al acervo hereditario la cantidad equivalente a Cincuenta Mil Pesos mensuales que deberá de recibir del albacea, libres de cualquier gasto o impuesto".[89]

En ese mismo testamento, Federico Gertz estipuló que, "en el caso que su hermano y heredero [Alejandro Gertz Manero] falleciera antes o al mismo tiempo que él o renunciare a la herencia, instruye por sus únicas y universales herederas a sus sobrinas María de las Mercedes, Alejandra y Victoria Samantha, las tres de apellido Gertz Loizaga [hijas de Alejandro Gertz Manero], por partes iguales, y a falta de ellas, a los hijos de cada una por estirpe".[90] Sobre estas obligaciones, en donde no aparece ninguna herencia oculta, Alejandro Gertz nada más cumplió un mes con la obligación legal impuesta

---

89. Federico Gertz Y Manero, escritura pública núm. 119642, Notaría Pública núm. 74, lic. Javier Arce Gargollo, Ciudad de México, 17 de abril de 2016.
90. Ídem.

por su hermano mayor para con Laura; sólo durante un mes le pagó la pensión y estuvo al tanto de las necesidades económicas de la viuda en materia de salud.

En octubre de 2015, tras presionar a Laura con la denuncia por el homicidio de su hermano Federico, Alejandro Gertz le exigió renunciar a esos beneficios económicos. A cambio, le dijo, retiraría la acusación formal que había hecho contra ella y dos de sus hijas, Alejandra y Laura Cuevas Morán. Así, para evitar conflictos, Laura Morán Servín renunció, en noviembre de 2020, a todo lo heredado por su esposo.[91] Pero no sólo renunció a la herencia de Federico. También aceptó pagarle a Alejandro Gertz Manero la cantidad de 3 millones 550 mil pesos que le exigió en compensación por las dos cuentas de un millón de pesos y de 100 mil dólares que le había heredado su esposo.

La carta de la renuncia a la herencia, de Laura Morán Servín, fue entregada por un nieto suyo, hijo de Alejandra Cuevas Morán: Alonso Castillo Cuevas, quien señaló para este trabajo que Alejandro Gertz Manero pasó de la noche a la mañana de ser el fiscal general de la República a convertirse en un simple y vil extorsionador. Y es que a través del abogado Juan Ramos López, Gertz recibió un pago indebido, por parte de la familia de Laura Morán, por la citada cantidad de 3 millones 550 mil pesos, el cual se materializó a través del cheque de caja número 0703241 del banco BanBajío, con fecha del 13 de noviembre de 2020,[92] que se solicitó a cambio de retirar una orden de aprehensión.

Sin embargo, aun cuando Laura Morán Servín renunció a la herencia de su esposo y pagó la extorsión hecha por el fiscal Alejandro Gertz Manero, este nunca retiró las órdenes de aprehensión en contra de ella y de Alejandra Cuevas Morán. A la única que dejó de acusar

91. Laura Morán Servín, carta a Alejandro Gertz Manero, Ciudad de México, 13 de noviembre de 2020.

92. Banco del Bajío, cheque de caja núm. 0703241, a favor de Alejandro Gertz Manero, México, Distrito Federal, 13 de noviembre de 2020.

por la muerte de Federico fue a Laura Cuevas Morán, la otra hija de Laura Morán Servín. Y eso fue por la intervención del gobernador del Estado de México, Alfredo del Mazo Maza. ¿Pero qué tiene que ver Alfredo del Mazo en este pleito de familia del fiscal? El gobernador Del Mazo es esposo de Fernanda Castillo Cuevas, hija de Laura Cuevas Morán. De ahí su intervención y por eso —por rendición ante el poder— el fiscal Gertz Manero tuvo que recular.

No conforme con la renuncia de Laura Morán Servín a la herencia de Federico, Alejandro Gertz todavía solicitó, como parte de un acuerdo para retirar la querella contra la esposa de su hermano y la hija de esta, que el mencionado nieto Alonso Cuevas Castillo, uno de los hijos de Alejandra Cuevas Morán, se autoincriminara del supuesto homicidio doloso de Federico Gertz Manero. "Eso por supuesto que no lo acepté", explicó Alonso Castillo en entrevista para este trabajo, "porque tanto yo, como mis hermanos, mi mamá y mi abuela, no teníamos nada que ver con el deceso de Federico. Él murió de muerte natural, bajo el cuidado de su hermano Alejandro".

El proceso amañado

Para conocer la versión de estos y otros hechos que refieren la intervención dolosa de Alejandro Gertz Manero, el día 25 de octubre de 2021, a través de la gestión de Raúl de Jesús Tovar Palomo, titular de la Dirección de Comunicación Social de la Fiscalía General de la República, el que esto escribe solicitó una entrevista periodística con el fiscal,[93] petición que hasta el cierre de este trabajo nunca tuvo respuesta de ningún tipo, en ningún sentido.

Así, con la sola versión de la familia, asediada por Alejandro Gertz Manero, y con los contenidos en los legajos del expediente

---

93. J. Jesús Lemus, solicitud de entrevista con Alejandro Gertz Manero, titular de la FGR, Ciudad de México, 25 de octubre de 2021.

penal 190/2020, se puede establecer que, hasta antes de que este hombre se convirtiera en fiscal de la nación, se sostuvo en su dicho de acusar de la muerte de su hermano a la viuda de este, Laura Morán Servín, y a su hija Alejandra Cuevas Morán. La misma denuncia que fue rechazada en dos ocasiones por igual número de jueces del fuero común de la Ciudad de México, por considerar que no había elementos para el ejercicio de la acción penal. Sin embargo, una vez que Alejandro Gertz Manero llegó a la Fiscalía General de la República, con todo el poder del Estado de su lado, revivió el caso.

De tal forma maniobró el fiscal general su venganza personal contra Laura Morán Servín y Alejandra Cuevas Morán, que poco importó al sistema torcido de justicia la existencia de un amparo en el que el juez décimo de Distrito de Amparo en Materia Penal, Patricio Leopoldo Vargas Alarcón, sentenció la suspensión definitiva del proceso,[94] esto el día 1 de mayo de 2020. A dicho juicio de amparo, que ya era suficiente para desechar el caso, se sumó la inobservancia que se hizo a un dictamen pericial elaborado por el prestigiado criminalista Guillermo A. Ponce Yépez,[95] el 15 de enero de 2021. En ese dictamen se establecieron las razones científicas y técnicas por las que Laura Morán Servín y su hija Alejandra Cuevas Morán no pudieron haber sido responsables del delito del supuesto homicidio de Federico Gertz Manero.

En el dictamen pericial, Guillermo A. Ponce concluyó, luego de valorar todos los elementos de prueba contenidos en la causa penal 190/2020: "es prudente resaltar que la probable responsabilidad que se pretende atribuir a las CC. Laura Morán Servín y Alejandra Guadalupe Cuevas Morán, carecen de sustento criminalístico",[96]

---

94. Patricio Leopoldo Vargas Alarcón, juicio de amparo 262/2020-I-A, Ciudad de México, 1 de mayo de 2020.
95. Guillermo A. Ponce Yépez, Servicios Periciales Profesionales S.C., dictamen pericial, causa penal 190/2020, Ciudad de México, 15 de enero de 2021.
96. Ídem.

y ello se debe a que "no hay evidencia alguna de la presencia de una conducta o intención que pudiera traducirse en dolo o bien una intención deliberada u omisiva y mucho menos abandono o falta de deber de cuidado [contra Federico Gertz] por parte de las hoy procesadas.

"Lo anterior", continúa el dictamen pericial de Guillermo A. Ponce, "obedece a que de las constancias que obran en la causa penal corren agregados elementos de convicción tales como recetas surtidas, vistas médicas, testigos que concuerdan que en todo momento el paciente estuvo asistido de manera pronta y oportuna por personal médico, así como la presencia y demostración de una plena disposición y atención diligente por parte de las personas a su cuidado, no obstante los contradictorios puntos de vista que se mencionan y surgieron entre los propios involucrados, así como el hecho fáctico que los signos mostrados por el paciente obedecieron al lógico deterioro propios de su edad y antecedentes médicos, mas no así a algún tipo de descuido u omisión de cuidado".[97]

Al fiscal Gertz Manero tampoco le importó que en la resolución del amparo en revisión número 169/2017, emitida por el Primer Tribunal Colegiado en Materia Penal, se establecieran las razones por las que tanto a Alejandra Cuevas Morán como a su madre, Laura Morán Servín, no se les podía atribuir la ejecución de alguna conducta ilícita que llevara a la muerte de Federico, todo en razón de los cuidados que le brindaron en su domicilio y por haber cedido, a petición expresa, la custodia de este a su hermano Alejandro, quien le proveyó de las atenciones médicas necesarias hasta el día del deceso del enfermo.

Luego de que el primer abogado que estaba al frente de la defensa de Laura Morán y Alejandra Cuevas renunciara, el 21 de septiembre de 2020, argumentando amenazas de muerte, las indiciadas buscaron la asistencia legal de otra defensora particular. Sin embar-

---

97. Ídem.

go, el 25 de septiembre de ese mismo año, el fiscal Alejandro Gertz logró, por su propia influencia, que se ejercitara la acción penal. De esa forma, el día 2 de octubre de 2020 se libró la orden de aprehensión en contra de Alejandra Cuevas Morán y su madre Laura Morán Servín. De las dos órdenes de aprehensión sólo se cumplimentó la de Alejandra Cuevas, que fue detenida el 16 de octubre.

A Alejandra Cuevas Morán la arrestaron en las inmediaciones de su domicilio personas que no acreditaron ser policías de investigación de la FGR ni portaban a la vista la orden de referencia. Esto ocurrió a escasos días de que venciera un amparo que la protegía contra cualquier detención. El 19 de octubre de 2020, la jueza Sexagésimo Séptimo Penal de la Ciudad de México dictó auto de formal prisión en contra de Alejandra Cuevas, vinculándola a la causa penal 190/2020. La juzgadora sostuvo que, a partir de las nueve testimoniales y ocho dictámenes periciales, se apreciaba que la inculpada decidía sobre el tipo de medicamentos que se le suministraban a Federico Gertz, que se constituyó en garante de la salud y la vida de Federico, y que realizó actos dolosos tendientes a provocar la muerte de la víctima, en auxilio de su madre, quien cometió el homicidio dolosamente por omisión.

De acuerdo con el relato de Alejandra cuando aún estaba en prisión, la justicia no se había hecho presente en su caso; a pesar de que a la juzgadora se le hizo ver, con toda claridad, que no existía en el expediente una sola prueba que la incriminara, la jueza determinó en el auto de formal prisión: "Existen datos suficientes que acreditan el cuerpo del delito de homicidio doloso de concubino por omisión por auxilio, y que de lo actuado aparecen datos suficientes que hacen probable la responsabilidad de la Señora Alejandra Guadalupe Cuevas Morán".

En su determinación, la jueza señaló también que apreciaba un abandono que llevó a la muerte de Federico, abandono que le atribuyó a la inculpada. Sin embargo, contra toda lógica, eso es insostenible, dado que el propio Alejandro Gertz en su declaración ministerial afirma que él vio a su hermano el día 4 de agosto y lo encontró bien cuidado, asegurando que después de eso se hizo cargo de su salud, esto desde el día 24 de agosto de 2015 hasta el día de su fallecimiento, tiempo en el que nadie de la familia de Laura Morán, de Alejandra Cuevas, ni ellas mismas, pudieron ver al enfermo.

En esa sucesión de hechos, Alejandro Gertz Manero, una vez que su hermano falleció, le exigió a Laura Morán la entrega de una serie de objetos que estaban dentro de la casa conyugal de su hermano, entre ellos cuadros, esculturas, tapetes y otras piezas de arte valuados en su conjunto en por lo menos 40 millones de pesos, los que, de acuerdo con el testamento de Federico, según consta en la escritura pública número 91062, le pertenecían a la viuda.

A pesar de que la familia del difunto Federico Gertz cedió a todas las exigencias de su hermano Alejandro: a la cesión de la herencia, al pago de 3.5 millones de pesos, a la entrega de obras de arte y hasta a la pensión vitalicia de la viuda, excepto —por razones entendibles— a la autoincriminación de Alonso, Ana Paula y Gonzalo, hijos de Alejandra Cuevas, como responsables directos o indirectos de la muerte de Federico, el fiscal no vio satisfecha su sed de venganza. Laura Morán Servín estuvo técnicamente arraigada en su domicilio 17 meses, mientras que durante ese mismo tiempo Alejandra Cuevas *pasó las de Caín* en la cárcel de Santa Martha Acatitla.

Allí, en el interior de la cárcel de Santa Martha, nos vimos. Ella nada más sonreía. Se le perdía la mirada cuando el pensamiento le volaba sólo ella sabía a dónde. Tras el velo de humo —que exhalaba en cada calada al cigarro— siempre aparecían sus ojos azules. Con estoicismo rompió el silencio: "¿Pero sabes qué, Jesús?", dijo animosa, "de todo esto, lo mejor que va a quedar registrado en la historia es la forma perversa con la que se conduce el fiscal. A final de cuentas yo voy a salir libre, porque cualquier juez que quiera ajustarse a derecho habrá de encontrar que somos inocentes, tanto yo como mi madre. Pero Alejandro, él va a pasar a la historia, y quedará marcado y reconocido al paso de los años como lo que verdaderamente es: un ser perverso, siniestro y maligno".

Y así ocurrió. Como una pitonisa, Alejandra Cuevas predijo el futuro de su caso. El día 28 de marzo de 2022, el pleno de la Suprema Corte de Justicia de la Nación (SCJN) determinó la absolución de Laura Morán Servín y Alejandra Cuevas Morán, evidenciando la porfía del fiscal Alejandro Gertz Manero. El pleno de la SCJN concluyó —según lo establece su boletín informativo número 107/2022 del 28 de marzo de 2020— que "en el caso de la señora Laura [Morán], luego de analizar las pruebas del expediente, el Tribunal Pleno determinó que la quejosa procuró, de acuerdo con sus posibilidades, atención y cuidados a su pareja, pues confió su salud a personal técnicamente preparado para ello, por lo que no se demostró que hubiera incurrido en un delito bajo la modalidad de 'comisión por omisión'.

"Asimismo", sigue el comunicado, "por lo que hace a la señora Alejandra [Cuevas], la Suprema Corte concluyó que fue incorrecto atribuirle el fallecimiento del señor Federico Gertz bajo la figura de 'garante accesoria'. Ello, pues se trata de una figura inexistente en la ley; además de que, si bien colaboró con su madre en algunas de las tareas de cuidado, no existe evidencia alguna de la que se desprenda que la quejosa aceptara hacerse cargo del enfermo, tomara decisiones sobre sus cuidados o siquiera habitara con el occiso", razón por la cual las dos inculpadas falsamente por el fiscal Gertz Manero quedaron en libertad sin ningún tipo de responsabilidad.

Pero antes de eso, en el caso de Alejandra Cuevas y Laura Morán Servín, el camino hacia la justicia fue tortuoso. El problema de este caso fue —como lo reconoció Alejandra misma— que ningún juez o jueza de primera instancia quiso fallar en este proceso conforme a derecho. "Todos en el Poder Judicial le tienen miedo a Alejandro Gertz, porque saben lo rencoroso y vengativo que es cuando se monta en sus venganzas personales". Por eso, añadió la injustamente acusada de la muerte de Federico Gertz, ningún juez ni jueza quiso salirse del guion que el propio Alejandro Gertz marcó para esta historia, en donde buscó a como diera lugar responsables falsos por la muerte natural de su hermano.

En la búsqueda de justicia, Alejandra Cuevas Morán solamente fue auxiliada por la defensa de sus hijos Alonso, Ana Paula y Gonzalo Castillo Cuevas, quienes tuvieron que hacer una gran movilización social y enviar cartas a muchos de los ministros y ministras de la SCJN, con la única esperanza de ser escuchados. En esas cartas explicaron hasta el cansancio a las y los ministros de la SCJN la falsedad de lo que obra en el expediente penal que mantenía en prisión a Alejandra. Expresaron reiteradamente que el único beneficiado con la muerte de Federico Gertz fue su hermano Alejandro Gertz Manero, "quien obtuvo un millonario haber, al ser su heredero universal". Con ello nada más se buscaba que prevaleciera el Estado de derecho y no el capricho del hombre que es el encargado de procurar la justicia a toda la nación mexicana. Pero nadie se atrevía a responder a una sola de esas comunicaciones, muchas de ellas enviadas desde el interior de la cárcel de Santa Martha.

El 5 de julio de 2021 fue la última vez que Alejandra Cuevas, en calidad de indiciada por la muerte de Federico Gertz, envió comunicaciones escritas a tres ministras y un ministro de la Suprema Corte. A la ministra Yasmín Esquivel Mossa,[98] a la ministra Norma Lucía Piña Hernández,[99] a la ministra Ana Margarita Ríos-Farjat[100] y al ministro presidente de la SCJN, Arturo Zaldívar Lelo de Larrea,[101] les expuso claramente el entramado de mentiras en el que ella estaba envuelta por decisión unipersonal del fiscal Alejan-

---

98. Alejandra Guadalupe Cuevas Morán, carta a la ministra Yasmín Esquivel Mossa, Ciudad de México, 5 de julio de 2021.
99. Alejandra Guadalupe Cuevas Morán, carta a la ministra Norma Lucía Piña Hernández, Ciudad de México, 5 de julio de 2021.
100. Alejandra Guadalupe Cuevas Morán, carta a la ministra Ana Margarita Ríos-Farjat, Ciudad de México, 5 de julio de 2021.
101. Alejandra Guadalupe Cuevas Morán, carta al ministro presidente de la SCJN, Arturo Zaldívar Lelo de Larrea, Ciudad de México, 5 de julio de 2021.

dro Gertz Manero para mantenerla en prisión. Sin embargo, ninguna de las aludidas ni el aludido quiso dar una respuesta a la petición de Alejandra Cuevas para que la auxiliaran con la aplicación correcta de la justicia. La reacción de la SCJN no llegó sino hasta que la presión social y la difusión en medios internacionales de comunicación exhibieron no sólo al titular de la FGR, Alejandro Gertz Manero, sino al propio presidente Andrés Manuel López Obrador, sobre la vergonzosa y amañada forma de utilizar a la justicia para efectos personales.

7

Rescatando al general

Si no suena lógico, suena metálico.
—REFRÁN POPULAR

ESE ARROJO con que Alejandro Gertz Manero ha llevado la venganza contra la familia de su hermano Federico también se le ha visto, pero a la inversa, en otros casos, en los que, valiéndose de su papel de procurador de justicia, ha puesto todo su empeño para que su postura personal esté por encima del marco jurídico. Así ocurrió en el caso del general Salvador Cienfuegos Zepeda, al que *contra viento y marea* el fiscal defendió para hacerlo pasar como inocente, a pesar de que los indicios históricos apuntan en otra dirección y a pesar de la indignación nacional.

Al general Salvador Cienfuegos Zepeda, quien fuera secretario de la Defensa Nacional en el gobierno de Enrique Peña Nieto, el gobierno de Estados Unidos lo señaló penalmente en junio de 2019, a partir de la acusación que le hizo la Administración de Control de Drogas (DEA), por los delitos de asociación delictuosa internacional para fabricar, importar y distribuir heroína, cocaína, metanfetaminas y mariguana, y de asociación delictuosa para cometer lavado de dinero proveniente de la venta de drogas.[102] Dichos delitos dieron pie para que el 15 de octubre de 2020 el general Cienfuegos fuera detenido en el aeropuerto de Los Ángeles, California.

Tras un mes y tres días de estar detenido en una prisión de Estados Unidos, el 18 de noviembre de 2020 el general Salvador Cienfuegos fue liberado de los cargos que le imputó el gobierno estadounidense. Eso fue posible gracias a las negociaciones que al más alto nivel de los gobiernos de México y Estados Unidos se llevaron a cabo por instrucciones de los presidentes Andrés Manuel López Obrador y Donald Trump. Las negociaciones para que Estados Unidos desestimara los cargos de narcotráfico y lavado de dinero en contra del general Salvador Cienfuegos fueron a propuesta del presidente López Obrador, quien se vio presionado para ello por un grupo de 43 generales que mantienen el control de la Secretaría de la Defensa Nacional (Sedena) y que —a manera de hermandad— se cuidan y se protegen entre ellos, aun de las propias disposiciones del presidente de la República.

La cofradía de generales que mantiene bajo su control la Sedena es un secreto a voces. Desde la administración del presidente Calderón ya se sabía que en México, aun cuando constitucionalmente el jefe de las Fuerzas Armadas es el presidente de la República, quienes en realidad tienen el control del aparato de guerra son un grupo de generales. Ellos son quienes ponen sobre la mesa —en cada cambio de gobierno— al que será el titular de la Sedena. Allí no hay ideo-

102. Departamento de Estado del Gobierno de Estados Unidos, Timothy J. Shea, Carta de Notificación Oficial del Gobierno de Estados Unidos al Gobierno Mexicano sobre el Enjuiciamiento del General Salvador Cienfuegos, Washington, D.C., 29 de octubre de 2020.

logías políticas. No importa quién sea el presidente, ni qué partido político esté al mando de la nación. Son los generales integrados en el "Grupo de los 43" los que toman las determinaciones que afectan a la seguridad del país. Ellos son los de que deciden lo que pasa dentro de la Sedena y con los militares que la integran. Bajo esa directriz, el mando civil sólo se toma en consideración para efectos protocolarios.

Esa cofradía militar, si bien ha estado presente dentro del gobierno federal desde hace décadas, ha cobrado fuerza en las últimas tres administraciones bajo el signo del beneficio económico... Con el presidente Felipe Calderón, el "Grupo de los 43" logró que las Fuerzas Armadas se posicionaran como un aparato de seguridad pública a través de la llamada guerra contra el narco. Con el presidente Enrique Peña Nieto, el Ejército se consolidó como el principal instrumento de seguridad interna mediante la Estrategia de Paz, que no fue otra cosa que la continuación de la guerra contra el narco. En tanto que en el gobierno del presidente Andrés Manuel López Obrador, los militares pudieron hacer que las Fuerzas Armadas transitaran de la rectoría de la seguridad pública del país a mantener presencia en diversos ámbitos de competencia civil.

Siempre bajo la posibilidad del beneficio económico, el "Grupo de los 43" ha buscado expandir su influencia social más allá de los cuarteles. Esa situación ha quedado más que demostrada con el grado de control que sobre el país han alcanzado las Fuerzas Armadas en la administración del presidente Andrés Manuel López Obrador, en la que pasaron de combatir a la delincuencia organizada, en la continuación de la guerra contra el narco, a realizar labores consideradas exclusivas de dependencias civiles, que van desde administrar puertos marítimos hasta construir aeropuertos y remodelar hospitales.

Al cierre de este trabajo las Fuerzas Armadas, producto de la influencia transexenal del "Grupo de los 43", ya no sólo tenían preponderancia en el control de la seguridad pública, sino que también estaban participando en al menos cuatro áreas estratégicas de los programas de gobierno: construían obras públicas, daban capacitación policial, intervenían en los programas de desarrollo social y eran pilar fundamental en la estrategia nacional de vacunación para enfrentar la pandemia por Covid-19.

Producto de la presión que ejercieron los 43 generales de la Sedena frente al presidente López Obrador, a las Fuerzas Armadas se les encomendó la construcción del Aeropuerto Internacional Felipe Ángeles, de 2 mil 700 sucursales del Banco del Bienestar y se les cedió la concesión de construcción de dos tramos de la obra insignia de la Cuarta Transformación: el Tren Maya. Además, las Fuerzas Armadas hasta hoy han sido responsables de la remodelación de 32 hospitales inconclusos heredados de administraciones pasadas, en donde su intervención ha sido una especie de muestra de combate a la corrupción.

Bajo el argumento de una mayor eficiencia operativa, las Fuerzas Armadas también se han encargado, en el gobierno de López Obrador, del programa de combate al robo de combustible (*huachicoleo*) que afecta a Pemex y de custodiar las pipas de esta empresa que lo transportan. Otras tareas que han asumido las Fuerzas Armadas son el plan de seguridad en las fronteras norte y sur del país para frenar el flujo de migrantes indocumentados. Asimismo, a su cargo corrió la construcción de 127 cuarteles para la Guardia Nacional, el apoyo logístico para el programa de siembra de árboles frutales denominado Sembrando Vidas, el diseño y ejecución del programa de becas de trabajo Jóvenes Construyendo el Futuro, el programa de Distribución Gratuita de Fertilizantes y la supervisión de la entrega de recursos económicos para los diversos programas sociales.

Entre los generales visibles que en el interior de la Sedena se mencionan como integrantes del "Grupo de los 43", se encuentran Cresencio Sandoval González, Agustín Radilla Suástegui, Gabriel García Rincón, Carlos Arturo Pancardo Escudero, Ricardo Trevilla Trejo, Eufemio Alberto Ibarra Flores, Foullon Van Lissum y José Gerardo Vega Rivera, todos miembros de la Plana Mayor de la Sedena en la administración del presidente Andrés Manuel López Obrador. Pero también se mencionan como miembros de ese club selecto los generales Gerardo Clemente Ricardo Vega García, Guillermo Galván, Salvador Cienfuegos, Arturo Granados Gallardo, Eduardo Emilio Zárate Landero, Pedro Felipe Gurrola Ramírez, Alejandro Saavedra Hernández y Miguel Enrique Vallín Osuna.

A estos militares, a excepción del indiciado Salvador Cienfuegos Zepeda, se les atribuye haberse apersonado ante el presidente Andrés Manuel López Obrador para que, a través de la vía diplomática, se gestionara la liberación y entrega del general Salvador Cienfuegos por parte del gobierno estadounidense al gobierno mexicano. Una fuente cercana a la Presidencia de la República indica que el presidente López Obrador no tuvo opción. Lo que menos necesitaba la Cuarta Transformación, en la cauda de problemas que ya encaraba, era un rompimiento con los mandos militares.

Por esa razón se instruyó al canciller Marcelo Ebrard para que realizara negociaciones al más alto nivel con el gobierno de Estados Unidos, a fin de que dejara de señalar al general Cienfuegos como un vil narcotraficante y fuera repatriado a México. La negociación entre el canciller Marcelo Ebrard y el embajador de Estados Unidos en México, Christopher Landau, surtió efecto: se acordó que el fiscal Alejandro Gertz Manero y el fiscal general de Estados Unidos, William Barr, entraran en diálogo para concertar la entrega del general.

Gertz el negociador

Las negociaciones entre Gertz Manero y William Barr no fueron ásperas. Se llevaron en los mejores términos. Después de todo, los dos fiscales habían entablado buenas relaciones a partir de dos reuniones previas que habían tenido, una el 19 de diciembre de 2019 y otra el 5 de enero de 2020, en las que habían acordado trabajar conjuntamente para combatir a los cárteles mexicanos de las drogas, con la permanente premisa del respeto a la soberanía nacional de México que antepuso el fiscal Gertz Manero frente a su homólogo estadounidense.

De esa forma fue que, gracias a la negociación de Gertz Manero, el miércoles 18 de noviembre de 2020, la jueza Carol B. Amon, de la Corte del Distrito Este de Nueva York, desestimó los cargos de narcotráfico y lavado de dinero contra el general Salvador Cienfuegos Zepeda, recurriendo para ello a la figura jurídica de "moción de despido",[103] un recoveco legal que permite repatriar a un inculpado de violar las leyes estadounidenses, a cambio de que sea juzgado en su país de origen, siempre y cuando se corrobore que existen elementos y obren las pruebas suficientes para ser juzgado en su país por violación a las leyes locales.

Bajo ese entendido, el gobierno mexicano logró la repatriación del general Salvador Cienfuegos a suelo mexicano. El gobierno de Estados Unidos entregó al acusado a la Fiscalía General de la República y además aportó el contenido del expediente penal en el que estaba demostrada la responsabilidad del general en hechos de protección al cártel de Francisco Patrón Sánchez, el H2, un subalterno de Héctor Beltrán Leyva, miembro del cártel de los Hermanos Beltrán Leyva, que mantenía el control en el trasiego de drogas desde Nayarit hasta Estados Unidos.

El expediente que la DEA logró integrar con el material acusatorio contra el general Cienfuegos fue una incidencia que resultó de la investigación que en Estados Unidos se le seguía desde 2013 tanto a Francisco Patrón Sánchez como a su sobrino y socio Daniel Isaac Silva Garate, conocido como el H9. Según explicó el administrador interino de la DEA, Timothy J. Shea, en la carta que le envió al canci-

---

103. Departamento de Justicia de Estados Unidos, moción de despido núm. 2018R01833, Nueva York, 17 de noviembre de 2020.

ller Marcelo Ebrard, "en esta investigación, la DEA nunca tuvo como objetivo directo a ningún funcionario de México, tampoco estuvo vigilando o investigando las actividades de Cienfuegos Zepeda dentro del territorio nacional mexicano, ni influyó en la decisión de viajar de Cienfuegos Zepeda a los Estados Unidos, siendo esto último lo que condujo a su detención".[104]

Así que la acusación en la que el general Cienfuegos resultó involucrado se originó en 2013, cuando "la DEA empezó una investigación teniendo como objetivo a unos distribuidores minoristas de heroína situados en Las Vegas, Nevada, de quienes se creía eran abastecidos por la organización de tráfico de drogas de Juan Francisco Patrón Sánchez, situada en el estado de Nayarit, México. La investigación se basó en unas interceptaciones [sic] electrónicas, autorizadas previamente por una Corte estadounidense [sic], a unos dispositivos de comunicación utilizados por los distribuidores de Las Vegas", agrega la carta de Timothy J. Shea.

En ese mismo documento se señala, a manera de justificación, que el gobierno estadounidense no esperaba encontrar a un general de tan alto rango involucrado en actividades de narcotráfico: "la investigación siguió su curso y en 2015 la DEA estableció que había algunos vínculos entre Patrón Sánchez y la investigación local que se estaba realizando en Estados Unidos. Posteriormente, la DEA presentó estas pruebas a la Fiscalía del Distrito Este de Nueva York y, a su vez, esta oficina aceptó la investigación con fines de un enjuiciamiento federal. En 2016, la DEA obtuvo el permiso para realizar unas interceptaciones [sic] electrónicas del fuero federal en Estados Unidos, cuyo objetivo principal era Daniel [Isaac] Silva Garate. No hubo interceptaciones [sic] electrónicas hechas en territorio nacional mexicano. Las interceptaciones [sic]

---

104. Departamento de Estado del Gobierno de Estados Unidos, Timothy J. Shea, Carta de Notificación Oficial del Gobierno de Estados Unidos al Gobierno Mexicano sobre el Enjuiciamiento del General Salvador Cienfuegos, Washington, D.C., 29 de octubre de 2020.

fueron hechas a unos dispositivos de comunicaciones y aplicaciones que Silva Garate usaba para comunicarse con Patrón Sánchez sobre una persona, quien fue identificada más adelante como el entonces secretario de la Defensa Nacional, el general Cienfuegos Zepeda".[105]

Entre las pruebas que el gobierno de Estados Unidos aportó a la Fiscalía General de la República para que el general Cienfuegos fuera sometido a investigación en suelo mexicano, bajo las leyes de los mexicanos, se encuentra un legajo de 748 hojas en el cual se citan detalladamente las comunicaciones que sostuvo Daniel Silva Garate, el H9, con el general Cienfuegos y Francisco Patrón Sánchez, el H2, en las que no queda ninguna duda de los nexos de complicidad entre el titular de la Sedena y el cártel de Francisco Patrón para formar una empresa criminal de trasiego de drogas, con la protección del Ejército.

En las comunicaciones interceptadas por el gobierno de Estados Unidos —que se le entregaron al fiscal Alejandro Gertz Manero como pruebas para enjuiciar al ex titular de la Sedena— se establece que el general Salvador Cienfuegos Zepeda era identificado bajo los nombres clave de "El Padrino" y/o "Zepeda", en tanto que Daniel Silva, el H9, utilizaba como nombre clave el de "Samanta" cuando se comunicaba con "El Padrino". A su vez, Francisco Patrón Sánchez, el H2, utilizaba la clave "Spartacus". Así están registrados en todas las comunicaciones que sostuvieron a partir del 9 de diciembre de 2015.

De acuerdo con la investigación del gobierno estadounidense, que Alejandro Gertz Manero desestimó y desechó, fue el general Salvador Cienfuegos quien motivó la asociación criminal entre la Sedena y el cártel de Francisco Patrón Sánchez. En un mensaje de texto —con evidentes errores gramaticales y de sintaxis— enviado por Cienfuegos a Daniel Silva, le advirtió: "hijo en verdad si usted

---

105. Ídem.

no se arrima a GDL [Guadalajara] para que lo traigan a conocerme ya no lo invitare [sic] por que ya son muchos pretextos yo lo seguiré queriendo igual pero si no ay [sic] confianza que quiere que hagamos yo boy [sic] hacer cosas muy grandes si me toca verlos a uno de los 2".[106] A lo que Daniel Silva respondió en ese mismo hilo de la conversación: "no como [sic] cree ya saldrá mi camión no le fallaré mi tío ya me mandó para con usted".[107]

En la misma conversación, el general Salvador Cienfuegos le respondió a su contacto Daniel Silva dando algunas instrucciones: "Ok me avisa cuando llegue no se asuste yo mandare [sic] 5 camionetas o 3 para quedarme con 2 donde lo boy [sic] a esperar las camionetas seran [sic] negras con vidrios oscuros y con los códigos [sic] prendidos...".[108]

Después de esa conversación, se presume que quedaron establecidos los nexos de complicidad entre la Sedena de Cienfuegos y el cártel de Francisco Patrón Sánchez. Eso se desprende del mensaje que le hizo llegar Daniel Silva a su tío Francisco Patrón, en el que le refiere la aceptación del general Cienfuegos para brindarle protección: "que a usted jamás se lo van a chingar con marinos ni con militares y que a partir de mañana tampoco con PFP [Policía Federal Preventiva]",[109] le escribió.

A lo largo del expediente criminal que la DEA entregó al fiscal Alejandro Gertz Manero existen decenas de referencias, en las comunicaciones interceptadas, que hablan de las buenas relaciones entre el cártel de Francisco Patrón Sánchez y el general Salvador Cienfuegos, quien en múltiples ocasiones resalta que dicha organización criminal habría de contar siempre con la ayuda de la Sedena a su cargo, y hasta le expresa que se puede dar cuenta de que, desde que comenzaron las comunicaciones entre ellos, ya no se presen-

---

106. DEA, Expediente Criminal Salvador Cienfuegos Zepeda, foja núm. 7.
107. Ibídem, foja núm. 8.
108. Ibídem, foja núm. 9.
109. Ibídem, foja anexa.

taron operativos militares en la zona de Nayarit, que era la base de operaciones de ese grupo delictivo.

A pesar de toda esa evidencia, a la que se agregaron fotografías de vehículos, personas e inmuebles vinculados con la actividad del Cártel H2, que actuó en colusión con el general Cienfuegos para el trasiego de drogas hacia Estados Unidos, el fiscal Alejandro Gertz Manero fue omiso. En escasos dos meses, desde el 18 de noviembre de 2020 hasta el 13 de enero de 2021, la FGR tiró la investigación que, sin escatimar recursos, le llevó años a la DEA realizar. El 13 de enero de 2021, a través del comunicado de prensa número FGR013/21, la dependencia bajo el mando de Gertz anunció la decisión del no ejercicio penal en contra del general Salvador Cienfuegos.

La razón de tal decisión, según la versión pública emitida por la FGR, fue que, "del análisis correspondiente, se llegó a la conclusión de que el general Salvador Cienfuegos Zepeda nunca tuvo encuentro alguno con los integrantes de la organización delictiva investigada por las autoridades estadounidenses; y tampoco sostuvo comunicación alguna con ellos, ni realizó actos tendientes a proteger o ayudar a dichos individuos. Tampoco se encontró prueba alguna de que hubiera utilizado ningún equipo o medio electrónico, ni que hubiera emitido orden alguna para favorecer al grupo delictivo señalado en este caso".[110]

En ese mismo comunicado, el fiscal Gertz Manero añadió que, "del análisis de su situación patrimonial [del general Salvador Cienfuegos] y el cumplimiento de sus obligaciones fiscales, no apareció dato alguno o síntoma de obtención de ingresos ilegales o acrecentamiento de su patrimonio fuera de lo normal, de acuerdo con sus percepciones en el servicio público",[111] y concluyó que "por los motivos anteriores, y con base en los razonamientos y pruebas

---

110. FGR, comunicado de prensa FGR013/21, Ciudad de México, 14 de enero de 2021. Disponible en: https://www.gob.mx/fgr/prensa/comunicado-fgr-013-21-fgr-informa
111. Ídem.

en la carpeta correspondiente, la Fiscalía General de la República, a través de la Subprocuraduría Especializada en Investigación de Delincuencia Organizada (SEIDO), ha determinado el no ejercicio de la acción penal, en favor del general Salvador Cienfuegos Zepeda".[112]

Otra vez, el no ejercicio

El no ejercicio de la acción penal, del cual se valió el fiscal Gertz para exonerar a su amigo Salvador Cienfuegos, está contemplado en el artículo 255 del Código Nacional de Procedimientos Penales (CNPP), en donde se faculta al agente del Ministerio Público, previa autorización del procurador, en este caso del fiscal, para decretar el sobreseimiento de cualquier investigación penal, siempre y cuando hubiere una o varias de las siguientes causales: que el hecho imputado no se cometió, que el hecho cometido no constituya un delito, que se aprecie claramente la inocencia del imputado, que el imputado esté exento de responsabilidad penal, que no se cuenten con los elementos suficientes para fundar la acusación y/o que se haya extinguido la acción penal por cualquiera de las siguientes razones: que se haya derogado el delito, que el delito del que se trate haya sido materia de un proceso penal en el que hubiera sentencia firme respecto del imputado y/o que el imputado haya muerto.

Por supuesto que *cualquiera con dos dedos de frente,* y tomando en cuenta lo que se refiere en el expediente criminal de Salvador Cienfuegos que integró la DEA, se puede dar cuenta de que ninguna de esas causales de sobreseimiento caben en el caso en cuestión. Sin embargo, por decisión de Alejandro Gertz Manero, y sin rendirle cuentas a nadie, la exoneración se hizo por la vía rápida. No sólo

---

112. Ídem.

eso. También con base en lo establecido en el citado artículo 255 del CNPP, se cerró cualquier posibilidad de que en el futuro sea reabierto el mismo caso de Cienfuegos en territorio nacional por cualquier instancia judicial.

La discrecionalidad con que actuó la Fiscalía General de la República de Gertz Manero, en el caso de la investigación contra el general Cienfuegos, es más que evidente. Resalta el hecho de que, de todas las diligencias ministeriales que se realizaron, que suman por lo menos 68 acciones de agentes del Ministerio Público y peritos criminalistas, en ninguna de ellas se consideraron, al menos ni para desestimar, las declaraciones de otros miembros de la red criminal del cártel de Francisco Patrón Sánchez, que se encuentran presos en cárceles de Estados Unidos, tales como Édgar Veytia, el ex fiscal de Nayarit, o los líderes del Cártel de los Dámaso: Dámaso López Núñez y Dámaso López Serrano, que contribuyeron con declaraciones y aportación de datos a la investigación inicial que la DEA llevó a cabo contra Cienfuegos.

La investigación que el fiscal Alejandro Gertz Manero ordenó que se hiciera sobre el general Salvador Cienfuegos, a fin de cumplir el acuerdo establecido con el gobierno de Estados Unidos, estuvo viciada desde el principio: la investigación comenzó en México el día 3 de noviembre de 2020, cuando aún ni siquiera se resolvía si el gobierno de Estados Unidos entregaría al general Cienfuegos al gobierno mexicano, lo cual sucedió hasta el 18 de noviembre de ese mismo año. Es decir, desde 15 días antes de que la jueza Carol B. Amon diera a conocer su decisión de repatriar al general Cienfuegos, en la FGR ya se sabía que eso ocurriría y se comenzó a trabajar para lograr a toda costa su exoneración.

Llama la atención, dentro de la averiguación que efectuó la FGR, que aun cuando el gobierno de Estados Unidos entregó pruebas suficientes para demostrar que las comunicaciones entre el general Cienfuegos y el narcotraficante Daniel Silva se iniciaron el 9 de diciembre de 2015 y se mantuvieron constantes —en relación con el

arreglo de protección— hasta el 11 de enero de 2017, la FGR únicamente centró sus trabajos de investigación en los hechos ocurridos
el día 1 de enero de 2016, cuando supuestamente se entrevistaron el
general Cienfuegos y Daniel Silva para la entrega de uno de los muchos sobornos que se le pagaron al titular de la Sedena por parte del
cártel de Francisco Patrón Sánchez, el H2.

A lo largo de un año con un mes y dos días, el general Cienfuegos y Daniel Silva intercambiaron 743 mensajes de texto a través
de sus teléfonos celulares. En ellos hablaron de dinero, reuniones,
pagos, protección y alertas para el Cártel H2. Sin embargo, como ya
se mencionó, la FGR, bajo la instrucción de Alejandro Gertz Manero, decidió sólo investigar el supuesto encuentro del día 1 de enero
de 2016, fecha en la que no está registrado ningún mensaje de texto,
luego de que ambas partes decidieron guardar silencio en sus tele-
comunicaciones desde el 10 de diciembre de 2015 y no las reanu-
daron sino hasta el 8 de enero de 2016, según obra en el expediente
penal que integró la DEA.

Con base en la carpeta de investigación que integró la FGR
—todavía autorreconocida como Procuraduría General de la República (PGR)—, marcada con el número FED/SEIDO/UEITA-NAY/
0000821-2020 e iniciada el 3 de noviembre de 2020, de la que se dio
a conocer una versión pública testada en el 98 por ciento de sus
partes, se establece que los delitos objeto de la investigación, atribuidos inicialmente en Estados Unidos al general Salvador Cienfuegos Zepeda, son: contra la salud (narcotráfico) y operaciones
con recursos de procedencia ilícita.[113] Pero, en México, la FGR le
agregó al general otro delito por investigar: el de acopio y tráfico de
armas, que el gobierno estadounidense nunca le imputó al general
Cienfuegos.

---

113. Procuraduría General de la República, Agencia Sexta Investigadora UIE-
TATA, versión pública de la carpeta de investigación FED/SEIDO/UEITA-
NAY/0000821-2020, Ciudad de México, 3 de noviembre de 2020.

Las cosas a modo

¿Por qué la FGR agregó el delito de acopio y tráfico de armas al general Cienfuegos, cuando inicialmente el gobierno de Estados Unidos jamás lo culpó de este ilícito? Por una razón simple: para poder dar parte de la investigación a la Unidad Especializada en Investigación de Terrorismo, Acopio y Tráfico de Armas (UEITATA), cuyos mandos están integrados en su mayoría por personal militar de la Sedena adscrito a la FGR, muchos de los cuales fueron colocados en la entonces PGR por recomendación del general Salvador Cienfuegos cuando fue titular de dicha secretaría.

De esa forma fue más fácil que, por lealtad al general Cienfuegos, los agentes de la UEITATA encomendados a la investigación pudieran tergiversar las pesquisas a fin de conseguir sin mayor problema la exoneración del inculpado, como sucedió al término de los trabajos de la investigación relámpago, la cual llegó a la conclusión de que en ese sentido —del acopio y tráfico de armas— no había delito que perseguir, lo que consecuentemente derrumbó toda la hipótesis planteada por el gobierno de Estados Unidos, de colusión del titular de la Sedena con el Cártel H2.

Con tal antecedente, en el inicio de la citada carpeta de investigación FED/SEIDO/UEITA-NAY/0000821-2020 la FGR refirió como origen del caso que "(testado [Salvador Cienfuegos Zepeda]) ha sido acusado (testado [en Estados Unidos]) por delitos relacionados con narcotráfico y según lo comunicado (testado [por Timothy J. Shea]), en oficio remitido, esta descubrió durante el curso de unas investigaciones independientes de gran relevancia, información que reflejaba su actividad delictiva, y de acuerdo con esa versión, al final se obtuvieron las pruebas que condujeran a la acusación que se ha presentado en su contra en aquel país",[114] por lo que el fiscal Alejandro

114. Ídem.

Gertz Manero instruyó al titular de la Subprocuraduría Especializada en Investigación de Delincuencia Organizada (SEIDO), Alfredo Higuera Bernal, llevar a cabo las investigaciones del caso.

Desde el momento en que el fiscal Gertz Manero ordenó que la investigación del general Cienfuegos fuera turnada a la SEIDO se nota también la intención de una rápida exoneración, pasando por encima del marco jurídico, pues no hay que olvidar que Alfredo Higuera Bernal es un hombre del sistema, muy cercano al general Salvador Cienfuegos. El subprocurador Higuera Bernal trabajó muy de cerca con él entre 2012 y 2014, cuando fue coordinador de Asesores del procurador Jesús Murillo Karam, en la administración de Enrique Peña Nieto, mientras Salvador Cienfuegos era titular de la Sedena. Su relación se centró en la coordinación de acciones entre la PGR y la Sedena para la organización, entre ambas dependencias federales, de operativos contra la delincuencia.

Tampoco hay que perder de vista que Alfredo Higuera Bernal es hermano de Gilberto Higuera Bernal, el actual fiscal del estado de Puebla, quien sigue teniendo una gran influencia dentro de la FGR, ya que fue subprocurador general de la PGR entre 2000 y 2006, cuando Alejandro Gertz Manero era secretario de Seguridad Pública en la administración del presidente Vicente Fox, el mismo periodo en que Genaro García Luna se desempeñó como titular de la Agencia Federal de Investigación (AFI) de la PGR y el general Salvador Cienfuegos Zepeda fue comandante de las Regiones Militares V y IX, así como jefe de la 15/a. Zona Militar, en donde tuvo a su mando, entre otras cosas, el combate al tráfico de drogas en los estados de Jalisco, Colima, Nayarit, Aguascalientes, Zacatecas y Guerrero.

Entre 2005 y 2007 Alfredo Higuera Bernal fue subprocurador de Justicia del Estado de Sinaloa, pasando después, entre 2007 y 2008, a ser secretario ejecutivo de la Secretaría de Gobierno de la misma entidad. Entre 2008 y 2010, con el aval de Genaro García Luna, ya para entonces poderoso secretario de Seguridad Pública de la administración de Felipe Calderón, Alfredo Higuera Bernal se convirtió en procurador de Justicia del Estado de Sinaloa, y fue por ese tiempo cuando se relacionó con el general Salvador Cienfuegos Zepeda, quien en ese momento ya era comandante de las Regiones Militares I y VII, con influencia total en los estados de México, Michoacán, Guanajuato y Querétaro, cuyos activos militares también participaron en operaciones contra el narco en Sinaloa.

Como se relató antes, la relación entre Alfredo Higuera Bernal y el general Cienfuegos se estrechó entre 2012 y 2014, mientras Alfredo Higuera era coordinador de Asesores del procurador Jesús Murillo Karam y el general Salvador Cienfuegos Zepeda era el secretario de la Defensa Nacional. Este último, entre 2015 y 2018, tuvo también una estrecha relación de colaboración con Gilberto Higuera Bernal, el hermano de Alfredo, quien en la última parte del gobierno de Peña Nieto fue titular de la Subprocuraduría de Control Regional de Procedimientos Penales y Amparo (SCRPPA) de la PGR, un área vital para el combate o protección de los grupos delictivos.

En 2015, mientras Gilberto Higuera Bernal ocupaba dicho cargo y apoyaba al general Cienfuegos para enfrentar o auxiliar a los cárteles de las drogas, su hermano Alfredo Higuera Bernal fue encumbrado como director de Averiguaciones Previas de la PGR, siendo la procuradora Arely Gómez González, desde donde también se respaldaron las decisiones oficiales del secretario de la Defensa Nacional en relación con sus intereses personales en la supuesta lucha contra el narco.

Tan turbio fue el desempeño de Gilberto Higuera Bernal en su paso por la PGR, que en enero de 2020 el presidente Andrés Manuel López Obrador solicitó al fiscal Alejandro Gertz Manero realizar una investigación sobre los nexos que este funcionario tuvo en su momento con el secretario Genaro García. El fiscal acató la orden e inocente o alevosamente encargó los trabajos de dicha investigación al hermano del investigado, Alfredo Higuera Bernal, quien —obviamente—, tras cuatro meses de investigaciones, concluyó que su hermano Gilberto no tenía nexos incriminatorios con Genaro García Luna.

Tan limpio salió Gilberto Higuera Bernal de la investigación que sobre él hizo la FGR de Gertz Manero, a través del titular de la SEIDO, Alfredo Higuera Bernal, que luego de que se dio por concluida el gobernador de Puebla, Miguel Barbosa Huerta, invitó a Gilberto Higuera a encargarse del despacho de la fiscalía de ese estado, y el 26 de febrero de 2020 el pleno del Congreso de Puebla decidió mayoritariamente, con 38 votos a favor y uno en contra, que Gilberto Higuera Bernal fuera nombrado fiscal general de la entidad, cargo que desempeñará hasta 2027.

A pesar de los antecedentes —o precisamente porque existían tal vez—, el fiscal Alejandro Gertz Manero no tuvo ningún empacho en encomendarle a su titular de la SEIDO, Alfredo Higuera Bernal, llevar a cabo la investigación contra su amigo el general Salvador Cienfuegos, centrando toda la exploración judicial en dos tópicos: los posibles hechos constitutivos de delitos que, según la DEA, se suscitaron en la delegación Cuauhtémoc de la Ciudad de México, en donde se habrían reunido, el 1 de enero de 2016, el general Cienfuegos y el brazo operador del Cártel H2, David Silva Garate. Y el asesinato de Francisco Patrón Sánchez, el H2, ocurrido en Tepic, Nayarit, el 10 de febrero de 2017, atribuido por la DEA a una especie de "operación limpieza" que efectuó el secretario de la Defensa Nacional para no dejar rastros vivientes de su relación con el Cártel H2.

De acuerdo con la versión pública de la carpeta de investigación que inició la Fiscalía General de la República el 3 de noviembre de 2020 y que concluyó el 14 de enero de 2021, contenida en 4 mil 765 fojas, que integran dos tomos y 11 anexos divididos en 114 partes, en donde se establece que no hubo ningún aporte testimonial,[115] los agentes del Ministerio Público, en casi la mitad de todas las fojas, se

---

115. Fiscalía General de la República, respuesta a la Solicitud de Información núm. 0001700016721, Ciudad de México, 10 de febrero de 2021.

dedican a realizar una férrea defensa de la honorabilidad del general Cienfuegos, aportando como pruebas su intachable expediente militar, en el cual resaltan sus condecoraciones y los ascensos en su carrera, siempre de vocación al servicio de la Patria, dentro del Ejército mexicano. En ninguna de las fojas contenidas en la carpeta de investigación se da crédito a lo señalado por los agentes de investigación del gobierno de Estados Unidos.

En un total de mil 700 fojas de los hallazgos que lograron los agentes adscritos a la investigación del general Cienfuegos, sólo aparecen loas al indiciado, haciendo siempre referencia a su expediente de servicio militar, que se integró en la Dirección General de Archivo e Historia de la Secretaría de la Defensa Nacional, desde el 23 de enero de 1964 hasta la culminación de su gestión como titular de la Sedena, el 30 de noviembre de 2018. Por ello, la FGR, al término de esa investigación, concluyó que no había elementos para fincar responsabilidad al general Cienfuegos sobre los delitos atribuidos tanto en la instancia judicial de Estados Unidos como en la correspondiente del gobierno mexicano, decretándose el no ejercicio de la acción penal.

Sin embargo, sobrevive el hecho de que no se agotaron todas las líneas de investigación que aportó el fiscal estadounidense Seth D. DuCharme, quien se resignó a la entrega del general Cienfuegos a la fiscalía mexicana, tras considerar que "para el gobierno de los Estados Unidos es más delicado y superior el interés de llevar una buena política exterior [en este caso con México] que seguir adelante con la acusación del imputado". La omisión de diversas líneas de investigación en el caso de Cienfuegos fue una decisión que sólo recayó en el ámbito de responsabilidades del fiscal Alejandro Gertz Manero, que se aceptó —como dijo el fiscal Seth D. DuCharme— por "reconocimiento a la estrecha cooperación entre Estados Unidos y México en investigaciones bilaterales de aplicación de la ley [...], las que son tendientes a aumentar la seguridad de los ciudadanos de ambos países".

El que para México, con la omisa investigación ordenada así por Alejandro Gertz Manero, haya quedado cerrado el capítulo de la presunta corrupción del general Salvador Cienfuegos no significa que para el gobierno estadounidense también. En Estados Unidos, donde la acción ominosa de la FGR significó una traición a la confianza de las relaciones bilaterales en materia de combate al narcotráfico, hasta el cierre de este trabajo *no se quitaba el dedo del renglón:* la DEA continuaba haciendo trabajos de investigación sobre la relación de Cienfuegos con el Cártel H2, con la posibilidad de reabrir el caso en suelo estadounidense.

Una fuente de la DEA confirmó, para este trabajo, que en esa agencia "sigue viva la sospecha" de que el general Salvador Cienfuegos fue cómplice del narcotraficante Francisco Patrón Sánchez en la expansión del cártel que en su momento fue un brazo de los cárteles de Sinaloa, de los Beltrán Leyva y de los Dámaso. "En la DEA se tiene sospecha razonable de que Cienfuegos ayudó a que el Cártel H2 se posicionara en los estados de Jalisco, Colima, Nayarit, Zacatecas, Aguascalientes, Guerrero, Estado de México, Hidalgo y Morelos".

Dicha sospecha, que en la DEA se sigue trabajando para convertirla en hipótesis criminal, se finca en los cuantiosos sobornos que el general Salvador Cienfuegos recibió del H2 —según la fuente— a cambio de llevar a cabo operaciones militares contra las organizaciones rivales de ese grupo del narcotráfico, y además ayudar a los miembros de la organización de Francisco Patrón Sánchez a conseguir transporte marítimo para cargamentos de drogas desde las costas de Nayarit hacia Estados Unidos.

De la misma forma, en la DEA se da como un hecho que el general Cienfuegos presentó a los principales líderes del Cártel H2 a otros funcionarios corruptos del gobierno mexicano, los que también estuvieron dispuestos a ayudar al trasiego de drogas a cambio de sobornos. Con esos pagos, Cienfuegos fue un informante certero del Cártel H2; "siempre mantuvo informado a Francisco Patrón Sánchez sobre las investigaciones en curso que realizaban las fuerzas del orden público de Estados Unidos sobre esa organización criminal", refiere la fuente.

Entre las razones por las que en Estados Unidos no se puede zanjar el asunto de la exoneración de Cienfuegos por parte del fiscal Gertz Manero, destaca la que refiere que, al informar el secretario de la Sedena sobre los operativos de inteligencia que realizaba el gobierno estadounidense contra el cártel de Francisco Patrón Sánchez, se contribuyó al asesinato de algunos miembros del propio cártel que colaboraban con la DEA en calidad de informantes, cosa que no quiso conocer el fiscal mexicano.

De la misma forma, en la investigación a modo que se le hizo al general Cienfuegos, el fiscal Alejandro Gertz tampoco quiso ahondar en las versiones del narcotraficante colombiano Alex Cifuentes Villa, quien fue colaborador cercano de Joaquín Guzmán Loera y que dijo a la DEA que "un general de la nación" daba protección a la fracción del Cártel de Sinaloa y de los Hermanos Beltrán Leyva que estaba encabezada por el H2. Por instrucciones de la fiscalía de Estados Unidos y de la DEA, Alex Cifuentes nunca mencionó al general Cienfuegos por su nombre, a fin de no entorpecer el inicio de la investigación. Por eso siempre se refirió a él como "un general de la nación", del que se aseguró que se negó a recibir un soborno de 10 millones de dólares, pero sí aceptó incontables fiestas pagadas por el Cártel de Sinaloa. Esta versión ni siquiera fue tocada a lo largo de la investigación oficial de la FGR.

Otro punto que desestimó el fiscal Gertz dentro de la investigación es el que refiere que la alianza entre el general Salvador Cienfuegos y Francisco Patrón Sánchez está ligada a Édgar Veytia, ex fiscal de Nayarit, y Dámaso López Núñez, jefe del Cártel de los Dámaso, quienes se asociaron con el H2 en 2004, en el gobierno de Vicente Fox, cuando Salvador Cienfuegos era el jefe de la 15/a. Zona Militar, con sede en Zapopan, Jalisco, y Alejandro Gertz Manero todavía era secretario de Seguridad Pública del gobierno federal.

La hipótesis de la DEA plantea que, desde los primeros meses de 2004, Salvador Cienfuegos permitió que el Cártel H2 se extendiera desde Nayarit hacia la zona central del estado de Jalisco. En 2005, cuando el entonces secretario de la Defensa Nacional, el general Clemente Ricardo Vega García, ascendió al general Cienfuegos a jefe de la Quinta Región Militar, el Cártel H2 expandió sus operaciones delictivas en los estados de Jalisco, Colima, Nayarit, Zacatecas y Aguascalientes. Después, como jefe de la Novena Región Militar, a donde el general Cienfuegos fue trasladado por orden del presidente Vicente Fox, entre junio de 2005 y enero de 2007 —ya en el gobierno de Felipe Calderón— se permitió que el Cártel H2 afianzara su presencia en el estado de Guerrero, posibilitando el control del trasiego de heroína desde la Montaña de Guerrero con destino a las ciudades de Los Ángeles y Las Vegas, así como a diversos puntos de los estados de Ohio, Minnesota, Carolina del Norte y Nueva York, en el vecino país del norte.

En versión de un miembro activo del cártel de los Hermanos Beltrán Leyva que habló para este trabajo, se sabe que, "a cambio de millonarios pagos por parte de Francisco Patrón Sánchez, el general Cienfuegos también abrió el territorio [sic] del Distrito Federal y de los estados de México, Hidalgo y Morelos a las acciones del narcotráfico". En dichos estados Salvador Cienfuegos tuvo amplia influencia al ser comandante de la Primera Región Militar, entre enero de 2007 y diciembre de 2009, donde coordinó, al lado de Genaro García Luna, titular de la entonces Secretaría de Seguridad Pública (SSP), la supuesta lucha contra el narcotráfico, la cual hoy se sabe que fue solamente una simulación.

Además, de enero de 2010 a mayo de 2011, al general Cienfuegos, por instrucción del presidente Felipe Calderón, se le trasladó a la comandancia de la Séptima Región Militar, lo que permitió al cártel de Francisco Patrón Sánchez extender sus actividades delictivas a los estados de Chiapas y Tabasco, refiere la fuente del Cártel de los Hermanos Beltrán Leyva. La fuente añade que, como oficial mayor de la Sedena, entre enero y noviembre de 2012, el general Cienfuegos no sólo prosiguió con la protección al Cártel H2, sino que asignó a diversos grupos miliares a las labores de apoyo en el trasiego de drogas, que ya realizaba desde diversos puntos del territorio nacional el grupo delictivo de Francisco Patrón Sánchez, a fin de atender el mercado de las drogas de Estados Unidos.

También con base en la fuente de la DEA, puede establecerse que como secretario de la Defensa Nacional, en el gobierno de Enrique Peña Nieto, entre diciembre de 2012 y septiembre de 2016 el general Cienfuegos Zepeda apoyó en labores de esa organización criminal para posibilitar el lavado de dinero, "cuyas sumas podrían ascender a poco más de 200 millones de dólares".

De acuerdo con otra fuente en el interior del narco, dentro del Cártel de Sinaloa, en septiembre de 2016 se rompió la sociedad que mantenían Francisco Patrón Sánchez y el general Cienfuegos. La causa del distanciamiento fue la detención de Clara Elena Laborín Archuleta, esposa de Héctor Beltrán Leyva, alias el H, quien era socia del H2 y estaba al frente del Cártel de los Hermanos Beltrán Leyva, luego de la captura de su esposo, ocurrida en octubre de 2014. Tras el rompimiento del H2 y el general Cienfuegos, la Sedena y la SSP de García Luna lanzaron una cacería contra Francisco Patrón Sánchez y los otros miembros del Cártel H2, entre ellos Édgar Veytia, conocido como el Diablo; Dámaso López Núñez, el Lic, y su hijo Dámaso López Serrano, el Minilic, a fin de disolver cualquier posibilidad de que estos hablaran de la relación que el cártel mantenía con el secretario de la Defensa Nacional.

Francisco Patrón Sánchez fue asesinado en medio de un supuesto operativo de captura que tuvo lugar en Tepic, el 10 de febrero de 2017. Dámaso López Núñez, el Lic, fue capturado en un operativo militar en la Ciudad de México, el 2 de mayo de 2017; el gobierno de Estados Unidos le salvó la vida, ya que lo solicitó en extradición y actualmente se encuentra preso, con sentencia de cadena perpetua. Ante la cacería a muerte que lanzó el entonces titular de la Sedena,

Salvador Cienfuegos, contra la cúpula del Cártel H2, el que fuera fiscal de Nayarit, Édgar Veytia, decidió entregarse al gobierno estadounidense, el 29 de mayo de 2017. A la fecha, Veytia enfrenta una sentencia de 20 años de prisión. También Dámaso López Serrano, el Minilic, se entregó al gobierno de Estados Unidos, el 28 de julio de 2017. Hasta el día de hoy, el Minilic se encuentra a la espera de sentencia.

En todo esto, el fiscal Alejandro Gertz Manero no quiso ahondar. Optó por la comodidad de la omisión.

8

La omisa fiscalía

La omisión del bien no es menos cruel
que hacer el mal.

—PLUTARCO, *filósofo griego*

LA FLEXIBILIDAD que le concede la ley a la Fiscalía
General de la República para que, en aras de una procuración
de justicia sin sesgos, su titular no tenga que rendir cuentas
ante nadie ha sido interpretada por Alejandro Gertz Manero como
el otorgamiento de *un cheque en blanco* para hacer lo que quiera.
Bajo esa premisa y por lo que se ve, desde que asumió el cargo como
fiscal general, Gertz Manero ha actuado con decisión férrea únicamente en aquellos casos que le revisten un interés personal, porque
en otros, donde se trata *a secas* de la procuración de justicia como un
asunto de legalidad, sin intereses de por medio, el fiscal simplemente
se ha mostrado inexistente.

No es un asunto de apreciación. Así lo confirman las propias estadísticas oficiales de la FGR, entregadas de forma pública luego de una solicitud de información que fue respondida el 8 de septiembre de 2021, bajo el folio 0001700234921, en donde se refiere que, desde que Gertz está al frente de la fiscalía, esa dependencia por decisión propia optó por no llevar ante un juez competente por lo menos 117 mil 234 carpetas de investigación, amparándose para ello en lo que establece el Código Nacional de Procedimientos Penales (CNPP), que en sus artículos 253, 254 y 255 faculta a la representación del Ministerio Público para tomar la decisión de concluir de manera anticipada cualquier averiguación penal, con la absolución *de facto* del o los imputados.

De las 117 mil 234 carpetas de investigación que tan sólo de enero de 2018 a julio de 2021 han sido desechadas por decisión del fiscal Gertz Manero, a por lo menos 26 mil 187 no se les dio seguimiento porque el agente del Ministerio Público investigador se abstuvo voluntariamente de continuar con las pesquisas; en otras 21 mil 553 carpetas se consideró factible enviarlas al archivo para continuarlas en posterior ocasión; sobre otras 65 mil 947 carpetas simplemente se tomó la decisión de no judicializar los casos, al considerar procedente la figura de "no ejercicio de la acción penal"; en tanto que en 3 mil 547 carpetas de investigación, por razones no especificadas, se decidió no llevar los casos ante un juez competente.

Para entender la ineficiencia con la que está actuando la Fiscalía General de la República, con Gertz Manero a la cabeza, es necesario apuntar que en ese mismo periodo, en el que se tomó la decisión de sobreseer las investigaciones contenidas en 117 mil 234 carpetas de presuntos delitos del fuero federal, se abrieron en total 222 mil 782 carpetas de investigación.[116] Es decir, que de todas las averiguaciones que inició la FGR por diversos delitos en los

---

116. Fiscalía General de la República, respuesta a la Solicitud de Información Pública núm. 0001700234621, Ciudad de México, 30 de agosto de 2021.

primeros 30 meses de los 108 en que Gertz habrá de desempeñar el cargo de procurador de justicia, nada más el 47.4 por ciento terminaron en acusaciones formales ante un juez. El resto de las carpetas de investigación, un 56.2 por ciento de todas las integradas, por razones que sólo compete explicar al fiscal Gertz Manero, se dejaron sin conclusión.

Pero si es cuestionable la eficiencia de la FGR en la persecución de los delitos, por lo menos en la investigación de estos, resulta todavía más dudoso el desempeño institucional de la fiscalía en cuanto a la obtención de sentencias: de todas las carpetas de investigación que se han logrado integrar —solamente de enero de 2019 a julio de 2021—, menos de 10 por ciento terminaron con una sentencia condenatoria firme, con el o los acusados en prisión. En 2019 se integraron 98 mil 285 carpetas de investigación, pero apenas 11 mil 897 (12.1 por ciento) fueron vinculadas a proceso, y de estas, nada más 6 mil 561 (6.6 por ciento) terminaron en sentencia condenatoria. En 2020, se integraron 78 mil 465 carpetas de investigación, de las que 9 mil 173 (11.6 por ciento) fueron turnadas ante un juez, y de estas únicamente 4 mil 718 (6 por ciento) fueron sancionadas con una sentencia condenatoria. Con índices similares cerró el primer semestre de 2021, cuando fueron integradas 46 mil 34 carpetas de investigación, de las que 6 mil 819 (14.8 por ciento) fueron vinculadas a proceso y apenas 3 mil 902 (8.4 por ciento) de esos casos judicializados terminaron con una sentencia condenatoria.

Los pobres resultados de la FGR pueden atribuirse sólo a la decisión unilateral de Alejandro Gertz Manero de aplicar selectivamente la procuración de la justicia. No hay otra forma de entenderlos. Por dinero no ha quedado. De acuerdo con el récord histórico del Presupuesto de Egresos de la Federación (PEF), publicado en el *Diario Oficial de la Federación* (DOF), el presupuesto oficial ejercido por la FGR ha venido en aumento desde que esa institución se refundó en 2019. En ese año, el primero en que Gertz estuvo al frente de la fiscalía, se destinaron 15 mil 328 millones 222 mil 730 pesos[117] para la procuración de justicia; en 2020, el presupuesto de la FGR aumentó a 16 mil 702 millones 187 mil 474 pesos;[118] para 2021 ascendió a 17 mil 275 millones 99 mil 616 pesos,[119] y para 2022 el monto a invertir para contar con una fiscalía eficiente se ubicó en 17 mil 966 millones 54 mil 777 pesos.[120]

Queda claro que el presupuesto asignado a la FGR es para hacer funcionales todas sus áreas, desde las administrativas y técnicas hasta las que tienen que ver con la operatividad para la persecución de los delitos. Pero también queda claro que la finalidad de toda la estructura de la FGR es una sola: la procuración de justicia. Por ello, no es atentatorio a la lógica establecer que todo el presupuesto asignado a la FGR es el costo final que el gobierno mexicano paga para que se persigan sin pretexto aquellos actos que transgreden el marco jurídico establecido.

Bajo ese principio puede establecerse que el presupuesto asignado a la FGR, dividido entre las carpetas de investigación eficazmente llevadas ante un juez competente (judicializadas), es el grado de eficiencia de esa dependencia, en donde, a menor costo por carpeta de investigación, mayor será el grado de eficiencia de la procuración de justicia. Así, en 2019 por cada carpeta de investigación que la FGR concluyó y presentó ante el Poder Judicial, más allá del tipo de sentencia dictada por el juez de cada una de esas causas penales, se estima un costo promedio de 155 mil 956 pesos. Pero considerando sólo las carpetas de investigación que recibieron una sentencia condenatoria, el costo se eleva a un millón 288 mil 627 pesos por cada averiguación.

117. *Diario Oficial de la Federación,* Presupuesto de Egresos de la Federación 2019, Ciudad de México, 28 de diciembre de 2018, pág. 56.
118. *Diario Oficial de la Federación,* Presupuesto de Egresos de la Federación 2020, Ciudad de México, 11 de diciembre de 2019, pág. 34.
119. *Diario Oficial de la Federación,* Presupuesto de Egresos de la Federación 2021, Ciudad de México, 30 de noviembre de 2020, pág. 33.
120. *Diario Oficial de la Federación,* Presupuesto de Egresos de la Federación 2022, Ciudad de México, 29 de noviembre de 2021, pág. 39.

En 2020, se estima que cada carpeta de investigación que logró judicializar la FGR tuvo un costo promedio de 212 mil 867 pesos, pero si se toman en cuenta sólo aquellas que obtuvieron un sentencia condenatoria, el costo promedio por cada investigación eficazmente concluida fue de un millón 820 mil 798 pesos. Se observó la misma tendencia en el primer semestre de 2021, cuando el costo promedio de cada carpeta de investigación judicializada se estima en 187 mil 639 pesos, mientras que si sólo se toman en cuenta las que concluyeron con una sentencia condenatoria, el costo promedio de cada una se ubica en los 2 millones 213 mil 621 pesos.

Sólo para redondear la idea, baste señalar que durante la administración del presidente Enrique Peña Nieto, aun cuando la fiscalía —entonces Procuraduría General de la República— tampoco se distinguió por su eficiencia, el costo promedio de cada averiguación previa que terminó con una sentencia condenatoria fue de 780 mil pesos; en cuanto a las averiguaciones previas que fueron judicializadas, cada una tuvo un cargo promedio al erario de 110 mil pesos. Y durante la administración del presidente Felipe Calderón, cada averiguación previa con sentencia condenatoria tuvo un costo estimado de 690 mil pesos, mientras que el costo promedio de cada averiguación previa que sólo quedó en la judicialización fue de 153 mil pesos.

Los altos costos que para el erario público representa cada una de las carpetas de investigación que la FGR ha logrado concluir con éxito pueden atribuirse a dos factores: al presupuesto cada vez más elevado que recibe en forma anual esa dependencia y a la disminución —casi por oficio— que se registra en las investigaciones para la persecución de delitos federales. Delitos que, a decir de las estadísticas del Secretariado Ejecutivo del Sistema Nacional de Seguridad Pública (SESNSP), continúan al alza.

El abogado penalista Zwinglio Miguel Morice Camacho explica que el problema de la fiscalía para atender eficientemente los reclamos de justicia de los mexicanos no radica en la falta de recursos ni de personal. "Es más bien un asunto de intereses del propio fiscal general, el que ahora parece que se ha convertido en el cobrador de deudas de los potentados económicos de México". Esta explicación tiene mucho sentido si se toma en cuenta la actuación de la fiscalía en relación con una gran cantidad de carpetas de investigación, pero particularmente en dos asuntos que causaron revuelo en el ámbito nacional, apenas en el arranque de funciones de Alejandro Gertz Manero como titular de esa dependencia...

La FGR y el futbol mexicano

Hablamos de los casos relacionados con supuestos desfalcos económicos dentro de la Federación Mexicana de Futbol (Femexfut), los cuales no revisten mayor interés para el grueso de la población, ni para el prestigio de la FGR —como órgano rector de la procuración de justicia que debería ser—, pero que sí afectaron económicamente los intereses de grandes potentados que controlan dicha federación. Uno tiene que ver con el equipo de futbol Cruz Azul, y el otro, con el equipo de Los Tiburones de Veracruz. En ambos casos parecería que la intervención de la FGR se orientó más a cuidar intereses particulares que a exclusivamente procurar justicia.

En México, son un secreto a voces los intereses económicos que reviste la promoción del futbol profesional. Desde su fundación, la Femexfut ha sido controlada por un grupo empresarial ligado también a las dos principales televisoras nacionales, Televisa y TV Azteca. La primera, propiedad de la familia Azcárraga, dirigida por Emilio Azcárraga Jean, y la otra, parte del imperio económico del empresario Ricardo Salinas Pliego. Tanto Azcárraga Jean como Salinas Pliego han mantenido presencia e intereses dentro de la Femexfut, por lo que no resulta casual la diligente intervención de la FGR en la persecución de algunos delitos relacionados con la lesión de la economía de la federación de futbol.

Como antecedente, hay que anotar que el Grupo Televisa obtiene beneficios económicos por más de 65 millones de dólares al año, sólo por derechos de transmisión televisiva de los encuentros de sus equipos afiliados: América, Atlas, Cruz Azul, Chivas de Guadalajara, F.C. Juárez, Necaxa, Santos Laguna, Tigres de la UANL, Toluca y Pumas de la UNAM. Por su parte, TV Azteca se beneficia anualmente con más de 37 millones de dólares por los derechos de transmisión de los encuentros de futbol del Atlas, Chivas de Guadalajara, F.C. Juárez, Mazatlán, Necaxa, Puebla y Querétaro. Por eso, cualquier desavenencia económica que se registre en el interior de la Federación Mexicana de Futbol afecta directamente a los intereses de esos dos corporativos de la televisión mexicana.

Aun cuando dentro de la Femexfut han existido denuncias de lavado de dinero, fraudes y desfalcos, la mayoría de esos casos *han pasado de noche* para la FGR por un solo hecho: ningún afectado por los turbios manejos financieros dentro de la Femexfut le interesa a la FGR, como no sean aquellos casos que afectan a Televisa y a TV Azteca. La omisión de la persecución por oficio de los delitos de lavado de dinero dentro de la Femexfut no es nueva; ya se sabía de una serie de irregularidades financieras en su interior hacia 2012, al término de la administración del presidente Felipe Calderón.

En aquellos años surgieron diversos casos que la entonces PGR no atendió puntualmente. En 2004 fue un escándalo mediático nacional que se supiera que José Tirso Hernández Félix, dueño del equipo Freseros de Irapuato, estaba señalado —por el FBI de Estados Unidos— como parte del Cártel de Juárez. También en 2004 salieron a la luz —por parte de la DEA— los nexos del equipo de futbol Gallos Blancos de Querétaro con el narcotraficante colombiano Paul Solórzano. Antes de que la PGR entrara a investigar los casos, la Femexfut adquirió las dos franquicias de esos equipos y terminó por desaparecerlos ese mismo año.

En 2008 se destapó un nuevo escándalo de lavado de dinero dentro de la Femexfut, en el que tampoco intervino la PGR de Felipe

Calderón: se dio a conocer que el equipo Los Mapaches de Nueva Italia (Michoacán) de la Liga de Ascenso estaba asociado con el Cártel de La Familia Michoacana. El dueño de ese equipo era Wenceslao Álvarez y aparecía como uno de los principales operadores financieros de Nazario Moreno González, alias el Chayo, jefe del Cártel de La Familia Michoacana. Esa relación fue confirmada por Fernando Rodríguez Mondragón, hijo del narcotraficante colombiano Gilberto Rodríguez Orejuela y sobrino del también narcotraficante Miguel Rodríguez Orejuela, ambos líderes del Cártel de Cali.

De acuerdo con la versión de Fernando Rodríguez Mondragón, en aquel tiempo, a mitad del sexenio de Felipe Calderón, ya se hablaba de 33 clubes de futbol, tanto de la Primera División como de la Liga de Ascenso, que lavaban dinero para diversos cárteles mexicanos de las drogas. De esos 33 clubes, por lo menos 18 jugaban en sedes dentro de demarcaciones bajo control de los cárteles: Acapulco, Tijuana, Morelia, La Piedad, Culiacán, Mazatlán, Tepic, Durango, Veracruz, Zacatepec, Guadalajara, Puerto Vallarta, Manzanillo, Hermosillo, Puebla, Toluca, Querétaro e Irapuato.

Ante una solicitud de información pública sobre estos casos, la PGR respondió que dicha información era clasificada y que no era posible dar a conocer la cantidad de los clubes de futbol que estaban siendo investigados por su posible relación de lavado de dinero con grupos del narcotráfico, porque —dijo— había "impedimento legal para proporcionar datos relativos a las investigaciones previas porque existen características de confidencialidad o no divulgables".[121] Lo cierto es que la PGR de Calderón nunca quiso trastocar la imagen de la Federación Mexicana de Futbol, ni mucho menos los intereses de los grupos económicos que controlan el negocio del futbol en nuestro país.

---

121. Procuraduría General de la República, respuesta a la Solicitud de Información Pública núm. 0001700068212, México, Distrito Federal, 28 de mayo de 2012.

En 2015, la entonces PGR volvió a negar información sobre la existencia de averiguaciones previas en relación con propietarios, socios o empresas vinculadas a equipos de futbol, entre ellos los clubes Monarcas Morelia, Pachuca, Club Deportivo Toluca, Querétaro Futbol Club, Club América, Club Deportivo Guadalajara, Monterrey, Santos Laguna, Club Tijuana Xoloitzcuintles de Caliente, Tiburones Rojos de Veracruz, Club de Futbol Tigres de la UANL, Cruz Azul, Pumas de la UNAM, Chiapas Futbol Club, Club Leones Negros de la UDG, Atlas, Club León F.C. y Puebla, argumentando que, de dar a conocer dicha información, se podía "causar un serio perjuicio a las actividades de verificación del cumplimiento de las leyes, prevención y persecución de los delitos, e impartición de la justicia",[122] por lo que se decidió mantener dicha información bajo la clasificación de reservada y confidencial.

Desde que Alejandro Gertz Manero se hizo cargo de la Fiscalía General de la República, hasta el cierre de este trabajo, esa dependencia no ha dado a conocer ningún tipo de acción, ni ha manifestado postura pública alguna, respecto a la investigación del delito de lavado de dinero dentro de los clubes que integran la Femexfut, ello a pesar de que en medios de comunicación periodistas especializados se han referido a la posibilidad de ese fenómeno antijurídico dentro del futbol mexicano. Uno de esos señalamientos de mayor peso informativo fue el que hizo el periodista Héctor Alonso Morales, quien, citando un estudio del Grupo de Economistas y Asociados, apuntó: "El lavado de dinero es una sombra que acecha al futbol mexicano. Expertos en la prevención de este delito coinciden en que es un 'foco rojo que requiere atención', debido a que es una industria que genera 114 mil millones de pesos anuales". [123]

---

122. Procuraduría General de la República, respuesta a la Solicitud de Información Pública núm. 0001700319614, México, Distrito Federal, 22 de enero de 2015.

123. Héctor Alonso Morales, "Lavado de dinero, la sombra que acecha al futbol mexicano", *Esto*, Ciudad de México, 29 de julio de 2020.

Pero, aun cuando los señalamientos mediáticos fueran poca cosa para motivar la intervención de la FGR en el problema que representa el lavado de dinero dentro de la Federación Mexicana de Futbol, la dependencia a cargo de Alejandro Gertz Manero tampoco se animó a investigar ese asunto pese a que en el Senado de la República, el 11 de febrero de 2020, la senadora Minerva Hernández Ramos, del PAN, propuso una iniciativa de ley para incluir a los clubes de futbol profesional dentro del catálogo de actividades vulnerables de la Ley Federal para la Prevención e Identificación de Operaciones con Recursos de Procedencia Ilícita.

Del mismo modo, a la FGR de Gertz Manero tampoco la movió que el 21 de noviembre de 2019 la Unidad de Inteligencia Financiera (UIF), entonces dirigida por Santiago Nieto Castillo, firmara con las ligas de futbol de Primera División y Ascenso, representadas por Enrique Bonilla Barrutia, un convenio de colaboración para fortalecer y adoptar medidas en materia de prevención y detección de los delitos de operaciones con recursos de procedencia ilícita y financiamiento al terrorismo.

En la iniciativa de ley presentada por la senadora Minerva Hernández Ramos,[124] que fue enviada para su estudio a las comisiones unidas de Hacienda y Crédito Público, y de Estudios Legislativos Primera, se establece la necesidad de revisar la operación financiera de los clubes de futbol, toda vez que —consideró la legisladora— "los delincuentes han encontrado nuevos canales para el lavado de las ganancias obtenidas por medio de actividades ilegales, siendo el deporte uno de los sectores en riesgo de ser afectado". Además —agregó en su propuesta—, el futbol "es usado como un vehículo para la realización de diversos delitos como trata de personas, corrupción, tráfico de estupefacientes, entre otros".

---

124. Minerva Hernández Ramos, "Iniciativa con proyecto de decreto por el que se modifica el artículo 17 de la Ley Federal para la Prevención e Identificación de Operaciones con Recursos de Procedencia Ilícita", *Gaceta del Senado de la República*, LXIV/2SPO-5/103494, Ciudad de México, 11 de febrero de 2020.

Por su parte, en el convenio firmado entre la UIF de Santiago Nieto y las ligas de futbol de Primera División y Ascenso se menciona la necesidad de establecer acciones conjuntas entre las partes para "prevenir la intromisión de la criminalidad financiera en el futbol nacional, y con ello asegurar el sano desarrollo del deporte con más seguidores en el país, dotando de seguridad jurídica a la Liga, los equipos, el cuerpo técnico, las y los jugadores, las y los representantes y sobre todo a la afición".[125] En dicho convenio también se remarca la obligatoriedad de intercambio de información entre las partes para desalentar actos constitutivos de delitos.

Aun con estos antecedentes, la FGR hasta ahora no ha dado muestras de interés para gestionar algún tipo de investigación en relación con posibles actos de lavado de dinero dentro la Federación Mexicana de Futbol. Sin embargo, su participación fue expedita en cuanto así lo solicitó la directiva de Televisa para investigar el caso de desfalco económico registrado dentro del club de futbol Cruz Azul, cuyo presidente, Guillermo Álvarez Cuevas, fue señalado de haber desviado en su provecho más de 2 mil 257 millones de pesos.

En sí, el posible delito de desvío de dinero que se le atribuye a Guillermo Álvarez perjudicaría solamente al club Cruz Azul, un caso que, al igual que otros de equipos de futbol con problemas similares, le podría haber revestido poco interés al fiscal Gertz para que interviniera. No obstante, en el caso Cruz Azul-Guillermo Álvarez hay dos coyunturas que quizá llamaron la atención del fiscal Alejandro Gertz Manero para determinar la rápida acción de la Fiscalía General de la República: por un lado, la afectación económica que le podía causar a TV Azteca y a Televisa, y por el otro, la posibilidad de cobrar una añeja venganza.

---

125. Unidad de Inteligencia Financiera, Secretaría de Hacienda y Crédito Público, Convenio de Colaboración, San Mateo Otzacatipan, Estado de México, 21 de noviembre de 2019.

En la primera coyuntura, el supuesto desvío de dinero atribuido a Guillermo Álvarez y a un grupo de sus colaboradores, que de alguna forma denota la falta de control financiero de la Femexfut, daría pie para que esta fuera sancionada por la Federación Internacional de Futbol Asociación (FIFA), en cuyo caso la consecuencia inmediata sería —y aun puede ser— que este organismo internacional de futbol le retirara a México la nominación de sede compartida con Estados Unidos y Canadá para celebrar la Copa Mundial de Futbol en el año 2026.

De darse la sanción de la FIFA a la Femexfut, a través de la suspensión de México en la organización de la Copa Mundial de Futbol 2026 —por su pasividad en el control financiero de sus clubes afiliados—, los principales perjudicados serían las empresas Televisa y TV Azteca. Las dos televisoras nacionales eventualmente dejarían de ganar millones de dólares por la pérdida de los derechos asegurados para la transmisión de los partidos del Mundial de Futbol 2026, que está contemplado para celebrarse en México en los estadios Azteca, de la Ciudad de México; el Estadio BBVA, de Monterrey, y el Estadio Akron, de Guadalajara, además de otras 45 ciudades sedes de Canadá y Estados Unidos. De ahí el reclamo de Televisa y de TV Azteca, que fue atendido diligentemente por el fiscal Gertz Manero, para perseguir a Guillermo Álvarez Cuevas y a su grupo de colaboradores.

El cobro de una añeja factura

La otra coyuntura que tal vez el fiscal Gertz Manero observó propicia e inmejorable para intervenir en el caso Cruz Azul y perseguir con todo el peso de la ley al directivo de ese club puede atribuirse a una venganza personal, como es manifiesto que acostumbra el procurador mexicano de justicia: en 2006, previo a las elecciones presidenciales, Guillermo Álvarez fue el ideólogo de una campaña promocional a favor del candidato presidencial del PAN, Felipe Calderón. Con dicha campaña mediática, denominada "Por un México ganador", financiada por la Federación Mexicana de Futbol, se buscó cerrarle el paso al candidato Andrés Manuel López Obrador, a quien Alejandro Gertz Manero ya respaldaba económicamente para ayudarlo a llegar a la Presidencia.

A fin de entender la razón, más que el fundamento, de las órdenes de aprehensión giradas a petición de la FGR, el 29 de julio de 2020, en contra de los directivos del Cruz Azul Guillermo Álvarez Cuevas, Víctor Garcés, Miguel Eduardo Borrell, Mario Sánchez Álvarez y Ángel Martín Junquera, es necesario subrayar que ellos fueron financiadores y promotores de la mencionada campaña que lanzó la Femexfut antes de las elecciones de 2006, para la cual se valió de la popularidad de muchos de los jugadores de la selección mexicana con el propósito de llamar a votar por Felipe Calderón y dejar de lado la opción política que ya representaba Andrés Manuel López Obrador.

Que la Femexfut se haya alineado con la derecha, a propuesta de Guillermo Álvarez, para llamar a votar en contra de López Obrador es visto desde la defensa legal de Guillermo Álvarez como la principal razón del proceso penal en el que —hasta el cierre de este trabajo— seguía envuelto el acusado. Y eso tiene mucho sentido, pues dentro de la citada campaña[126] jugadores como Alberto García Aspe, Carlos Hermosillo, Benjamín Galindo y Óscar Pérez, el Conejo, invitaban a la población a votar el 2 de julio de 2006 por Felipe Calderón, bajo la premisa de "Todos queremos un México que gane".

A esa campaña se unieron jugadores de la selección mexicana que participaron en el Mundial de Alemania 2006, entre ellos Francisco Fonseca, Kikín; Claudio Suárez, el Emperador, y Ricar-

---

126. "Por un México ganador", campaña política a favor del PAN, YouTube, mayo de 2016, disponible en: https://www.youtube.com/watch?v=z-EezfUc1ec

do Osorio. Todos llamaron al electorado a sumarse "Juntos por un México nuevo", donde lo primordial era darle continuidad al PAN para que siguiera al frente de la administración federal. Las mayores aportaciones para esta campaña las hicieron los directivos de los equipos Santos, Cruz Azul, Toluca, Pachuca y América, siguiendo la instrucción de Guillermo Álvarez Cuevas.

Si en la FGR existiera la voluntad de combatir los presuntos delitos financieros que se dan dentro de la Femexfut, explica el representante legal de un equipo de futbol de Primera División que aceptó hablar para este trabajo a cambio del anonimato, "al revisar las cuentas bancarias de todos los equipos, sin duda saldría a la luz pública un gran escándalo de corrupción". Quedaría al descubierto cómo un grupo de empresarios mexicanos se han enriquecido con la promoción del futbol. Y es que —en versión de esta fuente— una de esas formas de enriquecimiento ilícito, que se propicia a través del lavado de dinero, "es la utilización de empresas fantasmas y prestanombres, por parte de diversos clubes de futbol, para lograr esquivar el pago de impuestos de actos comerciales que van desde cobros por entradas a los estadios, transmisión de partidos y compra de jugadores".

Entre los equipos que —agrega— se sabe que utilizan empresas fantasmas y prestanombres para evadir responsabilidades fiscales se encuentran los clubes de futbol Pachuca, Chivas, Santos, León, Atlas y Puebla, "los que desde hace años mantienen sumido al futbol mexicano en un entramado de corrupción y componendas económicas".

Una de las pruebas que sustentan la existencia de malos manejos financieros en la Federación Mexicana de Futbol, y que han aflorado con el caso de Guillermo Álvarez, es el litigio sostenido contra esta por la directiva del equipo Tiburones Rojos de Veracruz y su dueño Fidel Kuri Grajales, quien demostró una doble contabilidad dentro de la Femexfut, con la que se ocultan posibles y diversos delitos financieros.

La venganza contra Fidel Kuri

Pero la Fiscalía General de la República, lejos de atender las pruebas con las que el empresario Fidel Kuri demostraba malas prácticas financieras, posibles constitutivas de delitos, dentro de la Federación Mexicana de Futbol, optó mejor por encarcelar al directivo. Fidel Kuri fue detenido el 20 de septiembre de 2021 y recluido en la cárcel de Santiaguito, en Almoloya, Estado de México, bajo la acusación de fraude, supuestamente cometido en agravio de TV Azteca. El encarcelamiento y procesamiento penal de Fidel Kuri Grajales se dio en medio de una serie de irregularidades que no dejan ver otra cosa que una venganza planeada desde la fiscalía, quizá con la única intención de proteger los intereses económicos de los grandes potentados que manejan el futbol en nuestro país.

De acuerdo con la carpeta de investigación CI/FAE/D/UI-C2/D/00032/03-2020, que la FGR inició el 20 de mayo de 2019, a Fidel Kuri Grajales se le acusa de haber defraudado a la empresa Arrendadora Internacional Azteca, S.A. de C.V., propiedad de Ricardo Salinas Pliego, por un monto estimado de 239 millones 200 mil pesos, dinero que le fue entregado como parte de un contrato de préstamo para que Fidel Kuri pudiera pagar salarios y prestaciones de un grupo de jugadores del equipo Tiburones Rojos de Veracruz, y así garantizar la permanencia de este equipo dentro del circuito de la Liga de Primera División de la Federación Mexicana de Futbol, que corría el riesgo de ser desafiliado por el reclamo de salarios no pagados de algunos jugadores. Pero en realidad la presión de la Femexfut vino luego de que Fidel Kuri pusiera sobre la mesa posibles actos de lavado de dinero dentro de ella, señalando de llevar doble contabilidad a algunos de los clubes propiedad de las televisoras TV Azteca y Televisa.

Según se aprecia en la citada carpeta de investigación, la denuncia contra Fidel Kuri Grajales fue presentada por Éric Moreno Villanueva, apoderado legal de la empresa Arrendadora Internacional

Azteca, S.A. de C.V., quien argumentó ante la autoridad ministerial que dicho corporativo había entregado a Fidel Kuri la cantidad de 239 millones 200 mil pesos. Fidel Kuri adquirió este préstamo a través de su empresa Promotora Deportiva del Valle de Orizaba, A.C. y, en prenda de garantía, proporcionó a la prestataria el título de la franquicia del Club de Futbol Tiburones Rojos de Veracruz, con todos los derechos a favor de TV Azteca.

Fidel Kuri, ya con el dinero prestado en su poder —relata Zwinglio Miguel Morice Camacho, su abogado defensor—, pagó la deuda salarial a sus jugadores. También se abonaron las sumas solicitadas a la Federación Mexicana de Futbol para que no desafiliara al equipo de Veracruz. Sin embargo, una vez saldadas las deudas, la Femexfut optó por llevar a cabo su decisión original de desafiliar de la Liga de la Primera División al Club Tiburones Rojos de Veracruz, con lo que la franquicia en prenda de garantía perdió su valor inicial.

Esa fue la coyuntura con la que la FGR de Alejandro Gertz Manero fundamentó el delito de fraude contra el dueño de los Tiburones Rojos de Veracruz. Pero, a decir del abogado Zwinglio Miguel Morice Camacho, la detención y procesamiento penal de su cliente obedece, más que a la persecución de un delito, a una venganza política contra el indiciado por haber señalado actos de lavado de dinero dentro de la Federación Mexicana de Futbol. Y es que con esos indicios de corrupción en la Femexfut se afecta directamente a las dos grandes televisoras nacionales que han hecho de la promoción del futbol profesional un jugoso negocio para unos cuantos.

Otra de las irregularidades en el proceso penal de Fidel Kuri es que se le haya dictado prisión preventiva oficiosa. De acuerdo con su abogado, la ley no considera grave el delito de fraude, por lo que no se requiere la prisión preventiva. No obstante, "la FGR actuando como cobradora y representante de Ricardo Salinas Pliego", ha logrado que un juez tuerza la ley al ordenar la reclusión carcelaria del acusado durante el tiempo que dure la investigación, que al cierre de este trabajo todavía continuaba.

Pero sin duda la mayor aberración jurídica que se observa en este caso, en el que el fiscal Alejandro Gertz Manero es señalado de actuar fuera de la ley, es la irregular detención de Fidel Kuri Grajales, quien fue aprehendido no por elementos de la Policía Federal Ministerial de la FGR, sino por un grupo de civiles armados, todos empleados de la empresa de seguridad privada Adamantium, quienes se hicieron pasar como efectivos de la fiscalía y así los validó el propio Alejandro Gertz Manero.

Sólo para contextualizar, hay que recordar que la empresa de seguridad Adamantium Security Private Services, S. de R.L. de C.V. fue fundada en conjunto por Ricardo Salinas Pliego y Luis Cárdenas Palomino, siendo este último todavía funcionario de la Secretaría de Seguridad Pública que encabezó Genaro García Luna. La constitución de la firma Adamantium, que a la fecha es el brazo de seguridad privada de todas las empresas de Ricardo Salinas Pliego, se logró gracias a Ley Federal de Seguridad Privada, que promulgó Vicente Fox Quesada el 6 de julio de 2006 y que luego modificó Felipe Calderón Hinojosa el 17 de octubre de 2011, la cual se hizo con la intención de privatizar la seguridad pública y ponerla a las órdenes de los empresarios.

La empresa Adamantium, que comenzó a operar en 2012 con 76 elementos y 204 equipos de seguridad[127] (vehículos, equipos de radiocomunicación y armas de fuego), se ha vuelto un secreto de Estado. Toda la información referente a esta empresa se encuentra reservada desde febrero de 2015; por disposición del entonces secretario de Gobernación, Miguel Ángel Osorio Chong, bajo el dictamen de "información clasificada",[128] se selló toda posibilidad de conocer los

---

127. Secretaría de Gobernación, Comisión Nacional de Seguridad, respuesta a la Solicitud de Información Pública núm. 00004000021414, Ciudad de México, 7 de febrero de 2014.

128. Secretaría de Gobernación, Comisión Nacional de Seguridad, respuesta a la Solicitud de Información Pública núm. 0000400389214, Ciudad de México, 16 de febrero de 2015.

entretelones de su constitución. No será sino hasta el 3 de enero de 2027 cuando pueda tenerse acceso público a los expedientes oficiales de esta empresa.

Aun con esos antecedentes de la empresa Adamantium, el fiscal general Alejandro Gertz Manero dio por buena la ejecución de la orden de aprehensión que realizó el personal al servicio de la empresa TV Azteca, que actuó en suplencia de la Policía Ministerial de la FGR para entregar ante el Ministerio Público al empresario Fidel Kuri Grajales, quien aparentemente tiene una deuda económica con el propietario de TV Azteca. Como se ha dicho, a Kuri Grajales se le imputó el delito de fraude, contemplado en el artículo 380 del Código Penal Federal, donde también se establece la no prisión preventiva. Sin embargo, esta es una disposición que simplemente —en este caso— no existe para el fiscal general del país.

9

Investigaciones cruzadas: UIF vs. FGR

> La familia son también los enemigos
> que la vida nos negó.
>
> —ROSARIO MARTÍNEZ, *periodista*
> *y defensora de derechos humanos*

L A S E L E C T I V A procuración de justicia que se observa en la FGR de Alejandro Gertz Manero parece no sólo producto del autoritarismo con el que él se sabe conducir. También el encono personal hace lo propio; se ha visto que, cuando se le intenta disputar el poder que detenta, no tiene miramientos. Llega hasta las últimas consecuencias. Nada lo detiene. Ni siquiera la autoridad del presidente Andrés Manuel López Obrador es capaz de ponerle un freno a sus batallas personales.

Esta tesis no es aventurada. Un caso que sustenta y demuestra cómo Gertz Manero se vuelve implacable contra quienes quieren arrebatarle el poder se observa en la disputa que sostuvo con el titular de la Unidad de Inteligencia Financiera (UIF), Santiago Nieto Castillo, quien, desde que Gertz asumió la titularidad de la fiscalía, siempre fue una amenaza para el incontrolable poder del que se le dotó. A causa de esa disputa, Santiago Nieto terminó literalmente expulsado del círculo de confianza y poder del gobierno de la Cuarta Transformación, bajo la deshonrosa sospecha de corrupción.

El conflicto entre Gertz Manero y Nieto Castillo, como todo, tiene un origen: comenzaron a confrontarse desde agosto de 2018, después de que el Tribunal Electoral del Poder Judicial de la Federación (TEPJF) declarara a Andrés Manuel López Obrador como presidente electo. A partir de ese momento, cuando López Obrador comenzó a reunirse con los hombres que lo acompañarían en la encomienda de gobernar a México y empezó a repartir cargos, llegaron las desavenencias. Santiago Nieto era el hombre que se postulaba para hacerse cargo de la entonces Procuraduría General de la República (PGR), con la posibilidad de consolidar el proyecto de conversión de esa dependencia en la fiscalía que ahora es.

Hasta antes de que Andrés Manuel López Obrador ganara las elecciones presidenciales de 2018, la figura de Alejandro Gertz Manero ni siquiera se consideraba de importancia entre quienes comenzaron a rodear al presidente en busca de una posición dentro de la administración federal. Los cercanos a López Obrador sólo sabían, como un secreto a voces, que Gertz Manero había sido financiador de ese proyecto político. Nadie le atribuía la posibilidad de llegar a colocarse en un cargo de relevancia dentro del nuevo gabinete presidencial, sobre todo por sus antecedentes —haber sido secretario de Seguridad Pública en la administración del presidente Vicente Fox—, que lo marcaron como un hombre afín a la ultraderecha del país, contra la que el entonces presidente electo estaba fincando todo su programa de gobierno.

Pocos de los que abanderaron el proyecto de la Cuarta Transformación conocían con certeza los alcances de las relaciones de amistad y compromiso entre Gertz Manero y López Obrador. Ya se sospechaba que eran cercanos. Pero, aun así, nadie veía un escenario en el que Gertz Manero se ubicara en un puesto clave dentro de la naciente administración. Y mucho menos se sospechaba que Gertz fuera el hombre que el presidente López Obrador habría de elegir para hacerse cargo de una de las dependencias con mayor peso social, la más sensible, que —a final de cuentas— habría de definir el éxito o fracaso del nuevo gobierno.

Todos los cercanos al entonces presidente electo Andrés Manuel López Obrador veían en Santiago Nieto Castillo al hombre que se convetiría en el nuevo procurador de justicia de la nación. Todas las apuestas iban en ese sentido. Y es que —era evidente— Santiago Nieto se había ganado un lugar especial dentro de la confianza de Andrés Manuel López Obrador, no sólo por su inclusión en los trabajos de organización de la campaña presidencial, que concluyó con éxito, sino porque Santiago Nieto encarnaba el ideal del hombre honesto, impoluto, que requería el nuevo régimen para atender la procuración de justicia.

Santiago Niego Castillo se ganó a pulso la confianza del presidente López Obrador por una sola razón: tuvo la hombría de señalar actos de corrupción de algunos de los amigos del presidente Enrique Peña. Como titular de la Fiscalía Especializada para la Atención a Delitos Electorales (FEPADE) de la PGR, a la que Santiago Nieto llegó por invitación del propio presidente Peña Nieto en 2015, le propinó uno de los mayores descalabros al régimen priista en decadencia al exponer cómo, en una operación de Estado, se desviaron recursos oficiales para impulsar campañas electorales locales que terminaron por favorecer a los candidatos del gobernante PRI.

Cuando Santiago Nieto llegó a la titularidad de la FEPADE, él y Enrique Peña Nieto ya eran viejos conocidos. Siendo Peña Nieto gobernador del Estado de México, colocó a Santiago Nieto como titular de la Sala Regional del Tribunal Electoral Federal —con sede en Toluca—, esto con la anuencia del entonces presidente Felipe Calderón. Por eso Enrique Peña veía a Santiago Nieto como un hombre del sistema PRI-PAN que en determinado momento podía ser un aliado.

Sin embargo, Santiago Nieto Castillo también tenía en su haber una estrecha relación con Andrés Manuel López Obrador, con quien había coincidido entre 2000 y 2003, cuando este era jefe de Gobierno del Distrito Federal y Santiago Nieto se desempeñó como coordinador de Asesores de la Contaduría Mayor de Hacienda de la Asamblea Legislativa del Distrito Federal. En ese cargo, Santiago Nieto fue fundamental para que el trabajo del jefe de Gobierno de la Ciudad de México resultara impecable en la rendición de cuentas financieras. Fue entonces cuando López Obrador conoció a Santiago Nieto por su probidad y apego a la legalidad, que luego serían factores para que Santiago Nieto Castillo se alejara de Enrique Peña Nieto y del régimen PRI-PAN que lo había cobijado por muchos años.

La razón del rompimiento entre Enrique Peña y Santiago Nieto se debió no únicamente a que desde la FEPADE, siendo Santiago Nieto un hombre cercano al presidente y sin importar el daño que le causaría a este, se investigó el desaseo financiero-electoral de los gobernadores priistas César Duarte Jáquez, de Chihuahua, y César Duarte de Ochoa, de Veracruz, sino también a que se puso en evidencia el incremento de delitos electorales, promovidos directamente desde la presidencia de Enrique Peña, con el apoyo de Arturo Escobar, el operador electoral de la Secretaría de Gobernación, con lo que se exponía la proclividad de Peña Nieto a la trampa.

Ante todo ello, Enrique Peña Nieto, a través del entonces procurador general de la República, Alberto Elías Beltrán, solicitó —el 20 de octubre de 2017— la renuncia de Santiago Nieto Castillo, acusándolo mediáticamente de haber violado el Código de Conducta de la PGR. Esto, por haber incurrido en una supuesta falta de ética al haber investigado la deshonestidad de los gobernadores Duarte Jáquez y Duarte de Ochoa, y también al haber hurgado en la conducta dudosa del entonces director de Petróleos Mexicanos

(Pemex), Emilio Lozoya, a quien se le descubrió que una parte de los 10 millones de dólares que recibió en sobornos de la empresa brasileña Odebrecht se destinaron al financiamiento de diversas campañas políticas del PRI.

Por eso Santiago Nieto Castillo, tras ser defenestrado por el régimen priista, fue bien acogido dentro del equipo de campaña de Andrés Manuel López Obrador, y porque además poseía los elementos suficientes para demostrar cómo reinó la corrupción dentro de la administración de Enrique Peña Nieto. Sin duda, ese era un jugoso botín que le permitiría al gobierno de la Cuarta Transformación de Andrés Manuel López Obrador fortalecer su propuesta de la renovación moral del gobierno federal.

Aunado a lo anterior, con esos elementos de prueba —logrados por Santiago Nieto desde la FEPADE— se le garantizaba al naciente gobierno la posibilidad de sostener una *guerra de baja intensidad* contra la administración de Enrique Peña Nieto, la que más allá de sus resultados legales podría desembocar en la satisfacción del reclamo social de combate a la corrupción.

Desde su labor como titular de la FEPADE, Santiago Nieto destrozó la imagen del presidente Enrique Peña al revelar que, en lo que iba de ese sexenio —de 2013 a 2017—, se habían registrado 7 mil 44 carpetas de investigación a causa de presuntos delitos electorales, los cuales fueron alentados por funcionaros federales bajo la directriz del propio presidente Peña Nieto. La cifra de delitos electorales que investigó Santiago Nieto en el gobierno del presidente Enrique Peña solamente se ve superada por la cantidad de esos delitos que alentó el presidente Felipe Calderón, cuantificados en 9 mil 126, que se integraron en sus debidas carpetas de investigación.

No obstante, frente a la casi obligada designación de Santiago Nieto como procurador general de la República, pudo más el compromiso de Andrés Manuel López Obrador con Alejandro Gertz Manero, a quien sorpresivamente —considerando las expectativas de su equipo de colaboradores— puso al frente de la PGR. Después, como ya se sabe, a Gertz Manero lo respaldó el presidente López Obrador para que el Senado de la República lo aprobara como primer fiscal autónomo de México, en enero de 2019.

Santiago Nieto Castillo recibió como premio de consolación la titularidad de la Unidad de Inteligencia Financiera de la Secretaría de Hacienda y Crédito Público (SHCP), un cargo que, si bien es fundamental para la procuración de justicia en nuestro país, no pasa de ser una posición de tercer nivel que ha tomado relevancia en los últimos años debido a que desde allí se combaten la corrupción y los delitos financieros relacionados con el crimen organizado de cuello blanco, la llamada "mafia del poder".

Como quiera que sea, desde esa posición de tercera Santiago Nieto comenzó a *hacer mella* en la imagen del fiscal Gertz Manero por una sencilla razón: la UIF de Santiago Nieto, desde un inicio, siempre se mostró más eficiente en la persecución de los delitos financieros que la omisa labor de procuración de justicia de la recién nacida FGR. A tal grado fue buena la actuación de la UIF de Nieto Castillo, que mientras la FGR de Gertz Manero reportaba oficialmente que no contaba con carpetas de investigación relacionadas con delitos financieros, la UIF comunicaba también oficialmente que desde esa dependencia se le había entregado a la FGR un número de carpetas sin precedente histórico, lo que hablaba bien del trabajo de la UIF y además hacía ver que el gobierno de la Cuarta Transformación seguía avanzando en el combate a la corrupción sin la intervención de la FGR.

De acuerdo con una respuesta de información emitida por la UIF el 1 de junio de 2021,[129] en un primer balance del desempeño del titular de esa dependencia se establece que, producto de las investigaciones de la UIF, en 2018 —a tan sólo un mes de haber llegado Santiago Nieto al cargo— se habían logrado integrar 82 carpetas

---

129. Unidad de Inteligencia Financiera, respuesta a la Solicitud de Información núm. 0000600169521, Ciudad de México, 1 de junio de 2021.

de investigación por delitos financieros; en 2019 fueron 161 casos de presuntos delitos financieros los que se integraron para perseguirse judicialmente; en 2020 se llegó a la cantidad de 130 casos, y en los primeros cinco meses de 2021 ya se habían integrado otras 60 carpetas de investigación por esos mismos delitos.

En suma, durante la gestión de Santiago Nieto al frente de la UIF se lograron integrar 433 carpetas de investigación por diversos delitos financieros, gracias a las cuales se congeló una cantidad de dinero en depósitos por más de 483 mil 800 millones 779 mil pesos, y también se le dio seguimiento al rastro financiero que dejaron transferencias de dinero por más de 439 mil 594 millones 158 mil pesos, lo que en su momento fue un aliciente para que el gobierno de López Obrador comenzara a difundir los avances en materia de combate al delito de lavado de dinero que estaban consiguiéndose desde el interior de la UIF.

Con todo, y pese a los resultados que Santiago Nieto estaban obteniendo en el combate a los delitos financieros, el trabajo no era parejo: la FGR de Alejandro Gertz Manero no parecía ir por el mismo camino de la cero tolerancia. Las estadísticas hablan por sí mismas. En 2018, por cuenta y cargo de la FGR, apenas se iniciaron dos averiguaciones previas por delitos financieros, y en 2019 no se registró ningún tipo de averiguación penal en relación con esos delitos, como lo reconoce la misma FGR en su respuesta a una solicitud de información emitida el 17 de febrero de 2020,[130] en la que además reconoce que en 2018 se consignaron ante un juez un total de 186 carpetas de investigación, las cuales inició y elaboró la UIF, mientras que en 2019 se judicializaron en total 41 carpetas de investigación, todas también de la autoría de la UIF.

No sólo eso. Santiago Nieto también logró congraciarse con el presidente Andrés Manuel López Obrador luego de que —desde su

---

130. Fiscalía General de la República, respuesta a la Solicitud de Información núm. 0001700183720, Ciudad de México, 17 de febrero de 2020.

posición al frente de la UIF— descubriera que, durante la administración del presidente Enrique Peña Nieto, el propio López Obrador y un grupo muy cercano a él habían sido objeto de espionaje oficial. Ese descubrimiento, en el que el titular de la UIF encontró que el gobierno de Peña Nieto había estado observando y clasificó como "Los Maléficos" a varios de los más cercanos a López Obrador, incluyéndolo a él y a algunos periodistas, fue un mérito arrebatado a Gertz Manero... Por la naturaleza de la FGR, el fiscal general debió haber hallado los indicios de ese espionaje. Pero no fue así. Gertz Manero, por interés personal o porque simplemente no tuvo la capacidad, no pudo alzarse con ese logro y se vio rebasado por Santiago Nieto.

Huellas sobre el pantano

La "peligrosidad" de Santiago Nieto para los intereses de Alejandro Gertz Manero se incrementó en forma sustancial cuando se filtró desde el interior de la UIF que, con base en una denuncia anónima, se estaba dando seguimiento a una serie de transferencias de dinero sospechosas que se hacían a través de la empresa Inmobiliaria Algerman, "cuyos socios son el fiscal general de la República, Alejandro Gertz Manero, y su yerno, José Antonio Martí Munain",[131] según refirió el portal informativo *Expansión Política*, el cual a su vez citó una investigación del periódico *El Universal* que señalaba que "la inmobiliaria recibió de una cuenta del banco Credit Suisse una transferencia por un millón de dólares", y aludía a movimientos de dinero nada acordes con los ingresos oficiales del fiscal Gertz, los que, de acuerdo con lo establecido en el Manual de Percepcio-

---

131. "Una inmobiliaria abre otra polémica sobre el fiscal Alejandro Gertz Manero", *Expansión Política*, Ciudad de México, 7 de diciembre de 2021. Disponible en: https://politica.expansion.mx/mexico/2021/12/07/uif-gertz-manero-y-yerno-inmobiliaria

nes de los Servidores Públicos de las Dependencias y Entidades de la Administración Pública Federal, publicado en el *Diario Oficial de la Federación* del 31 de diciembre de 2018, no pueden ser mayores a los 137 mil 356 pesos, que es el salario del presidente de la República.

En este punto no sobra indicar que en la última declaración de ingresos de Alejandro Gertz Manero, la cual se publicó a través del portal oficial *DeclaraNet*, el 30 de enero de 2019,[132] en donde todavía declaró como encargado del despacho de la PGR, no aparece el monto de su salario. En dicha declaración, Gertz Manero se acoge a la opción que mañosamente brinda la administración federal para que el servidor público acepte o no hacer públicos sus datos patrimoniales —incluido el salario— y sus posibles conflictos de intereses. Gertz es muy claro en su última declaración: no acepta hacer públicos sus bienes patrimoniales ni sus posibles conflictos de intereses, lo que lo convierte en uno de los pocos funcionarios oscuros de la 4T, de los que se niegan a declarar públicamente lo que ganan y lo que tienen. Para abonar a esto, baste señalar que desde que Gertz Manero asumió el cargo como fiscal general de la República y hasta el cierre de este trabajo, no existe una sola declaración pública patrimonial de este funcionario que apunte siquiera a conocer los ingresos que mantiene, al menos, por salarios.

Según una fuente del interior de la Unidad de Inteligencia Financiera, Santiago Nieto Castillo, tal vez creyendo que iba en serio el discurso público de combatir cualquier tipo de corrupción en la administración de la 4T, se abocó a la investigación de una serie de transferencias de dinero sospechosas que se registraron entre las cuentas de Alejandro Gertz Manero y de algunos miembros de su familia. De acuerdo con la fuente de la UIF, como producto

---

132. Secretaría de la Función Pública, *DeclaraNet*, Alejandro Gertz Manero, Declaración Patrimonial Conclusión PGR, Ciudad de México, 30 de enero de 2019.

de las pesquisas que hizo Santiago Nieto Castillo —las que hasta el cierre de este trabajo se mantenían en pausa— se sabe que el fiscal Gertz Manero movió millones de pesos desde México al extranjero sin dar cuenta de ello a la autoridad fiscal, lo que lo colocaría literalmente en la posición infractor de la ley, al menos por la posibilidad del delito de lavado de dinero.

De tal magnitud fueron los movimientos de dinero entre las cuentas de Gertz Manero —observa la fuente consultada— que lo último a cuestionar sería la ominosa compra de 122 automóviles de lujo que entre 2000 y 2015 realizó el hoy fiscal general de la República. El valor aproximado de esos automóviles, cuya adquisición fue descubierta por el titular de la UIF, Santiago Nieto Castillo, se estima en 109 millones 775 mil pesos, una suma de dinero de la que no muchos funcionarios públicos, aun de las más altas esferas, pueden disponer.

El verdadero peso de la investigación que inició Santiago Nieto Castillo, y que a la fecha se mantiene archivada en la UIF, en contra del fiscal Gertz Manero son unas transferencias sospechosas de grandes sumas de dinero, entre las que destacan —según la fuente de la UIF— diversos traspasos entre cuentas de bancos de México y Estados Unidos por más de 4 millones 319 mil pesos, de las que no se observa un origen lícito. También se detectó un depósito a favor de una cuenta del fiscal Gertz Manero, ubicada en España, por la cantidad de 103 mil euros. A los movimientos de dinero anteriores se agrega un depósito por 4 millones de dólares que salió de un banco de Estados Unidos a una cuenta en México, al parecer propiedad de Alejandro Gertz Manero. A esa misma cuenta llegó también un depósito por más de 37 mil 858 dólares, que fue hecho por la Universidad de las Américas. Extraoficialmente, dentro de la UIF se sabe también de las pesquisas relacionadas con un depósito hecho a una cuenta del fiscal Gertz Manero por la cantidad de 38 millones 959 mil 144 pesos, al que se suma otro por una cantidad de más de 35 millones de pesos, cuyo origen es incierto.

A pesar de que las investigaciones sobre las sospechosas transferencias de dinero entre las cuentas de Alejandro Gertz Manero se hicieron con el mayor de los sigilos, en algún punto de los trabajos este se enteró de ellas. Así que el fiscal general decidió lanzar la contraofensiva, también de manera sigilosa, y a finales de 2021 ordenó la apertura de una carpeta de investigación en contra de Santiago Nieto Castillo, bajo la sospecha de enriquecimiento ilícito. El pretexto de esa carpeta de investigación fue la suntuosa celebración en la que Santiago Nieto contrajo nupcias con Carla Humphrey. La boda tuvo lugar en el lujoso hotel Santo Domingo de la ciudad de Antigua, en Guatemala.

La fiesta de Guatemala

Algunos empleados administrativos del hotel Santo Domingo en la ciudad de Antigua, que hablaron para este trabajo a cambio del anonimato, estiman extraoficialmente que el costo de la recepción por la boda superó los 326 mil 490 dólares (6.7 millones de pesos). Es una cantidad que rebasa por mucho los ingresos anuales que oficialmente percibía Santiago Nieto como titular de la UIF. De acuerdo con su última declaración patrimonial, contenida en el portal oficial *DeclaraNet,* sus ingresos por salarios, compensaciones y bonos durante el último año de ejercicio público fueron por un millón 181 mil 653 pesos.[133] Entonces, para el pago de la fiesta nupcial, Santiago Nieto debió haber ahorrado el equivalente a sus salarios íntegros de dos veces el tiempo que estuvo al frente de la Unidad de Inteligencia Financiera.

Si bien es cierto que en su última declaración patrimonial Santiago Nieto Castillo reportó otros ingresos alternos a su salario,

---

133. Secretaría de la Función Pública, *DeclaraNet,* declaración de conclusión de Santiago Nieto Castillo, Ciudad de México, 7 de enero de 2022.

como son 2 millones 99 mil 552 pesos por concepto de actividades empresariales; un millón 870 mil 803 pesos por la prestación de servicios de asesoría y consultoría profesional; 49 mil 846 pesos por pago de regalías de la venta de sus libros; 200 mil pesos por la renta de un departamento en la zona de Santa Fe, de la Ciudad de México; 89 mil 320 pesos por la renta de una casa en Querétaro, y 40 mil pesos por depósito a favor de una deuda, que en suma con su salario equivalen a 5 millones 531 mil 174 pesos, también hay que considerar que sus deudas eran tres veces superiores a sus ingresos.

Partiendo de la citada declaración patrimonial, las deudas declaradas por Santiago Nieto cuando fue titular de la UIF ascendían a un monto global de 22 millones 880 mil 295 pesos, de los cuales se desprende que 4 millones 84 mil 102 pesos correspondían a un crédito hipotecario contraído con el banco HSBC; un millón 463 mil 737 pesos correspondía a un crédito hipotecario con Fovissste; 7 millones de pesos eran de otro crédito hipotecario también con HSBC; debía 448 mil 657 pesos por la compra de un automóvil que financió CI Banco S.A.; 600 mil pesos de adeudo correspondían a un crédito personal contraído con HSBC; también debía un millón 200 mil pesos por un crédito personal sin acreditación; 3 mil 800 pesos de una tarjeta de crédito de CI Banco S.A.; 230 mil pesos de una tarjeta American Express; 500 mil pesos de un crédito personal contraído con Grupo Jesam, S.A.P.I. de C.V.; 449 mil 999 pesos de otros cuatro préstamos personales sin razón crediticia; más otro crédito de HSBC por la cantidad de 600 mil pesos.

En pocas palabras, Santiago Nieto estaba al tope de deudas y sus ingresos, sin atentar a la lógica, no eran suficientes como para afrontar el dispendio de una boda como la que protagonizó, en la que —dicho sea de paso— se reunió una parte de la selecta élite de gobierno y empresarios mexicanos. Una élite que pudo haber sido vista por el propio Gertz Manero como el soporte "social" necesario para cualquiera que aspirara a destronarlo de su cargo.

Entre los invitados a la fastuosa boda de Santiago Nieto Castillo y Carla Humphrey Jordan estuvieron la ministra de la SCJN Jazmín Esquivel Mossa; la gobernadora de Campeche, Layda Sansores; el diputado presidente de la Mesa Directiva de la Cámara de Diputados, Sergio Gutiérrez Luna, y su esposa, la también diputada Diana Karina Barreras; la senadora Josefina Vázquez Mota; la diputada Carolina Viggiano; el diputado Javier López Casarín; el productor artístico Alejandro Gou; la ex presidenta del Tribunal Electoral, María del Carmen Alanís, y su esposo, Emilio Rabasa; el analista Javier Tejado; el diputado Javier López Casarín, y los ex gobernadores de Sinaloa y Querétaro, Quirino Ordaz Coppel y Francisco Domínguez, respectivamente.

En la lista de invitados también se registró al hoy ex titular del Instituto para Devolver al Pueblo lo Robado, Jaime Cárdenas, quien fue acompañado de su esposa, la titular de la Fiscalía Especializada en Materia de Combate a la Corrupción de la FGR, María de la Luz Mijangos, a la que luego mediáticamente se exoneró y se dijo que no asistió a la boda, esto por el escándalo propiciado. Y es que María de la Luz Mijangos, como colaboradora de Gertz Manero en la Fiscalía Anticorrupción, tuvo a su cargo la investigación ordenada para detectar —en torno a ese evento— posibles actos de corrupción en contra de Santiago Nieto. Por obvias razones, María de la Luz Mijangos no podía ser ella misma parte investigadora y parte investigada dentro del mismo caso.

El suceso que dio la pauta para que el fiscal Alejandro Gertz Manero ordenara una investigación por corrupción en contra de Santiago Nieto Castillo —y que a su vez le permitía deshacerse de la posibilidad de que este siguiera siendo un riesgo para su permanencia en la fiscalía— fue la actuación de la Policía Nacional de Guatemala. El día 5 de noviembre de 2021, cuando los invitados a la boda Nieto-Humphrey comenzaron a llegar a ese país, en un avión privado arribaron al Aeropuerto Internacional La Aurora de la capital guatemalteca, entre otros, la entonces secretaria de Turismo de la Ciudad de México, Paola Félix Díaz; el director general del diario *El Universal*, Juan Francisco Ealy Ortiz, y la asistente de este, Érika Telich Vidal.

El hecho no tendría mayor trascendencia si no fuera porque, dentro de la aeronave —con matrícula XA-MHA— en la que llegaron los invitados de Nieto Castillo, elementos de la Policía Nacional Civil de Guatemala encontraron cinco sobres que contenían 35 mil dólares que no habían sido declarados, lo que constituye un delito en ese país. La propiedad del dinero se atribuyó a Érika Telich Vidal, por encontrarse dentro de su equipaje, aunque luego se dijo que era propiedad del dueño del periódico *El Universal*, Juan Francisco Ealy Ortiz, quien declaró que portaba dichos recursos para atender los gastos de un tratamiento médico al que se sometería en Estados Unidos, programado para realizarse una vez que terminara su compromiso social de la boda. Así quedó asentado en el acta M00050-2021-122 Ref. K.F.[134] que levantó el Ministerio Público de Guatemala, la cual fue firmada por Carlos Enrique Blanco Nunfio y César Leonardo Navarro Villagrán, investigadores del Ministerio Público, y los agentes de la Policía Nacional Civil Walter Adán López Mejía, Milvia Hernández y José Fernando Barillas García.

Ese fue el mejor pretexto que tuvo el fiscal Alejandro Gertz Manero para ordenar, no sin una reprimenda de por medio a la fiscal anticorrupción María de la Luz Mijangos, que ella misma realizara una investigación del caso, bajo la hipótesis de que los 35 mil dólares serían entregados como regalo de bodas a la pareja Nieto-Humphrey, lo que en términos reales, con base en el marco jurídico mexicano —aun cuando los hechos hubieran ocurrido extraterritorialmente—, constituye un delito, sobre todo porque Santiago Nieto era el titular de la UIF y Carla Humphrey era consejera del Instituto Na-

---

134. Gobierno Federal de Guatemala, Unidad Especial contra Delitos en Aeropuertos y Aeródromos, Ministerio Público, Acta Circunstancial núm. M00050-2021-122 Ref. K.F., Ciudad de Guatemala, Guatemala, 5 de noviembre de 2021.

cional Electoral (INE), ambos cargos imposibilitados parta recibir donaciones de cualquier especie.

Las pesquisas iniciadas por la Fiscalía Anticorrupción de la FGR no llevaron a ningún lado. La hipótesis del delito planteada por la FGR se vino abajo con la sola declaración del director del periódico *El Universal*, quien nunca reconoció que el dinero detectado por la autoridad guatemalteca tuviera otro fin que no fuera el que había aseverado. Por eso se archivó la indagatoria. Sin embargo, en una estrategia de difusión mediática, a fin de lograr el mismo efecto de exhibir y anular la figura de incorruptible que se había formado Santiago Nieto Castillo, el fiscal Gertz Manero, en alianza con el secretario de Gobernación, Adán Augusto López Hernández, a través de su operador de medios de comunicación, César Yáñez Centeno Cabrera, *echaron a andar* a la prensa.

El escándalo ocupó las portadas de los principales medios de comunicación. De tal magnitud fue la ola mediática que hablaba de la onerosa boda y la sospechosa portación de dinero por parte del director del periódico *El Universal*, que el mismo presidente Andrés Manuel López Obrador tuvo que salir a dar cuenta de los sucesos. El mismo presidente calificó el tema como "un asunto escandaloso" y reiteró que no era correcto ese tipo de conductas de los servidores públicos. "Por eso hay que recomendarles a los servidores públicos que actúen con moderación, con austeridad, y que sigan el ejemplo de Juárez, que decía que el servidor público debía aprender a vivir en la justa medianía, todo esto que se echó por la borda durante el periodo neoliberal", refirió.

Empujado por la campaña mediática de cuestionamientos a su integridad moral y presionado por la integración de una carpeta de investigación que sobre él había iniciado la FGR, apenas dos días después de su boda, en plena luna de miel, Santiago Nieto Castillo tuvo que renunciar a su cargo como titular de la Unidad de Inteligencia Financiera de la Secretaría de Hacienda y Crédito Público. Su lugar fue ocupado por Pablo Gómez Álvarez, un viejo conocido de lucha del presidente López Obrador, quien no por eso llegó cómodamente al cargo: su nombramiento tuvo que ser consensado con el fiscal Gertz Manero, a fin de que Pablo Gómez no le fuera incómodo a su gestión. Por eso se entiende que, desde la llegada de Pablo Gómez a la UIF, los casos de investigación de delitos financieros se han reducido en forma drástica, en comparación con la eficiencia de la UIF de Santiago Nieto. Acaso para no incomodar al fiscal Gertz.

De acuerdo con la respuesta oficial a una solicitud de información, la UIF reconoce que, durante el periodo de Santiago Nieto como su titular —35 meses—, esa unidad investigadora pudo integrar y presentar ante la FGR un total de 436 denuncias por diversos delitos financieros,[135] mientras que en los primeros tres meses de gestión de Pablo Gómez, con fecha de corte hasta el 13 de enero de 2022, la Unidad de Inteligencia Financiera sólo había podido integrar una denuncia por delitos financieros. Es decir, la UIF de Santiago Nieto registró una eficiencia de poco más de 12 denuncias por mes, mientras que la gestión de Pablo Gómez, tal vez por la injerencia de Gertz Manero en sus funciones, sólo registra un promedio de una denuncia por cada tres meses.

La disminuida UIF

Según fuentes del interior de la Unidad de Inteligencia Financiera de la SHCP, desde que Pablo Gómez asumió la titularidad de esa dependencia se tiene que solicitar el visto bueno del fiscal Alejandro Gertz Manero para iniciar cualquier indagatoria. Es el fiscal general de la República el que finalmente decide sobre los destinos de los trabajos de investigación de esa dependencia. Nada se hace sin

---

135. Unidad de Inteligencia Financiera, respuesta a la Solicitud de Información núm. 330026322000134, Ciudad de México, 21 de enero de 2022.

la autorización de Gertz Manero, quien de esa forma busca el control total de la procuración de justicia en el país. "Eso no sucedía antes. Cuando Santiago Nieto estaba al frente [de la UIF] se hacía valer la autonomía de la unidad. Ahora todas las investigaciones que se inician tienen que ser autorizadas por el fiscal", refiere la fuente consultada.

Otro indicador que señala cómo la UIF se ha visto disminuida desde la llegada de Pablo Gómez, quien actúa como subordinado del fiscal Gertz en la persecución de los delitos financieros, es el relacionado con la suspensión de cuentas bancarias y congelamiento de dinero de las organizaciones delictivas. Sin perder de vista que, de todas las denuncias que ha presentado la UIF en lo que va de la administración del presidente López Obrador, sólo el 0.2 por ciento corresponde a la gestión de Pablo Gómez, mientras que el 99.8 son resultado del trabajo de Santiago Nieto, la UIF establece, en una respuesta de solicitud de información pública,[136] que nada más en la Ciudad de México, del 1 de diciembre de 2018 al 31 de enero de 2022, se han logrado incautar 2 mil 222 cuentas bancarias a las siete organizaciones delictivas más importantes que operan en la capital del país, a las que se les congelaron activos por 107 millones 858 mil 467 pesos y 550 dólares.

Con base en el citado informe oficial de la UIF, se establece que a la Unión Tepito se le han decomisado mil 538 cuentas bancarias que contenían 104 millones 34 mil 475 pesos y 550 dólares; a la Fuerza Anti Unión se le decomisaron 321 cuentas bancarias que guardaban un millón 435 mil 379 pesos; al grupo criminal Los Rodolfos se les decomisaron 165 cuentas bancarias con 2 millones 58 mil 36 pesos; al Cártel de Tláhuac le fueron congeladas 142 cuentas bancarias con un saldo total de 236 mil 949 pesos; a la organización criminal La Ronda 88 se le incautaron 32 cuentas con

---

136. Unidad de Inteligencia Financiera, respuesta a la Solicitud de Información núm. 330026322000298, Ciudad de México, 16 de febrero de 2022.

38 mil 773 pesos; a la alianza Cártel Unión Tepito-Anti Unión se le decomisaron 16 cuentas con un saldo de 54 mil 838 pesos, mientras que a la organización Los Molina se le decomisó un total de ocho cuentas con saldo de sólo 15 pesos.

Frente a estas cifras de la UIF, logradas en un 99 por ciento gracias al trabajo de Santiago Nieto, la FGR —con más recursos y más atribuciones— no ha podido acercarse a esos niveles de eficiencia. Ha quedado exhibida en su inoperancia. Por eso se entiende el celo que Gertz Manero tuvo frente a Santiago Nieto, al que, no conforme con que haya renunciado al cargo, lo siguió investigando aun después de que dejó la titularidad de la UIF, insistiendo en la hipótesis de enriquecimiento ilícito. La base de esa investigación, que —hasta el cierre de este trabajo— se mantenía viva, es la supuesta adquisición de una casa en el sur de la Ciudad de México, la cual habría tenido un costo de 24 millones de pesos, una suma insostenible frente a los ingresos salariales y por actividad empresarial que el mismo Santiago Nieto reportó en su última declaración patrimonial.

La FGR no ha querido reconocer la existencia de una carpeta de investigación en contra de Santiago Nieto Castillo. Al menos así queda establecido en la respuesta pública ofrecida a una solicitud de información, emitida el 17 de enero de 2022,[137] en la cual oficialmente se declara la confidencialidad sobre la posible carpeta de investigación en contra de Santiago Nieto, estableciendo que "la Fiscalía General de la República se encuentra imposibilitada jurídicamente para pronunciarse" sobre el tema. Pero en esa misma respuesta la FGR reconoce que cuenta con información al respecto "que se ubica dentro del ámbito de lo privado". Aun así refiere que al "afirmar o negar la existencia o inexistencia de alguna indagatoria, denuncia, averiguación previa o carpeta de investigación en contra de una persona física identificada o identificable, como es el caso que nos

---

137. Fiscalía General de la República, respuesta a la Solicitud de Información núm. 330024621000713, Ciudad de México, 17 de enero de 2022.

ocupa, se estaría atentando contra la intimidad, honor, buen nombre y presunción de inocencia de la persona en comento".

Esta postura pública de la FGR, de cuidar la honorabilidad de Santiago Nieto y no exponer la existencia de una carpeta de investigación criminal en su contra, no obedece a la decisión de Gertz Manero. Fue —según una fuente del interior de la fiscalía— una instrucción del presidente Andrés Manuel López Obrador, a fin de evitar un escándalo mayor de desprestigio por los evidentes actos de corrupción dentro de su gobierno. Por eso el presidente dictó esta misma instrucción al nuevo titular de la UIF, Pablo Gómez, quien de manera oficial no ha reconocido que dentro de los anales de esa dependencia exista una carpeta de investigación, al menos archivada, que haya iniciado Santiago Nieto para exponer y judicializar supuestos actos de corrupción del fiscal Alejandro Gertz Manero.

El día 17 de enero de 2022, la Fiscalía General de la República se abstuvo de informar sobre la existencia o inexistencia de una carpeta de investigación por corrupción en contra de Santiago Nieto, y sólo cuatro días después —en franca correspondencia de paz— la UIF hizo lo propio: negó la existencia de una carpeta de investigación por corrupción en contra de Alejandro Gertz Manero, como lo asevera la respuesta a la solicitud de información emitida por la UIF el día 21 de enero de 2022, en donde se indica que no existe un "supuesto reporte de investigación que involucraría al C. Alejando Gertz Manero",[138] con lo que se borra toda sospecha oficial sobre el fiscal.

---

138. Unidad de Inteligencia Financiera, respuesta a la Solicitud de Información núm. 330026322000127, Ciudad de México, 21 de enero de 2022.

10

Los periodistas: la doble victimización

El principal enemigo de la libertad de
expresión no es el crimen organizado,
es la impunidad del Estado mexicano.
—OMAR BELLO, *periodista desplazado*

H AY OTRO RENGLÓN en el que se observa de manera clara la forma facciosa o a veces inexistente de procuración de justicia de la FGR de Alejandro Gertz Manero: la impunidad que registran los delitos cometidos contra el gremio informativo, en donde la Fiscalía Especial para la Atención de Delitos cometidos contra la Libertad de Expresión (FEADLE) simplemente no ha podido —o no ha querido— responder a las condiciones de emergencia nacional que afrontan los periodistas.

El gremio informativo de México, a causa de la violencia heredada por el desgobierno vivido durante las administraciones de Felipe Calderón y Enrique Peña Nieto, cuando los grupos criminales y cárteles de las drogas se amalgamaron con las fuerzas federales de seguridad, ha sufrido la peor ola de ataques jamás registrada en la historia del país. Los ataques han ido desde amenazas de muerte e intimidación hasta secuestros, desapariciones forzadas y asesinatos. Al cierre de este trabajo, la Organización de las Nacionales Unidas (ONU) seguía considerando a México como el país sin guerra más peligroso del mundo para ejercer el periodismo.

Las estadísticas oficiales así lo indican. Tan sólo del 1 de enero de 2006 al 31 de marzo de 2022, en México se han registrado 241 homicidios de periodistas y la desaparición forzada de otros tres. A ello se suman 673 amenazas de muerte que fueron denunciadas por periodistas ante la PGR o la FGR, y 150 denuncias por agresiones físicas, asaltos, robos, secuestros exprés, allanamientos de morada o detenciones arbitrarias que sufrieron igual número de comunicadores.

Durante el gobierno del presidente Felipe Calderón, 107 periodistas fueron ejecutados a causa de su labor informativa y otro más, también en razón de su trabajo, fue desaparecido. En ese periodo de gobierno también se denunciaron 255 amenazas de muerte y 48 agresiones diversas que ocasionaron intimidación para el ejercicio del periodismo. De todos esos casos de ataques al gremio periodístico, la entonces PGR, que estuvo encabezada sucesivamente por Eduardo Medina-Mora, Arturo Chávez y Marisela Morales Ibáñez, únicamente dio seguimiento a 53 homicidios, 11 denuncias por amenazas de muerte y 18 agresiones contra periodistas por robo, asalto, lesiones, secuestro exprés, allanamiento y/o detención arbitraria.

En el gobierno de Enrique Peña Nieto se registraron 88 asesinatos de periodistas y se denunciaron 289 amenazas de muerte que recibieron igual número de periodistas a través de diversos medios, principalmente mensajes de texto en su teléfono celular. En ese mismo periodo de gobierno, la PGR recibió también las denuncias de 68 comunicadores que fueron víctimas de agresiones como robo, asalto, lesiones, secuestro, allanamiento de morada y/o detención arbitraria. Pero la PGR, encabezada sucesivamente por Jesús Murillo Karam, Areli Gómez González, Raúl Cervantes Andrade y Alberto Elías Beltrán, apenas dio seguimiento a la investigación de 28 homicidios de periodistas, 102 amenazas de muerte y 68 agresiones diversas contra comunicadores.

Ya en la administración del presidente Andrés Manuel López Obrador, nada más en los primeros 40 meses de gobierno —con Alejandro Gertz Manero al frente de la Fiscalía General de la República— se han registrado 46 asesinatos de periodistas y dos desapariciones forzadas. A la lista de ataques a la prensa se agregan 139 amenazas de muerte y 23 agresiones diversas que causaron denuncias de periodistas ante la FGR. Sin embargo, la eficiencia de la Fiscalía General de la República, a través de la FEADLE, no ha sido distinta de la registrada en los gobiernos pasados; hoy no sólo se observa un porcentaje similar de impunidad en las investigaciones de esos ilícitos, sino que la FGR de Gertz Manero parece más selectiva en su función de atracción de esos casos.

En el gobierno de Felipe Calderón, el 51 por ciento de los homicidios de periodistas no se investigaron, tampoco el 72 por ciento de las denuncias por amenazas de muerte ni el 63 por ciento de las denuncias por agresiones diversas contra comunicadores. Esas cifras no variaron sustancialmente durante la administración de Enrique Peña Nieto: se dejaron de investigar el 69 por ciento de los asesinatos de periodistas, el 65 por ciento de las amenazas de muerte y el 55 por ciento de las denuncias por agresiones de robo, asalto, lesiones, secuestro, allanamiento de morada y/o detención arbitraria que interpusieron los comunicadores víctimas de la violencia generalizada.

Con Alejandro Gertz Manero al frente de la FGR, en la administración de Andrés Manuel López Obrador, la historia de impunidad que día a día escribe la FGR sobre las agresiones a los periodistas es similar a la que esa dependencia tuvo en los pasados gobiernos neoliberales. Nada ha cambiado. Al cierre de este trabajo, el 74 por ciento de los asesinatos cometidos contra periodistas ni siquiera habían sido atraídos por la FGR. Sólo 12 asesinatos habían causado alta con una carpeta de investigación dentro de la FEADLE. El resto, otros 34 asesinatos de comunicadores, pese a contar con elementos suficientes para que la FGR ejerciera su facultad de atracción, se dejaron en manos de las fiscalías de los estados donde ocurrieron y donde el índice de impunidad es superior al 90 por ciento, a causa de la lentitud o la falta de investigaciones.

En lo que va de la administración del presidente Andrés Manuel López Obrador, hasta el cierre de este trabajo, de los 46 asesinatos de periodistas, dos sucedieron en diciembre de 2018, otros 13 en 2019 y 14 en 2020. Durante 2021 fueron ejecutados ocho más y dos fueron desaparecidos, en tanto que en los primeros tres meses de 2022 fueron asesinados nueve comunicadores. Se piensa que la ola de agresiones contra los periodistas, como lo reconoció el subsecretario de Derechos Humanos de la Secretaría de Gobernación (Segob), Alejandro Encinas, puede deberse a la colusión que siguen manteniendo miembros del crimen organizado con funcionarios de gobierno de los niveles estatal y municipal.

Los periodistas asesinados durante la administración del presidente López Obrador son: Jesús Alejandro Márquez Jiménez (Tepic, 2 de diciembre de 2018), Diego García Corona (Ecatepec, 5 de diciembre de 2018), Rafael Murúa Manríquez (Santa Rosalía, 20 de enero de 2019), Jesús Ramos Rodríguez (Emiliano Zapata, 9 de febrero de 2019), Reynaldo López (Hermosillo, 16 de febrero de 2019), Santiago Barroso Alfaro (San Luis Río Colorado, 15 de marzo de 2019), Omar Iván Camacho (Guamúchil, 24 de marzo de 2019), Gabriel Garza Flores (Nuevo Laredo, 14 de abril de 2019), Telésforo Santiago Enríquez (Oaxaca, 2 de mayo de 2019), Francisco Romero Díaz (Playa del Carmen, 16 de mayo de 2019), Norma Sarabia (Huimanguillo, 11 de junio de 2019), Rogelio Barragán Pérez (Zacatepec, 30 de julio de 2019), Édgar Alberto Nava López (Zihuatanejo, 2 de agosto de 2019), Jorge Celestino Ruiz Vázquez

(Actopan, 2 de agosto de 2019) y Nevith Condés Jaramillo (Tejupilco, 24 de agosto de 2019).

La lista sigue con Álvaro Ruiz (Santo Domingo Pichucalco, 5 de enero de 2020), Fidel Ávila (Huetamo, 8 de enero de 2020), Teresa Aracely Alcocer (Ciudad Juárez, 19 de febrero de 2020), María Elena Ferral Hernández (Papantla, 30 de marzo de 2020), Víctor Fernando Álvarez Chávez (Acapulco, 11 de abril de 2020), Jorge Miguel Armenta Ávalos (Ciudad Obregón, 16 de mayo de 2020), Alma Angélica Aguilar Domínguez (Cajeme, 10 de junio de 2020), José Castillo (Ciudad Obregón, 11 de junio de 2020), Pablo Morrugares Parraguirrre (Iguala, 1 de agosto de 2020), Julio Valdivia (Tezonapa, 9 de septiembre de 2020), Arturo Alba Medina (Ciudad Juárez, 29 de octubre de 2020), Jesús Alfonso Piñuelas (Cajeme, 2 de noviembre de 2020), Israel Vázquez Rangel (Salamanca, 9 de noviembre de 2020) y Jaime Daniel Castaño Zacarías (Jerez, 9 de diciembre de 2020).

Durante el tercer año de gobierno del presidente López Obrador fueron desaparecidos los periodistas Jorge Molontzin Centlal (Caborca, 9 de marzo de 2021) y Pablo Felipe Romero Chávez (Guaymas, 25 de marzo de 2021). En ese mismo año fueron ejecutados Benjamín Morales Hernández (Caborca, 3 de mayo de 2021), Gustavo Sánchez Cabrera (Tehuantepec, 17 de junio de 2021), Enrique García (Metepec, 18 de junio de 2021), Saúl Tijerina Rentería (Ciudad Acuña, 22 de junio de 2021), Abraham Mendoza (Morelia, 19 de julio de 2021), Ricardo Domínguez López (Guaymas, 22 de julio de 2021), Jacinto Romero Flores (Ixtaczoquitlán, 19 de agosto de 2021) y Manuel González Reyes (Cuernavaca, 28 de septiembre de 2021).

En lo que corresponde a nada más a los primeros tres meses de 2022, como si fuera una suerte de destino fatal, ya habían sido asesinados los periodistas José Luis Gamboa (Veracruz, 10 de enero de 2022), Alfonso Margarito Martínez (Tijuana, 17 de enero de 2022), Lourdes Maldonado (Tijuana, 23 de enero de 2022), Roberto Toledo (Zitácuaro, 31 de enero de 2022), Ernesto Islas Flores (Tijuana, 6 de febrero de 2022), Heber López Vásquez (Salinas Cruz, 10 de febrero de 2022), Jorge Camero (Empalme, 24 de febrero de 2022), Juan Carlos Muñiz (Fresnillo, 3 de marzo de 2022) y Armando Linares López (Zitácuaro, 15 de marzo de 2022).

La FEADLE, por ninguna parte

A pesar de la enorme lista de periodistas agraviados con el arrebato de sus vidas y de que la FGR cuenta con una fiscalía especializada para la atención de delitos cometidos contra los profesionales de la comunicación, de los 46 homicidios registrados contra periodistas durante la gestión de Alejandro Gertz Manero al frente de la FGR, esa dependencia sólo ha atraído las investigaciones de 12. El resto, los otros 34 homicidios, simplemente no han sido de interés para la FEADLE, por una razón: se sigue la misma estrategia de descalificación que la PGR utilizó en administraciones pasadas.

La FGR de Alejandro Gertz Manero, siguiendo el viejo manual de los gobiernos neoliberales, para evitar que las cifras negras de asesinatos de periodistas sean más alarmantes, atiende *a pie juntillas* las recomendaciones de organizaciones internacionales, supuestas defensoras de derechos de los periodistas, como Artículo 19, Reporteros Sin Fronteras (RSF) y el Comité para la Protección de Periodistas (CPJ, por sus siglas en inglés), cuya principal labor es desacreditar como tales a los periodistas víctimas de homicidio.

La desacreditación de periodistas que, tras ser asesinados, vuelven a ser agraviados al ser despojados de su calidad profesional no es producto de la actual administración federal, pero sí es una salida de la que se ha valido la FGR de Gertz Manero para evitar que las cifras oficiales de periodistas asesinados sean tan alarmantes. Esta práctica, la de desacreditar a los periodistas para que no aparezcan en la lista oficial de asesinatos contra el gremio, se viene aplicando en México desde la administración del presidente Vicente Fox, justo cuando Alejandro Gertz Manero era secretario de Seguridad

Pública federal y concilió acuerdos con organizaciones supuestamente representantes de derechos de periodistas para que no todos sus asesinatos fueran reconocidos como agresiones a la libertad de expresión.

En 2001, cuando Gertz Manero apenas llevaba dos meses al frente de la Secretaría de Seguridad del gobierno federal, cuando apenas comenzaba la ola de asesinatos contra periodistas, este se reunió con los representantes de las organizaciones Artículo 19, RSF y CPJ para establecer un protocolo de atención a esos asesinatos, de modo que la ola de violencia no empañara la imagen de la administración del presidente Vicente Fox. Tras la reunión con sus representantes, RSF, Artículo 19 y el CPJ asumieron el compromiso de, bajo sus propios criterios, referir a la autoridad federal cuáles de los asesinatos de periodistas sí serían dignos de ser investigados bajo el estatus de "ejecutado por su labor informativa", cuáles serían considerados asesinatos en función de su trabajo.

En 2001 fueron asesinados cuatro periodistas: José Luis Ortega Mata (Chihuahua, 19 de febrero de 2001), José Barosa Bejarano (Chihuahua, 9 de marzo de 2001), Saúl Martínez Gutiérrez (Tamaulipas, 29 de marzo de 2001) y Humberto Méndez Rendón (Durango, 9 de febrero de 2001). Sin embargo, bajo la política de descrédito ideada por el secretario de Seguridad Pública, Alejandro Gertz Manero, las organizaciones que supuestamente eran defensoras de los derechos de los comunicadores sólo avalaron como periodistas a los primeros tres. A Humberto Méndez Rendón se le descalificó su condición de periodista y por ello no se cuantifica en la lista negra de periodistas asesinados.

El asesinato de Humberto Méndez Rendón tuvo lugar en el interior de su domicilio, en Gómez Palacio, Durango, donde su agresor le asestó seis puñaladas, pero la SSP de Gertz Manero no lo consideró un ataque a la libertad de expresión, pese a que la víctima era reportero y conductor del canal 9 de televisión. En las investigaciones —que corrieron por cuenta de la procuraduría estatal— se subrayó particularmente su preferencia homosexual, lo que, sin hacer mayor investigación de su labor profesional, perfiló el homicidio como pasional. Ese argumento, planteado y asumido por Artículo 19, RSF y el CPJ, fue la base para no considerarlo un ataque al periodismo.

Durante el segundo año de gestión de Alejandro Gertz Manero como titular de la Secretaría de Seguridad Pública del gobierno federal, en 2003, se registraron los asesinatos de tres periodistas: Félix Alonso Fernández García (Tamaulipas, 17 de enero de 2003), José Miranda Virgen (Veracruz, 19 de octubre de 2003) y Julio Samuel Morales Ferrón (Ciudad de México, 1 de febrero de 2003), pero a causa de la política discriminatoria instaurada por Gertz Manero, el asesinato de este último periodista no se consideró agresión a la libertad de prensa, sólo porque "las pesquisas" de Artículo 19 referían que se trataba de un hecho alejado de la labor informativa de la víctima.

Artículo 19, sin tener facultades para la investigación, estableció que Julio Samuel Morales Ferrón, quien escribía para *El Sol de Medio Día*, fue degollado durante una riña en la que presuntamente la víctima fue objeto de un asalto para despojarlo de sus pertenencias, en hechos ocurridos en las inmediaciones de la Asociación Mexicana de Radio y Televisión, de la que el periodista era presidente. La víctima tenía 79 años de edad y más de 50 de ser periodista. Aun así, de un plumazo, se le arrebató su calidad periodística, sólo para que su muerte no engrosara la lista negra de comunicadores asesinados.

Bajo esa misma política discriminatoria, en 2003, el gobierno federal de entonces sólo reconoció el asesinato de un periodista, el de Rafael Villafuerte Aguilar (Guerrero, 13 de diciembre de 2003), dejando en el limbo los homicidios de los periodistas Jesús Mejía Lechuga, ocurrido en el municipio de Martínez de la Torre, Veracruz, el 10 de junio, y el de Gregorio Urieta, registrado en Acapulco, Guerrero, el 15 de septiembre, de los cuales sí dieron cuenta diversos medios informativos. El gobierno federal, a través de la Secretaría de Seguridad de Gertz Manero y la organización Artículo 19, desestimó estos dos homicidios bajo la presunción —sin investigación de por medio— de que las víctimas estaban coludidas con el crimen organizado, lo que hasta el cierre de este trabajo no se ha demostrado en las averiguaciones, que se encuentran inconclusas.

Con los mismos resultados del pasado

Durante los últimos cinco meses de gestión Alejandro Gertz Manero al frente de la Secretaría de Seguridad Pública, del 1 de enero al 3 de junio de 2004, sólo se registró el asesinato de un periodista, pero la inercia de la política de descrédito establecida por Gertz Manero y los organismos internacionales de supuesta protección de los derechos de los periodistas siguió con su inercia… En 2004, oficialmente se registraron cuatro homicidios de comunicadores: Roberto Mora García (Tamaulipas, 19 de marzo de 2004), Francisco Ortiz Franco (Baja California, 22 de junio de 2004), Francisco Arratia (Tamaulipas, 31 de agosto de 2004) y Gregorio Rodríguez (Sinaloa, 28 de noviembre de 2004). El gobierno federal de entonces negó su calidad profesional de periodista a Leodegario Aguilera Lucas, quien no fue aceptado como tal debido a su condición de desaparecido, aun cuando el mismo gobierno federal reconoció los restos de este comunicador, localizados el 8 de septiembre de 2004, luego de que en la zona de Pie de la Cuesta, Acapulco, se encontraron unos restos óseos que, según un peritaje, eran de Leodegario, aunque en realidad se trataba de los restos de un animal.

Tampoco se reconoce como un atentado contra la prensa el homicidio de Alberto Torres Villegas, fotoperiodista de *El Sol del Centro*, quien fue ejecutado el 11 de febrero de 2004 en la ciudad de Córdoba, Veracruz. Las razones de la desacreditación sobre el homicidio de Alberto Torres Villegas no se conocen oficialmente, pero versiones de sus familiares sostienen que dicho asesinato no se reconoce en la lista de agravios a periodistas debido a que la víctima nunca denunció ningún tipo de amenaza de muerte, además de que la entonces Procuraduría General de Justicia del Estado de Veracruz, en las primeras indagatorias, determinó que se trató del resultado de una riña personal que mantenía el periodista con su agresor. Esa misma razón, que fue alentada por Artículo 19 y Reporteros Sin Fronteras, fue la que argumentó la entonces PGR para no atraer el caso de investigación.

Bajo ese *modus operandi* que implantó Alejandro Gertz Manero desde a principios de 2001, en el cual si la víctima no es acreditada como periodista no interviene la FGR, y por ende se trata sólo de uno más de los miles de homicidios culposos que ocurren en México, es fácil entender la discrecionalidad de la FGR en cuanto a las investigaciones de las agresiones y asesinatos de periodistas que han ocurrido en lo que va de la administración del presidente Andrés Manuel López Obrador. Por ello vale la pena insistir: de los 46 homicidios de comunicadores registrados entre el 1 de diciembre de 2018 y el 30 de marzo de 2022, sólo 12 han causado alta con la debida carpeta de investigación dentro de la FGR.

Los 12 homicidios que selectivamente fueron atraídos por la Fiscalía Especial para la Atención de Delitos cometidos contra la Libertad de Expresión (FEADLE) son los de Rafael Murúa Manríquez, Santiago Barroso Alfaro, Francisco Romero Díaz, Norma Sarabia, Nevith Condés Jaramillo, Álvaro Ruiz, María Elena Ferral Hernández, Pablo Morrugares Parraguirrre, Alfonso Margarito Martínez, Lourdes Maldonado, Heber López Vásquez y Armando Linares López. Los otros periodistas asesinados, dentro de la desgracia de su muerte, no contaron con la fortuna de que se les reconociera su calidad periodística como para que las investigaciones de sus homicidios fueran atraídas por la FGR.

Sólo para agregar cómo es que el titular de la nueva Fiscalía General de la República sigue ciñéndose a las viejas formas de gobiernos anteriores, baste recordar que durante la administración del presidente Felipe Calderón, cuando la prensa sufrió la más terrible de las andanadas, cobró auge como nunca la política de desacreditación instaurada por Gertz Manero en coordinación con las organizaciones Artículo 19, RSF y el CPJ. En ese periodo, casi el 25 por ciento de los asesinatos de periodistas no fueron reconocidos como agresiones a la prensa porque muchos de esos homicidios fueron descalificados *de facto* al poner en tela de duda la categoria de periodistas de las víctimas, una calidad que no está reconocida en ninguna de las leyes que rigen el marco jurídico nacional.

En 2006, de las diez ejecuciones de periodistas que se registraron, al menos dos no se reconocieron como agravios a la prensa: a José Valdés, asesinado en Sabinas, Coahuila, el 6 de enero de ese año, sólo lo reconoció Artículo 19, pero no la Comisión Nacional de los Derechos Humanos (CNDH) ni la PGR de entonces; mientras que el homicidio de Rosendo Pardo Osuna, ocurrido en Tuxtla Gutiérrez, Chiapas, el 26 de marzo de 2006, no fue reconocido por Artículo 19, pero sí por la CNDH. Los homicidios que ambas instancias reconocieron como ejecuciones en función de su desempeño periodístico durante 2006 son los de Jaime Arturo Olvera Bravo (La Piedad, Michoacán, 9 de marzo), Ramiro Téllez Contreras (10 de marzo, Nuevo Laredo, Tamaulipas), Enrique Perea Quintanilla (ciudad de Chihuahua, 9 de agosto), William Bradley Roland (Santa Lucía del Camino, Oaxaca, 27 de octubre), Misael Tamayo Hernández (Zihuatanejo, Guerrero, 10 de noviembre), José Manuel Nava Sánchez (Ciudad de México, 17 de noviembre), Roberto Marcos García (municipio de Antón Lizardo, Veracruz, 21 de noviembre), Alfonso Sánchez Guzmán (Orizaba, Veracruz, 21 de noviembre) y Raúl Marcial Pérez (ciudad de Oaxaca, 8 de diciembre).

Las inconsistencias de descalificación se repitieron en la lista de los periodistas asesinados en 2007. En ese año algunos medios de comunicación dieron cuenta del asesinato de 12 periodistas, aunque en realidad allí se incluyó a tres voceadores y un periodista desaparecidos (Rodolfo Rincón Taracena, de Villahermosa, Tabasco, sin rastro desde el 20 de enero de 2007), pero la CNDH y la PGR de entonces sólo reconocieron cuatro ejecuciones, mientras que Artículo 19 fue más escrupulosa y nada más clasificó tres asesinatos en función de su ejercicio profesional. Para la CNDH y la PGR los únicos asesinatos en agravio de periodistas cometidos en ese año fueron los de Óscar Rivera Inzunza (Culiacán, Sinaloa, 5 de septiembre), Gastón Alonso Acosta Toscano (Agua Prieta, Sonora, 4 de diciembre), Amado Ramírez Dillanes (Acapulco, Guerrero, 6 de abril) y Gerardo Israel García Pimentel (Uruapan, Michoacán, 8 de diciembre). A estos dos últimos asesinatos también los reconoció como agravios a la prensa Artículo 19, a los que sumó el de Saúl Noé Martínez Ortega, quien apareció ejecutado siete días después de su desaparición en el municipio de Agua Prieta, Sonora, pero que para la CNDH y la FGR aún no aparece.

Tanto la CNDH como Artículo 19 no reconocieron de manera oficial los asesinatos de Gerardo Guevara Domínguez, cuyo cuerpo fue encontrado en un barranco del municipio de Ocampo, Chihuahua, tres meses después de haber sido reportado como desaparecido, hecho que ocurrió en el municipio de Ocampo, pero del estado de Durango. Ni el de Gabriel González Rivera, quien fue asesinado de un balazo en la nuca en la colonia Nativitas de la hoy alcaldía de Benito Juárez, en la Ciudad de México, el 9 de mayo de 2017.

Por razones obvias, al menos así se entiende, los de Mateo Cortés Martínez, Agustín López Nolasco y Flor Vásquez López, ocurridos el 8 de octubre de 2007 en el municipio de Tehuantepec, Oaxaca, no fueron considerados por la CNDH, la PGR ni Artículo 19 como asesinatos de periodistas, pues estas tres víctimas eran voceadores, aun cuando sus homicidios fueron a causa de la distribución de un periódico. Las tres víctimas trabajaban para *El Imparcial del Istmo*, el cual llevaban a distribuir al municipio de Salina Cruz, cuando fueron interceptados por un comando armado que los acribilló a la altura del fraccionamiento La Noria. Pero el que sí era periodista y no se considera como tal en las estadísticas oficiales es Juan Pablo

Solís, quien fue encontrado muerto el 8 de diciembre de ese mismo año, luego de estar desaparecido una semana, en el municipio de Tuxpan, Michoacán.

En 2008 muchos medios de comunicación informaron de 15 homicidios de periodistas y la desaparición de uno. El periodista desaparecido, del que hasta la fecha se desconoce su paradero, es el michoacano Mauricio Estrada Zamora, quien trabajaba para *La Opinión de Apatzingán*. De los ejecutados, todas las notas periodísticas —muchas de ellas escritas por sus propios compañeros de trabajo— señalaron que la causa fue su labor informativa. Pero la CNDH, la entonces PGR y Artículo 19 no lo consideraron así, pues solamente diez de esos 15 asesinatos se encuentran clasificados como ataques en función de su ejercicio periodístico. En ese año la cuenta oficial de estos dos organismos fue coincidente, ambos reconocieron como ataques a la libertad de prensa los asesinatos de Francisco Ortiz Monroy (Camargo, Tamaulipas, 2 de febrero), Bonifacio Cruz Santiago (Nezahualcóyotl, Estado de México, 7 de febrero), Alfonso Cruz Pacheco (Nezahualcóyotl, Estado de México, 7 de febrero), Teresa Bautista Merino (Putla de Guerrero, Oaxaca, 7 de abril), Felícitas Martínez Sánchez (Putla de Guerrero, Oaxaca, 7 de abril), Candelario Pérez (Ciudad Juárez, Chihuahua, 23 de junio), Alejandro Zenón Fonseca Estrada (Villahermosa, Tabasco, 23 de septiembre), David García Monroy (Chihuahua, Chihuahua, 9 de octubre), Miguel Ángel Villagómez Valle (Lázaro Cárdenas, Michoacán, 10 de octubre) y Armando Rodríguez Carreón (Ciudad Juárez, Chihuahua, 13 de noviembre).

Los cinco asesinatos que no se reconocen oficialmente como agresiones a la prensa fueron los de Claudia Rodríguez Llera (del municipio de Metepec, Estado de México, cuyo cuerpo fue encontrado el 7 de enero, con un balazo en la cabeza, a bordo de una camioneta abandonada en una solitaria calle de la colonia El Caracol, en la demarcación de Venustiano Carranza, de la Ciudad de México), Luis Villanueva Berrones (que fue encontrado el 27 de febrero de 2008 en Ciudad Victoria, Tamaulipas, en una aparente escena de suicidio que fue tomada como tal sin mayor investigación, aun cuando la víctima había recibido amenazas de muerte tres años antes de su ejecución), el asesinato o desaparición de José Carlos Campos Ezquerra (de Culiacán, Sinaloa, de quien simplemente se dejó de saber desde el 24 de junio de ese año, cuando dejó de trabajar para el periódico *Debate,* sin que exista una investigación formal que siga la pista de un asesinato o una desaparición forzada o voluntaria), Francisco Javier Salas (quien compaginaba su trabajo de voceador con el de incipiente reportero de nota roja en el periódico *El Mexicano* en Tijuana, Baja California; fue asesinado a balazos el 10 de octubre en la colonia Pórticos de San Antonio al sur de Tijuana) y Raúl Martínez López (de Poza Rica, Veracruz, quien fue ejecutado de 12 puñaladas en un aparente asalto a su domicilio la madrugada del 14 de diciembre de 2008).

En 2009, otra vez producto de la política de desacreditación implementada por Gertz Manero para el reconocimiento a modo de los homicidios cometidos en razón del ejercicio periodístico, hizo falsear las cifras oficiales: ese año la CNDH aceptó 12 asesinatos de periodistas, mientras que Artículo 19 solamente consideró que nueve de los 15 homicidios que registraron los medios informativos se cometieron a causa del trabajo informativo de las víctimas. Los únicos asesinatos en que ambas instancias coincidieron fueron los de Jean Paul Ibarra Ramírez (Iguala, Guerrero, 13 de febrero), Luis Daniel Méndez Hernández (Huayacocotla, Veracruz, 24 de febrero), Carlos Ortega Melo Samper (Santa María El Oro, Durango, 3 de mayo), Eliseo Barrón Hernández (Gómez Palacio, Durango, 26 de mayo), Juan Daniel Martínez Gil (Acapulco, Guerrero, 28 de julio), Norberto Miranda Madrid (Casas Grandes, Chihuahua, 23 de septiembre), José Vladimir Antuna García (Durango, Durango, 2 de noviembre), José Alberto Velázquez López (Tulum, Quintana Roo, 23 de diciembre) y José Luis Romero (Los Mochis, Sinaloa, 31 de diciembre).

En ese mismo año, Artículo 19 y la PGR no reconocieron los otros tres asesinatos que la CNDH ha dado como atentados oficiales a la prensa: los de Jaime Omar Gándara Sanmartín (ciudad de Chihuahua, 21 de septiembre), Gerardo Esparza Mata (ciudad de Durango, 10 de octubre) y José Emilio Galindo Robles (Ciudad Guzmán, Jalisco, 24 de noviembre). Donde la PGR y Artículo 19 sí coincidieron fue en la descalificación de los asesinatos de Martín Javier Miranda Avilés (quien fue encontrado ejecutado a puñaladas dentro de su casa en el municipio de Zitácuaro, Michoacán, el 12 de julio), Ernesto Montañez Valdivia (que fue acribillado a bordo de una camioneta el 14 de julio, en el municipio de Ciudad Juárez, Chihuahua) y el de Fabián Ramírez López (un locutor de la estación de radio La Magia 97.1 de Mazatlán, cuyo cuerpo cercenado fue encontrado en las inmediaciones del fraccionamiento Rinconada del Valle de esa ciudad porteña el 11 de octubre de 2009).

Para el año 2010, la historia de descalificaciones a periodistas ejecutados no varió en nada. De 21 asesinatos que fueron consignados por los medios de comunicación de todo el país, la CNDH y la PGR sólo reconocieron nueve como agresiones a la prensa, mientras que Artículo 19 abanderó diez. Más de la mitad de los homicidios de periodistas en ese año fueron descalificados *a priori*, sin que se llevaran a cabo las investigaciones pertinentes. Así, los dos organismos sólo coincidieron en el reconocimiento de los asesinatos de Martín Valdés Espinoza (Saltillo, Coahuila, 8 de enero), Jorge Ochoa Martínez (Ayutla de los Libres, Guerrero, 29 de enero), Evaristo Pacheco Solís (Chilpancingo, Guerrero, 12 de marzo), Juan Francisco Rodríguez Ríos (Coyuca de Benítez, Guerrero, 12 de junio), Marco Aurelio Martínez Tijerina (Montemorelos, Nuevo León, 10 de julio), Guillermo Alcaraz Trejo (Chihuahua, Chihuahua, 10 de julio) y Carlos Alberto Guajardo Romero (Matamoros, Tamaulipas, 5 de noviembre).

La CNDH y la PGR de Felipe Calderón también reconocieron el asesinato de José Luis Romero, registrado en Los Mochis, Sinaloa, el 16 de enero de 2010, y el de Luis Enrique Villicaña Palomares, registrado en la ciudad de Morelia, Michoacán, el 10 de abril de ese mismo año, los cuales no fueron considerados como ataques a la prensa por parte de Artículo 19. En contraparte, esta misma organización sí reconoció los asesinatos de periodistas en función de su trabajo que no fueron reconocidos por la CNDH y la PGR, como el de Jorge Rábago Valdez (Reynosa, Tamaulipas, 2 de marzo), Hugo Alfredo Olivera Cartas (Apatzingán, Michoacán, 6 de julio) y Luis Carlos Santiago Orozco (Ciudad Juárez, Chihuahua, 16 de septiembre).

Los asesinatos de periodistas que en 2010 no aparecen en la lista oficial de la CNDH y Artículo 19, los dos organismos que en apariencia son los más confiables en la documentación de agravios contra el gremio, son los de David Silva (Reynosa, Tamaulipas, 9 de marzo), María Isabella Cordero Martínez (ciudad de Chihuahua, 17 de abril), Miguel Ángel Bueno Méndez (Huixquilucan, Estado de México, 23 de junio), María Elvira Hernández Galeana (Coyuca de Benítez, Guerrero, 28 de junio), Marcelo de Jesús Tejero Ocampo (Ciudad del Carmen, Campeche, 7 de septiembre), Rafael Armando Muro (Ciudad Juárez, Chihuahua, 27 de septiembre) y Selene Hernández León (encontrada muerta en la habitación de un hotel de la ciudad de Toluca, el 28 de octubre de 2010). A estos asesinatos se agregan los de los voceadores Juan Francisco García Márquez (Ciudad Juárez, Chihuahua, 30 de septiembre) y José Juan Núñez Sarabia (Santiago Papasquiaro, Durango, 4 de octubre), quienes no sólo vendían periódicos, sino que colaboraban en ocasiones con fotografías y datos que ilustraban y fortalecían la sección de nota roja de sus medios de comunicación.

De los 15 homicidios cometidos contra periodistas en 2011, en el penúltimo año del gobierno de Felipe Calderón, otra vez la discriminación y la calificación *a priori* dejaron fuera de la lista oficial a casi una tercera parte de las víctimas. La CNDH y la PGR sólo reconocieron nueve ejecuciones en función del trabajo periodístico, mientras que Artículo 19 avaló ocho. Únicamente en seis casos los representantes de estas instancias coincidieron en los criterios para reconocer a las y los ejecutados como periodistas: Luis Emmanuel Ruiz Carrillo (Guadalupe, Nuevo León, 25 de marzo), Miguel Ángel López Velasco —Milo Vela— (Ciudad de Puerto de Veracruz, 20 de junio), Misael López Solana (ejecutado en el mismo lugar y día que su padre Milo Vela), Yolanda Ordaz de la Cruz (Veracruz, Veracruz, 26 de julio), María Elizabeth Macías Castro (Nuevo Laredo, Tamaulipas, 24 de septiembre) y Humberto Millán Salazar (Culiacán, Sinaloa, 25 de agosto).

Sumados a estos asesinatos, la CNDH reconoció el de José Luis Cerda Meléndez (Guadalupe, Nuevo León, 25 de marzo) y los de María Marcela Yarce Viveros y Rocío González Trápaga (ambos ocurridos el 1 de septiembre de 2011 en la demarcación de Iztapalapa, Ciudad de México), los cuales no fueron considerados como agravios al periodismo por parte de Artículo 19, organización que con base en sus propios criterios sí reconoció como agravios los asesinatos de Noel López Olguín (Chinameca, Morelos, 31 de mayo) y de Pablo Ruelas Barraza (Huatabampo, Sonora, 14 de junio), los cuales no fueron reconocidos por la CNDH ni por la PGR de entonces.

Los asesinatos que en ese mismo año ni la CNDH, ni la PGR, ni Artículo 19 consideraron atentados al periodismo fueron los de Rodolfo Ochoa Moreno (Torreón, Coahuila, 9 de febrero), Juan Roberto Gómez Meléndez (registrado en el mismo lugar, día y hora que el de su primo José Luis Cerda Meléndez, el 25 de mayo, en Guadalupe, Nuevo León), Ángel Castillo Corona (Ocuilan, Estado de México, 3 de julio) y Hugo César Muruato Flores (Chihuahua, Chihuahua, 3 de diciembre).

En 2012 fueron 19 los asesinatos de periodistas que se registraron, según lo reportaron en ese año muchos medios de comunicación de todo país, pero para la CNDH y la PGR sólo ocurrieron cinco; los otros 14 se desestimaron en función de los criterios de los encargados de llevar la estadística y las investigaciones. En ese año, Artículo 19 y Reporteros Sin Fronteras fueron más condescendientes, pues reconocieron que siete de los 19 homicidios de periodistas sí estaban relacionados con su labor informativa y los incluyeron en la lista oficial de agraviados. Pero únicamente en cuatro casos fueron concurrentes los criterios de la CNDH, la PGR, RSF y Artículo 19, reconociendo como víctimas de ataques al periodismo a Regina Martínez Pérez (Xalapa, Veracruz, 28 de abril); Gabriel Huge Córdova, Guillermo Luna Varela y Esteban Rodríguez, ejecutados en grupo en el municipio de Boca del Río, Veracruz, en hechos que sucedieron el 3 de mayo, cuando y donde también se encontraba Ana Irasema Becerra Jiménez, compañera de estos tres ejecutados, a la que se le ha negado la calidad de víctima del periodismo porque su labor no era de procesar información, sino la de buscar el financiamiento a través de la publicidad para el periódico *El Dictamen*, donde trabajaba.

Junto con el caso de Ana Irasema, la CNDH, la PGR, RSF y Artículo 19 también negaron el reclamo oficial para el esclarecimiento de los asesinatos de Raúl Régulo Quirino Garza (Cadereyta, Nuevo León, 6 de enero), Héctor Javier Salinas Aguirre y Javier Moya Muñoz (ambos ejecutados, el 20 de abril de 2012, dentro de un bar en el municipio de Chihuahua), Armando Montaño (Ciudad de México, 30 de junio), Ernesto Araujo Cano (Chihuahua, 19 de agosto), José Antonio Aguilar Mota y Arturo Barajas López (ambos ejecutados en una comunidad del municipio de Ecuándureo, Michoacán, el 20 de agosto), Ramón Abel López Aguilar (Tijuana, Baja California, 15 de octubre), Sergio Landa Rosales (cuyo cuerpo fue encontrado con huellas de tortura en el municipio de Cardel, Veracruz, el 27 de noviembre) y David Araujo Arévalo (que fue ejecutado de un balazo en la cabeza dentro de un automóvil, en Acapulco, Guerrero, el 22 de diciembre de 2012).

En la lista de los sí reconocidos por el gobierno federal en 2012 como asesinatos de periodistas a causa de su profesión se encuentran el de René Orta Salgado (Cuernavaca, Morelos, 13 de mayo), el cual Artículo 19 no reconoció como tal, pero sí los de Marco Antonio Ávila García (Empalme, Sonora, 18 de mayo), Víctor Manuel Báez Chino (Xalapa, Veracruz, 14 de junio) y Adrián Silva Moreno (Tehuacán, Puebla, 14 de noviembre), los que a su vez la CNDH y la PGR no reconocen.

Lo que se trata de exponer es que la historia de omisiones en cuanto a la investigación de homicidios de periodistas es cíclica. Y que así como una vez Alejandro Gertz Manero ideó la forma —a través de la desacreditación— para que las cifras oficiales de periodistas asesinados no fuera tan alarmante, hoy de nueva cuenta se observa esa estrategia, en la que implícitamente la Fiscalía General de la República recurre a la doble victimización de los asesinados, con la aparente intención de *lavar la cara* a una administración del gobierno federal que sin duda habrá de quedar marcada por la falta de procuración de justicia hacia el gremio informativo.

11

Justicia selectiva, el nuevo orden

La injusticia en cualquier parte es
una amenaza a la justicia de cualquiera.

—MARTIN LUTHER KING JR.,
defensor de derechos humanos

COMO SE APRECIA en su trayectoria, imbuido en sus venganzas personales y procurando la acción de la justicia únicamente en aquellos casos que le representan un interés particular, el fiscal Alejandro Gertz Manero parece que olvida sus funciones primarias: la de procurar el respeto al marco legal que rige la vida del país y garantizar el acceso a la justicia a las víctimas de cualquier delito federal. Esto no es una mera suposición, los hechos —reflejados en las estadísticas oficiales— así lo revelan, particularmente en el ámbito de procuración de justicia en torno a las agresiones que atentan contra los periodistas y la libertad de expresión.

Como ya ha quedado establecido, sólo en lo que va de la gestión de Gertz Manero al frente de la FGR, a la Fiscalía Especial para la Atención de Delitos cometidos contra la Libertad de Expresión (FEADLE) —según las estadísticas del Mecanismo de Protección de Personas Defensoras de Derechos Humanos y Periodistas— se le ha enterado de 46 casos de asesinatos de periodistas, 139 amenazas de muerte contra algún comunicador y por lo menos 23 señalamientos de hechos delictivos diversos que atentan contra la integridad de algún periodista, tales como secuestro, detención arbitraria, asalto, robo, allanamiento y/o lesiones.

Sin embargo, de esas 208 denuncias por delitos cometidos contra periodistas, la FEADLE nada más ha integrado 124 carpetas de investigación, equivalentes al 59.6 por ciento de todos los ilícitos que ha conocido. De acuerdo con el *Informe Estadístico* de la Fiscalía Especializada en Materia de Derechos Humanos (FEMDH), que incluye las acciones de la FEADLE, con fecha de corte a febrero de 2022, la FGR reconoce que, durante 2019, de 38 indagatorias iniciadas sólo siete concluyeron en carpetas de investigación y finalmente fueron consignadas ante un juez; en 2020, de 42 investigaciones de hechos iniciadas, sólo fueron consignadas tres carpetas de investigación; en 2021 se consignaron sólo tres carpetas de un total de 42 indagatorias; en tanto que en 2022 sólo se judicializaron (fueron registradas con un número de expediente a la espera de ser presentadas ante un juez competente) dos carpetas de investigación, de dos indagatorias iniciadas.[139]

¿Cuál es la causa de que la FGR aporte tan bajos rendimientos en la procuración de justicia, en materia de investigación de los delitos cometidos contra periodistas? "No es otra cosa que la omisión a modo. Ni siquiera es la ineptitud, la que se podría resolver con una adecuada capacitación de los agentes del Ministerio Público;

---

139. Fiscalía General de la República, *Informe Estadístico. Fiscalía Especializada en Materia de Derechos Humanos*, Ciudad de México, febrero de 2022.

es más bien la determinación de no querer hacer valer el Estado de derecho", explica el periodista Luis Cardona, quien sabe lo que es ser objeto de la doble victimización que el gobierno federal solapa a la FGR.

Después del secuestro, la injusticia

Luis Cardona es uno más de tantos periodistas desplazados en México por la ola de violencia que azota al país. En los últimos diez años ha deambulado por diversas partes de México, porque no hay lugar seguro para ejercer su periodismo. En 2012, un grupo del crimen organizado lo secuestró y lo llevó a tocar los linderos de la muerte, y en 2021 sufrió una ola de odio con amenazas de muerte por parte de seguidores del presidente Andrés Manuel López Obrador, solamente por haber cuestionado —en una conferencia mañanera— la estrategia de seguridad del gobierno federal. En el primero de los casos, los delincuentes lo han vetado de su natal estado de Chihuahua y le han prohibido —so pena de muerte— retornar con su familia. En el segundo caso, la FGR le ha negado la posibilidad de acceso a la justicia al sobreseer su denuncia por amenazas de muerte por parte de un seguidor de López Obrador que se encuentra plenamente identificado y que además cuenta con los recursos suficientes para atentar contra la vida del comunicador.

Cardona se encuentra en una encrucijada. Todos los días se debate entre el anhelo más profundo que sale de su alma y le reclama hacer periodismo de investigación y su realidad de proscrito que le recomienda mesura y paciencia para conservar lo que le queda de vida. "Esta no es vida", dice, mientras observa a su alrededor y fija la mirada en las blancas paredes de la casa que le ha asignado como refugio temporal el Mecanismo de Protección de Periodistas. "La vida de un periodista no debería ser así: escondiéndose para trabajar". Se lamenta. El lamento no es por él y sus circunstancias de vida. Es más bien por la falta de Estado de derecho que obliga a que los periodistas tengan que esconderse como si con su labor hubieran ofendido a la sociedad, "cuando debería ser al revés: los delincuentes son los que deberían estar escondidos".

La entrevista para este trabajo se lleva a cabo en alguna parte del México subterráneo. Llego de madrugada y me recibe sigilosamente en su refugio. Antes de cerrar la puerta, Luis Cardona voltea para todos lados. Es precavido. Cuida hasta los más mínimos detalles de su seguridad y la mía. Los dos estamos amenazados de muerte y eso nos obliga a vigilar milimétricamente cada uno de nuestros movimientos.

Dentro de la casa ya hay café. Todo el ambiente huele a café. Él va por su segunda taza.

—Es café de Veracruz —me presume.

Luego me muestra el empaque del café y se nota la leyenda: "Café exquisito de Costa Rica". Lo atrapo en la mentira.

—Es café de Costa Rica —le reviro—, allí dice en la etiqueta.

Él sólo suelta la risa. Es un niño grandote al que amo.

—¿Pero a poco no es casi como el de Veracruz? —me pregunta con sus ojos agotados por el insomnio.

Aunque el festejo es interminable, no hay tiempo que perder. De hecho, con Luis Cardona no se pierde el tiempo. Todo es un aprendizaje continuo. Es mi mejor amigo y nos hemos encontrado luego de muchos años de sólo mensajes de texto y alguna que otra reunión furtiva en alguna pulquería entre la Ciudad de México, Puebla o Tlaxcala.

La plática es larga y tan amena que poco importa el cansancio de 12 horas de viaje por carretera. Luis Cardona comienza por el principio: el día de su secuestro, cuando comenzó su viacrucis. Se lleva las manos a la cabeza como si le doliera recordarlo. Se espabila. Cuenta los trágicos sucesos de aquel 19 de septiembre de 2012. Eran las 11 de la mañana —recuerda—: él caminaba por el centro de la ciudad de Nuevo Casas Grandes, Chihuahua. Estaba tras la nota del día. Un saludo por aquí, otro por allá. Todos en esa localidad sabían quién era el reportero que caminaba preocupado sólo por lograr la información del día. Sin embargo, notó un hecho anómalo:

—Nadie de los que me saludaban respondían a mi saludo. Todos miraban detrás de mí.

Cuando se percató, vio que un grupo de soldados se bajaban de una camioneta. "Aquí va a haber nota", pensó para sí cuando el grupo de soldados se acercó. Pero sintió algo extraño. Su olfato de reportero lo hizo prender las alertas. Todos los soldados portaban rifles R-15.

—Eso me impactó —reconoce—. Yo sé que los militares no utilizan ese tipo de fusiles. Supuse que algo no cuadraba. Nunca me imaginé que aquel grupo de soldados no eran soldados y menos que iban a secuestrarme.

Aún no alcanzaba a armar todos los elementos de la imagen que sus ojos captaron cuando, al ver a otro grupo de hombres armados que bajaban de una segunda camioneta, sintió un piquete en las costillas y otro en el cuello. "¡Muévete, hijo de la chingada!", oyó una voz que lo aturdió.

Hasta ese momento Luis Cardona comprendió que aquellos hombres armados iban por él. Lo subieron a una camioneta Cherokee, modelo viejo, color verde, con cristales polarizados, y lo tiraron en los asientos traseros. Como si fuera un paquete sin destinatario, lo estuvieron paseando por las calles de la ciudad. Lo ataron de manos y le vendaron los ojos. Tras interminables minutos, la camioneta se detuvo.

—Se escuchó cuando abrieron un portón y entramos en la camioneta; me bajaron a empujones y me escoltaron hacia un lugar. Cuando íbamos caminando me tropecé y al poner las manos hacia adelante, para detenerme, sentí unos barrotes.

Entonces le quedó claro que estaba en las instalaciones de una comandancia de policía. Lo hincaron. Sintió los cañones de varios rifles sobre la cabeza. Luego una voz le habló: "Mira, cabrón, yo soy el jefe de la plaza. ¿Tú quién te crees? Aquí el jefe soy yo. ¿Tú te crees el jefe o quién?".

En ese mismo momento comenzaron a golpearlo. Los golpes venían de todas partes y en todas direcciones. Primero golpes secos en la cara. Luego —ya derribado— las patadas en todo el cuerpo. Entre lo caliente de los golpes, escuchaba a lo lejos a la misma voz, que le seguía hablando: "¡Esto es para que sepas quién es el jefe de la plaza! ¡Tú no eres un héroe!".

Después le preguntaron cuánto ganaba como reportero. Luis Cardona respondió como siempre, honestamente: "Como 250 pesos al día". "¿Y por esa pendejada te vas a morir?", le respondieron.

Y lo tiraron boca abajo. La sinfonía de golpes continuó. Eran golpes secos. Dolían donde pegaban. Pero también dejaban adormecido el músculo.

—Hubo un momento en que ya no se sentían los golpes. Entonces me abandoné y dejé que me golpearan.

Uno a uno cada golpe le iba adormeciendo el cuerpo. Casi suplicaba que lo siguieran golpeando, porque si paraban los golpes y luego seguían el dolor era más intenso.

Luego de la golpiza se quedó dormido. No desmayado, sino dormido. Cuando volvió en sí, fueron los golpes los que lo despertaron. Lo sacaron a un patio y lo volvieron a subir a una camioneta. Esa era una doble cabina. Lo recuerda como la pesadilla que todos los días le impide dormir. Supo que era una camioneta doble cabina porque lo hicieron acostarse en medio de los asientos. La camioneta se puso en marcha. Otra vez el tiempo sin medida. Lo cambiaron a otra camioneta que comenzó a circular por toda la ciudad. Le advirtieron que lo llevarían a un lugar sin señal para el teléfono celular. "Ya hemos llevado a otros allí. Pura carnita para los coyotes", se mofó el que parecía que tenía el mando.

—Me llevaron a un cerro. Me sentaron en la arena. Allí continuó el castigo. —Esta vez no le pegaron con los puños cerrados ni lo patearon.— Me laceraron con un fuete, de los que se usan para arrear el ganado.

Sus captores, como no tenían señal para el teléfono celular, debían bajar del cerro para pedir instrucciones sobre lo que se haría con el cautivo. Luis Cardona sólo esperaba el momento de la ejecución. Pero la orden que aquellos recibieron fue sólo hacerlo sangrar. Por una razón providencial, alguien desde el otro lado de la línea telefónica dio la instrucción a los captores de que le perdonaran la vida al periodista. "Tengo que pegarte, que salga sangre", le dijeron. "Quieren ver que salga sangre".

Esa fue la instrucción que le dieron a conocer sus captores. Necesitaban fotografías donde se viera la sangre del periodista. Luis sintió que volvió a nacer. Con gusto aceptó aquel momento. Lo siguieron lacerando. Pero no brotaba la sangre. Latigazos y más latigazos y no brotaba la sangre.

—Yo mismo —cuenta Luis Cardona con un dejo de risa— les di la idea de mojar arena, ponérmela en la espalda y entonces tomar la foto para que pareciera que sangraba.

Y así lo hicieron sus captores. Pero no se la dejaron tan fácil. Le pusieron un torniquete en el cuello para que supiera lo que es morir, según se lo dijeron.

—Morirse es fácil —reflexiona Cardona con la mirada perdida en los recuerdos que aún lo laceran—. Morir es lo más fácil de la vida: nada más se te va la luz y todo se vuelve silencio.

Eso fue lo que él sintió cuando le pusieron un torniquete en el cuello y lo fueron estrechando hasta que perdió el conocimiento. Sus captores le advirtieron que aquello era solamente para que sintiera lo que es morir asfixiado. Y Luis se dejó morir.

—Hasta que me desmayé —cuenta Luis como si volviera a renacer— fue cuando me quitaron el torniquete del cuello. En ese momento me desconecté. Eso fue para mí la muerte. Fue como no sentir nada. No me mataron, pero me morí.

Él todavía no sabe por qué sus captores no lo ejecutaron en el lugar. Mucho menos sabe quién dio la orden para perdonarle la vida, pero de lo que está seguro es que dentro de él no hubo miedo. Lo único que sentía era mucho coraje.

—Mucha impotencia. Estar solo con esta gente es difícil porque uno no se puede defender, no puede hacer nada. Lo único en lo que pensaba era en mi hijo menor, en cómo le iba a hacer para vivir después de que su padre muriera.

Entonces le dijeron: "Bueno, gordo, te pegamos otra chinga y te largas".

Esas fueron las palabras con las que sus captores firmaron aquel levantón. Lo golpearon hasta lo indecible y después lo dejaron abandonado a mitad de aquel cerro que fue su calvario. La causa de esta agresión fue que Luis Cardona, en su trabajo periodístico, había estado llevando el registro de los secuestros ocurridos en la región de Nuevo Casas Grandes, Chihuahua. Antes de su secuestro, pudo documentar 15. El suyo fue el número 16.

Derivado del secuestro que vivió en carne propia, el Mecanismo de Protección de Periodistas protegió a Luis Cardona. Lo sacaron de Chihuahua y lo reubicaron en otra parte del país. Pero no por ello terminaron sus problemas de seguridad. Al continuar con su labor informativa —porque el periodismo no lo deja a uno estar quieto—, se acreditó como representante de un medio de Chihuahua para dar cobertura a las conferencias mañaneras del presidente Andrés Manuel López Obrador. Todo iba bien. ¿Qué riesgo podría correr cubriendo las conferencia del presidente de la República? Pero estaba equivocado...

El 31 de octubre de 2019, en plena conferencia mañanera, cuando un grupo de periodistas cuestionó al presidente sobre la decisión del gobierno federal de abortar la operación militar que tenía por objetivo detener al narcotraficante Ovidio Guzmán López, jefe del Cártel de Sinaloa, Luis Cardona Galindo fue enfático al referir que el mismo gobierno federal no había generado información sobre la liberación de Ovidio —quien fue puesto en libertad cuando ya estaba sometido por las fuerzas federales—, saliendo con ello al paso de los señalamientos de amarillismo que confirió el presidente López Obrador a la prensa en general.

Sobre este particular es necesario recordar que, el 17 de octubre de 2019, elementos de las fuerzas federales de seguridad realizaron un operativo en la ciudad de Culiacán, Sinaloa. El objetivo era la captura con fines de extradición de Ovidio Guzmán López, quien era y es considerado uno de los mandos del Cártel de Sinaloa, junto con Ismael Zambada García, después de que Joaquín Guzmán Loera —padre de Ovidio Guzmán— fue juzgado y sentenciado a cadena perpetua por una corte federal de Estados Unidos.

Previo a la detención de Ovidio Guzmán López, las fuerzas federales de seguridad se enfrentaron a células del Cártel de Sinaloa, con un saldo de ocho personas muertas, según informó la Secretaría de la Defensa Nacional (Sedena):[140] una persona ajena a los hechos, un elemento de la Guardia Nacional, un interno de la cárcel de Aguaruto y cinco presuntos integrantes de esa organización criminal. Además, refiere el parte informativo de la Sedena, también resultaron lesionados 19 elementos de seguridad: un oficial y ocho agentes de la Guardia Nacional, siete soldados, un policía estatal y dos policías municipales.

Al saldo del llamado *Culiacanazo* se agrega el secuestro de 11 personas ligadas a la Sedena: dos oficiales y nueve elementos de tropa. Además, a otras 20 personas, entre ellas familiares de militares, elementos de las células del Cártel de Sinaloa las retuvieron como rehenes dentro de sus domicilios particulares, durante los enfrentamientos.

El saldo que comunicó la Sedena sobre los enfrentamientos de Culiacán, durante la fallida captura de Ovidio Guzmán López, di-

---

140. Secretaría de la Defensa Nacional, *Presentación Gráfica del Resumen de Afectaciones de los Sucesos Ocurridos en Culiacán el 17 de Octubre de 2019*, Ciudad de México, 30 de octubre de 2019.

fiere del saldo de la Secretaría de Seguridad Pública de Sinaloa, la que a través de su titular, Cristóbal Castañeda, reconoció que los enfrentamientos del *Culiacanazo* habían dejado un total de 13 personas muertas. Las otras cinco personas fallecidas que se agregan a las que informó la Sedena corresponden a cinco civiles que fueron encontrados ejecutados en la vía pública, un día después de los sucesos.

En estos acontecimientos la Fiscalía General de la República de Alejandro Gertz Manero fue totalmente omisa. No sólo no asumió públicamente ningún tipo de responsabilidad sobre el fallido operativo, sino que tampoco participó en las acciones de captura de Ovidio Guzmán López, pese a que la FGR tenía la obligación de detener al narcotraficante por una sola razón: a través de los acuerdos internacionales de colaboración que mantiene la FGR con el Departamento de Justicia de Estados Unidos, el gobierno de ese país le comunicó al fiscal Gertz Manero que el 2 de abril de 2018 una corte federal del estado de Columbia había girado una orden de aprehensión en contra de Ovidio Guzmán por los delitos de asociación delictuosa para distribuir drogas.

Posteriormente, el 3 de septiembre de 2019, el Departamento de Justicia le solicitó al fiscal Alejandro Gertz Manero efectuar las gestiones necesarias ante la justicia mexicana para pedir a un juez competente una orden de detención provisional con fines de extradición en contra de Ovidio Guzmán, al que el gobierno estadounidense consideró —y sigue considerando— cabeza principal del Cártel de Sinaloa, al haber heredado la estructura criminal que dejó acéfala Joaquín Guzmán Loera, el Chapo, luego de que una corte federal del estado de Nueva York lo juzgara y sentenciara.

Sobre esa petición del gobierno de Estados Unidos de una orden de captura con fines de extradición en contra de Ovidio Guzmán, la FGR cumplió: el 25 de septiembre de 2019, personal de esta dependencia adscrito al Centro de Justicia Penal Federal de Almoloya de Juárez, en el Estado de México, solicitó a un juez la citada orden de detención provisional en contra de Ovidio Guzmán, la cual que fue otorgada el día de su petición.[141]

Sin embargo, el fiscal general de Justicia, Alejandro Gertz Manero, bajo su criterio, optó por no ejecutar con su personal, la Policía Federal Ministerial, la referida orden de captura. Prefirió ceder su responsabilidad de procuración de justicia a la Secretaría de Seguridad y Protección Ciudadana, entonces a cargo de Alfonso Durazo Montaño, para que a través de la Guardia Nacional, y en coordinación con la Secretaría de la Defensa Nacional, dirigida por el general Luis Cresencio Sandoval González, hicieran el trabajo de la fiscalía.

Fue el 4 de octubre de 2019 cuando la Fiscalía General de la República integró la denuncia de requerimiento por parte del gobierno de Estados Unidos. El 7 de octubre, un agente del Ministerio Público federal giró a la Guardia Nacional un oficio de investigación sobre Ovidio Guzmán. Ese mismo 7 de octubre, personal de la Guardia Nacional inició las investigaciones sobre Ovidio Guzmán, apodado el Ratón, bajo la acusación de delincuencia organizada con la finalidad de acopio y tráfico de armas, secuestro, cobro de piso y delitos contra la salud. Las pesquisas de la Guardia Nacional, que no de la FGR, como correspondería, ubicaron tres probables lugares donde podría ser capturado Ovidio. Entre esos domicilios se ubicó el de José Muro Pico número 2403, del fraccionamiento Tres Ríos, en Culiacán, donde finalmente habría de ser detenido y liberado.

Ya teniendo plenamente ubicado a Ovidio Guzmán para capturarlo, personal de la Guardia Nacional a cargo de las investigaciones giró un oficio-solicitud de colaboración[142] al alto mando de la

141. Secretaría de la Defensa Nacional, orden de aprehensión contra Ovidio Guzmán, Presentación Gráfica del Resumen de Afectaciones de los Sucesos Ocurridos en Culiacán el 17 de Octubre de 2019, Ciudad de México, 30 de octubre de 2019.
142. Secretaría de la Defensa Nacional, Oficio de Colaboración, Presentación Gráfica del Resumen de Afectaciones de los Sucesos Ocurridos en Culiacán el 17 de Octubre de 2019, Ciudad de México, 30 de octubre de 2019.

Secretaría de la Defensa Nacional, esto el 8 de octubre del año de los sucesos. Al día siguiente, el 9 de octubre, a la FGR se le informó de la situación previa que existía en los domicilios donde se encontraba el objetivo. Otra vez al día siguiente, el 10 de octubre, la misma FGR se limitó a solicitar un informe respecto a las personas y los inmuebles donde se haría el operativo para la detención de Ovidio Guzmán. Sin dar señales de participación en el operativo que correspondía ejecutar a la FGR, esta dependencia recibió un informe completo, el 11 de octubre, de las personas y armas que había en el domicilio donde se detendría a Ovidio.

Después de eso, no existe información oficial sobre las decisiones que se tomaron dentro de la FGR sobre el operativo, ya puesto en marcha. Una fuente del interior de la Fiscalía General de la República refiere que el fiscal Gertz Manero intentó abandonar el caso y dejarlo "como cosa pendiente". Pero fue el secretario de la Defensa, el general Luis Cresencio Sandoval, quien presionó para que el operativo se cumpliera y no se abortara, desechando los recursos empleados en la investigación. Aun así, la FGR, por instrucciones de Gertz Manero, se mantuvo cinco días sin dar ningún tipo de respuesta al planteamiento del general Luis Cresencio Sandoval.

Con el operativo en suspenso para la captura de Ovidio Guzmán y sin señales de respuesta del fiscal Gertz Manero, el secretario general Luis Cresencio Sandoval solicitó la autorización presidencial para avanzar contra el objetivo, aun sin la participación de personal de la FGR. Finalmente, el presidente López Obrador, la mañana del 17 de octubre de 2019, ordenó a las fuerzas federales que se llevara a cabo la detención del hijo del Chapo. Se puso en marcha el plan de captura, el cual se coordinó sólo entre los titulares de la Sedena y de la Secretaría de Seguridad y Protección Ciudadana, sin la participación del fiscal Alejandro Gertz Manero, quien se sabe que sólo se enteró de las acciones cuando el operativo se ejecutó en su fase final. Después vino lo que ya se conoce: por orden presidencial se ordenó la liberación de Ovidio Guzmán, con la única intención de salvar las vidas de las personas inocentes que fueron tomadas como rehenes por las células del Cártel de Sinaloa.

Sobre este último punto, sobre la forma en que se dio la liberación de Ovidio Guzmán, 14 días después —el 31 de octubre de 2019— se habló en la conferencia mañanera del presidente López Obrador, cuando Luis Cardona cuestionó la falta de organización informativa del gobierno federal para dar a conocer de manera puntual y certera cómo de desarrollaron los hechos. El presidente culpó a la prensa en general de ser amarillista, de "buscar sólo la nota", dijo tras exhibir la portada del periódico *La Jornada*, donde apareció una supuesta foto de Ovidio Guzmán, aparentemente custodiado por militares.

Esa foto había sido enviada a diversos periodistas, vía WhatsApp, por supuestos miembros del crimen organizado, y ante la falta de información oficial la utilizaron decenas de comunicadores. Luis Cardona habló por muchos periodistas que ante la ausencia de una versión oficial de los hechos tomaron la información a su alcance para enterar a la población: "[La foto] me llegó por redes sociales y los narcotraficantes estaban pasando esto. Esta era la información que se estaba dando, pero usted no estaba dando nada de información hasta hoy. No estamos peleando contra ustedes, estamos informando, porque es nuestro deber a la sociedad. Yo aquí le traigo la foto, la misma foto, y así nos pudieron haber llegado miles", justificó el periodista. Ese fue su más grave error.

Después de la conferencia, Luis Cardona fue víctima de una campaña de odio y amenazas de muerte vertidas a través de redes sociales, según lo documentó el proyecto Signa_Lab del Instituto Tecnológico y de Estudios Superiores de Occidente (ITESO), el cual reconoce que, luego de los cuestionamientos hechos al presidente López Obrador por la liberación de Ovidio Guzmán, se instaló a través de Twitter una campaña de desprestigio contra la prensa, bajo los *hashtags* #PrensaSicaria, #PrensaCorrupta y #PrensaProstituida, que en su mayoría fueron etiquetas utilizadas para atacar a los periodistas que cuestionaron al presidente durante la conferencia. En esa campaña de desprestigio, alentada por el área de Comunicación Social de la Presidencia, a cargo de Jesús Ramírez Cuevas, intervinieron 17 mil 814 nodos, 49 mil 528 aristas y 95 comunidades.[143]

De los más de 5 millones de mensajes de odio que recibió Luis Cardona en sus redes sociales, principalmente en Twitter, hubo al menos tres que fueron amenazas de muerte directas, lo que obligó al periodista a interponer una denuncia de hechos ante la Fiscalía Especial para la Atención de Delitos cometidos contra la Libertad de Expresión (FEADLE). Allí se integró la carpeta de investigación FED/SDHPDSC/FEADLE-CHIH/000019/2020, en la que se reconoce que al menos una de la amenazas de muerte vertidas contra Luis Cardona puede llegar a cumplirse, pero, mañosamente, el fiscal del caso radicó la investigación en el estado de Chihuahua, cuando los hechos que dieron origen a la denuncia y posterior investigación se registraron en la Ciudad de México.

No sólo eso. También por instrucción superior, el fiscal del caso borró de todos los contenidos de la carpeta de investigación el nombre del presidente Andrés Manuel López Obrador, aun cuando —al menos su nombre— es parte fundamental para el desahogo de las pesquisas, ya que el agresor del periodista —que se encuentra plenamente identificado y cuyo nombre se reserva por la secrecía de las investigaciones— se reconoce como un fiel seguidor del presidente de México.

Aunado a ello, con la evidente intención de no darle seguimiento al caso, la FEADLE integró la carpeta de investigación de las amenazas de muerte contra Luis Cardona en otro expediente que ya existía, preparado por la FEADLE al menos un año antes, en el que Luis

---

143. Instituto Tecnológico y de Estudios Superiores de Occidente, Proyecto Signa_Lab, "'Ustedes cumplen con su trabajo': Andrés Manuel López Obrador", 4 de diciembre de 2019. Disponible en: https://signalab.mx/2019/11/25/prensaprostituida/

Cardona denunció otra amenaza de muerte por parte de una persona en el estado de Chihuahua, el cual quedó registrado bajo el número de expediente EIL-FEADLE-E2C6-086/2020. Es decir, dos denuncias de hechos (amenazas de muerte) distintos se integraron en un solo expediente. ¿Con qué objeto? Muy simple, explica el propio Luis Cardona: con la intención de no dejar registro oficial de que, a causa de los cuestionamientos hechos al presidente López Obrador, la vida de una persona hoy se encuentra en peligro; y además, bajo el pretexto del sobreseimiento de un carpeta de investigación, pueda también anularse la otra.

Y así ha resultado. Hasta el cierre de este trabajo, el agente del Ministerio Público de la Federación que lleva a cabo las dos investigaciones reclamadas por Luis Cardona ha declarado el no ejercicio de la acción penal sobre la carpeta de investigación número EIL-FEADLE-E2C6-086/2020, que corresponde a las amenazas de muerte contra el periodista hechas en Chihuahua. Con esa declaratoria se pretende también sobreseer los contenidos en la carpeta de investigación FED/SDHPDSC/FEADLE-CHIH/000019/2020, relacionada con las amenazas de muerte que Luis Cardona recibió por parte de un seguidor del presidente López Obrador por los cuestionamientos que se le hicieron a este, lo que deja entrever la decisión del fiscal Alejandro Gertz Manero de seguir aplicando su tesis de la procuración selectiva de la justicia.

La FGR contra el SutNotimex

El de Luis Cardona no es el único caso en el que un periodista se ve orillado a la injusticia por parte de la fiscalía de Alejandro Gertz Manero. Se cuentan por decenas los comunicadores vivos o muertos que no han gozado del derecho fundamental de acceso a la justicia, sólo por la omisión de la instancia procuradora de ello. Pero también son muchos, al igual que miles de ciudadanos, los periodistas que han sido víctimas de la propia procuración de justicia. La fabricación de culpables, que en el discurso del presidente Andrés Manuel López Obrador ha quedado atrás y sólo es atribuida a las administraciones pasadas, concretamente a las de Vicente Fox, Felipe Calderón y Enrique Peña Nieto, al menos hasta la mitad del periodo de gobierno de la Cuarta Transformación, seguía siendo un hecho irrefutable.

El caso que mejor evidencia la fabricación de delitos contra un periodista, como principal instrumento de venganza desde el poder, es el que la FGR de Gertz Manero montó en contra de Beatriz Adriana Urrea Torres, la lideresa del SutNotimex, o Sindicato Único de Trabajadores de Notimex (la agencia oficial de noticias del gobierno mexicano), quien por el solo hecho de haber iniciado una huelga, en reclamo del cumplimiento del contrato colectivo de trabajo, ha sido indiciada penalmente bajo la acusación del delito de ejercicio ilícito del servicio público y "huachicoleo" informativo, figura esta última que ni siquiera está contemplada en el Código Penal Federal.

A la periodista Beatriz Adriana Urrea Torres también se le quiso acusar de recibir más de 2 millones de pesos por parte del Sindicato de Telefonistas de la República Mexicana (STRM), que encabeza Francisco Hernández Juárez, bajo el supuesto de que esos recursos se utilizaron para sostener la mencionada huelga, que estalló el 21 de febrero de 2020. Pero, fundamentalmente, a Adriana Urrea se le ha señalado de hacer uso, sin autorización, de información que es propiedad de Notimex, con el fin de alimentar otros portales informativos y páginas de información periodística que ella misma y otros particulares mantienen activas a través de diversas plataformas digitales.

Si esto último fuera delito, no alcanzarían las cárceles en México para encerrar a cientos, tal vez miles, de comunicadores, que en forma diaria "huachicolean" y plagian contenidos informativos de diversos medios que circulan en la red. "El robo de información", explica el doctor Rubén Arnoldo González Macías, investigador de la

Benemérita Universidad Autónoma de Puebla (BUAP), "es práctica muy común dentro del ejercicio del periodismo en México. Se realiza en ambos sentidos: desde los grandes medios nacionales hacia los medios más modestos y viceversa". Y si bien esa práctica podría afectar los derechos de la propiedad intelectual, también es cierto que contribuye a una mayor difusión de la información. Pero por ser tan común dentro del gremio periodístico y por fomentar la difusión informativa, no existe en México una ley que sancione esa conducta, la cual es más bien vista sólo como un vicio informativo y no como un delito.

A pesar de esto, la FGR inició en contra de Adriana Urrea la carpeta de investigación FED/FECC/CDMX/000628/2020, la cual, a decir del abogado Daniel Vargas Arias, "no tiene sustento jurídico, sino que se trata más bien de una venganza desde la más alta cúpula de la administración federal", en donde la Fiscalía General de la República sólo está actuando como un instrumento del poder para obligar a Beatriz Adriana Urrea Torres a que ceda en las demandas laborales que mantiene actualmente contra el Estado mexicano como propietario de Notimex.

A fin de entender el caso de Adriana Urrea y de cómo la FGR de Alejandro Gertz Manero ha buscado amedrentarla, amenazándola con la cárcel, hay que comenzar por el principio, días antes del 21 de febrero de 2020, fecha en que dio inicio la huelga de trabajadores de Notimex, la más larga de su historia, la que al cierre de este trabajo ya llevaba más de dos años y dos meses de duración, con lo cual se convirtió en la huelga más prolongada de Notimex, a causa de la negativa al diálogo por parte del gobierno federal.

El conflicto laboral dentro de Notimex surgió el 21 de marzo de 2019, cuando el presidente Andrés Manuel López Obrador propuso ante el Senado de la República a la periodista Sanjuana Martínez Montemayor para hacrse cargo de la agencia estatal de noticias. La propuesta del presidente fue avalada por 113 de los 118 senadores. No hubo votos en contra. Sólo la senadora del PRI por Zacatecas,

Sandra Edith Anaya Mota, tomó la decisión de abstenerse de votar, en tanto que el senador Antonio García Conejo, del PRD, por Michoacán, y las senadoras de Morena Susana Harp Iturribarría, de Oaxaca, y Nestora Salgado, de Guerrero, así como Martha Cecilia Márquez Alvarado, del PT, por Aguascalientes, no votaron por estar ausentes debido a que se encontraban en una comisión oficial.

Tras su nombramiento como directora de Notimex, una de las primeras acciones de Sanjuana Martínez —una periodista de renombre, con varios premios de periodismo en su haber— fue la de acatar la instrucción del coordinador de Comunicación Social de la Presidencia, Jesús Ramírez Cuevas, en el sentido de realizar una "limpia" dentro de la agencia de noticias, ordenando dar de baja a todos los reporteros considerados contrarios al movimiento de la Cuarta Transformación. Bajo esa directriz oficial fueron despedidos, sin mayor motivo ni explicación, 241 trabajadores de la información, entre ellos corresponsales, editores, reporteros y fotógrafos.

Para sustentar el despido masivo de periodistas, el departamento jurídico de Notimex interpuso 123 denuncias penales ante la Fiscalía General de la República, en las que acusó de corrupción a todos aquellos periodistas que no aceptaron firmar las renuncias que de la noche a la mañana les pusieron sobre el escritorio. Casi el 90 por ciento de los periodistas dados de baja por órdenes de Sanjuana Martínez son sindicalizados, por lo que el gremio organizado salió en su defensa, no sólo por la violación de los derechos laborales de los despedidos sino porque, de un *plumazo*, la directora de Notimex intentaba así desarticular el sindicato de trabajadores de Notimex, y es que, de los 382 miembros que lo conforman, 241 (63 por ciento) serían dados de baja.

De ahí la inmediata reacción de la dirigencia del sindicato: frente a las 123 denuncias que por corrupción interpuso la parte patronal de Notimex ante la FGR, acusando de ello a la mayoría de los trabajadores despedidos, el sindicato de Notimex inició 85 juicios laborales ante la Secretaría del Trabajo y Previsión Social (STyPS), en los cuales se hacen señalamientos graves en contra de la directora de Notimex, Sanjuana Martínez, tales como despotismo, acoso laboral y violaciones al contrato colectivo de trabajo. En medio de ese distanciamiento entre la parte patronal y los trabajadores de la información de Notimex, la huelga estalló el primer minuto del 21 de febrero de 2020.

Desde ese momento y hasta el cierre de este trabajo, la agencia Notimex ha visto reducida su capacidad de servicios informativos, pese a que Sanjuana Martínez, en clara violación a los estatutos laborales y atentando contra el estado de huelga, ha suplido el trabajo de los sindicalizados con empleados eventuales. Eso no es todo. Este conflicto laboral también ha significado uno de los mayores lastres de la Cuarta Transformación, al darse a conocer una cara que nadie habría creído del nuevo gobierno trasformador: la de la intolerancia y el autoritarismo.

Tal ha sido el autoritarismo oficial en torno a esta crisis laboral que, en versión de Adriana Urrea, en pleno auge del conflicto el vocero oficial de la Presidencia, Jesús Ramírez Cuevas, entabló comunicación con la dirigente del SutNotimex para ofrecerle una salida… Jesús Ramírez le propuso a Adriana Urrea, citando una instrucción presidencial, que la crisis de la huelga podría terminarse en ese mismo momento a cambio de una sola cosa: que Adriana Urrea presentara su renuncia como líder del movimiento sindical. Entonces todos los trabajadores despedidos serían reinstalados en forma inmediata, con pleno reconocimiento de sus derechos laborales. El planteamiento se llevó a la asamblea sindical, donde la base ratificó todo su respaldo a la gestión de Adriana Urrea y no le aceptaron la renuncia que solicitó el vocero oficial de la Presidencia.

Fue a partir de ese momento cuando la vocería de la Presidencia decidió recurrir a la Fiscalía General de la República como instrumento de presión, prestándose el fiscal Alejandro Gertz Manero para ello: la FGR comenzó a amagar con la posibilidad de encarce-

lar a Adriana Urrea. Judicializó la carpeta de investigación dentro
de la causa penal 329/2021, en la cual, sin elementos de prueba, se
buscó fincar la responsabilidad sobre la lideresa del sindicato de
Notimex de haber recibido los mencionados 2 millones de pesos
por parte del líder sindical de los telefonistas de Telmex. Asimismo,
en los contenidos de dicha causa penal se intentó demostrar actos
de corrupción supuestamente cometidos por Adriana Urrea, a la
que se le quiso configurar el delito de desvío de recursos con base
en un solo hecho: la falta de comprobación de viáticos por la cantidad de 2 mil 500 pesos.

El mayor contenido de la carpeta de investigación con la que
la FGR de Gertz Manero intentó llevar a la cárcel a Adriana Urrea
Torres se centra en el presunto delito de "huachicoleo" informativo,
cuya tipificación no existe en el Código Penal Federal, como ya se
señaló antes. Sobre este hipotético ilícito han versado las compare-
cencias judiciales de la acusada y algunos supuestos testigos que ha
ofrecido la parte patronal de Notimex, con lo que se quiso demostrar
que Adriana Urrea utilizó información propiedad de esta agencia
para formular piezas informativas que se publicaron en diversas plataformas de comunicación.

Si no fuera exagerada, resultaría ridícula la forma en que la FGR
quiere a la fuerza fabricarle delitos a la dirigente del sindicato de Notimex, al menos así lo demuestran los contenidos de la carpeta de
investigación. Una muestra de la afanosa manera de querer cuadrar
un delito a Adriana Urrea es la comparecencia de un testigo —cuyo
nombre se reserva para no afectar el debido proceso— que acudió
ante la FGR el día 9 de diciembre de 2021, el cual hizo diversos señalamientos, supuestamente de tipo penal, contra Adriana Urrea. Entre
esos señalamientos, el testigo destaca que Adriana Urrea utilizó contenidos de Notimex en un video informativo que se publicó el 13 de
marzo de 2019 en YouTube bajo el título "Mujeres y finanzas".

Según el testigo, el video informativo "Mujeres y finanzas" de
Adriana Urrea contiene palabras similares a las que se emplean en un

video informativo propiedad de Notimex, publicado el 26 de marzo de 2018, bajo el título "Mexicanas, ¿con malos hábitos financieros?", con lo que se acusa a la líder del sindicato de Notimex de haberse apropiado de palabras y composiciones gramaticales, como si el idioma fuera propiedad de Notimex y sin respetar la libertad periodística para la mejor exposición y comprensión de la información.

En esa misma comparecencia, el testigo de la parte patronal de Notimex también acusó a Adriana Urrea Torres de haber usado las mismas palabras y hasta la misma fuente informativa para su reportaje difundido en un video y titulado "Quitan registro a Sofomes", publicado en Facebook el 18 de junio de 2019. El testigo aseveró que ya se habían utilizado en una nota informativa propiedad de Notimex, publicada bajo la cabeza "FOVISSSTE apoyará a usuarios con problemas y revisará labor de Sofomes", publicada el 21 de febrero de 2019 en el portal informativo de Notimex.

La comparecencia de este testigo, una de las más "sólidas" en las que se basa la FGR para incriminar a Adriana Urrea, reitera que en por lo menos otros tres videos, relativos a información que en lo particular difundió la indiciada, con contenidos que hablan de la celebración del Orgullo Gay, las Afores y el Mes de Testamento, contienen palabras, frases y cifras que ya habían sido publicadas por Notimex en otros textos informativos, como si la agencia de noticias del Estado mexicano fuera dueña no sólo de la información sino también de la técnica periodística y hasta de las fuentes informativas origen de la comunicación.

Pese a que los señalamientos arriba mencionados contra Adriana Urrea fueron interpuestos por la FGR como las pruebas reinas del proceso, el día 15 de diciembre de 2021 el juez de Distrito Ganther Alejandro Villar Ceballos resolvió decretar la no vinculación a proceso de Beatriz Adriana Urrea Torres, por considerar que la indiciada tuvo acceso a la información que, como cualquier otra persona, utilizó en sus reportajes, máxime que ella, en su calidad de periodista, se dedica a buscar información, por lo que desestimó el caso.

Sin embargo, la FGR no se detuvo allí. El 20 de diciembre de 2021, la agente del Ministerio Público de la Federación adscrita a este caso, Natalia Santiago López, combatió la resolución del juez, insistiendo que esta "viola lo previsto en el artículo 261 del Código Nacional de Procedimientos Penales" —que refiere sobre el contenido de una prueba no desahogada—, y considera que el juez falló erróneamente al no tomar en cuenta la versión de un testigo que declaró que Adriana Urrea sí tuvo ante su vista y leyó las notas informativas de Notimex cuya información posteriormente utilizó para hacer sus propios contendidos informativos. De ese tamaño el razonamiento de la agente del Ministerio Público de la FGR.

El capítulo de la FGR contra Adriana Urrea no ha concluido. Hasta el cierre de este trabajo, la FGR seguía combatiendo la decisión del juez a fin de sancionar a la indiciada con una pena de dos a siete años de prisión y una multa de 30 a 150 días de salario, sólo por haber alzado el reclamo de sus derechos laborales.

Frente a semejantes arbitrariedades, Adriana Urrea está cierta de una cosa: que la Fiscalía General de la República está actuando al margen de la ley, sólo con la intención de fabricarle un delito para desacreditar el movimiento laboral que encabeza, en donde, más allá del reclamo de respeto de los derechos de los trabajadores despedidos, se encuentra también la postura autoritaria de la titular de la agencia Notimex, Sanjuana Martínez, quien ha tenido que recurrir a la procuración sesgada de la justicia que involucra a Gertz Manero para justificar su mal desempeño al frente de la encomienda que le otorgó el presidente Andrés Manuel López Obrador.

El caso Mariel Albarrán

El de Mariel Albarrán es otro caso en el que la FGR denota no sólo omisión sino complicidad para no procurar la anhelada justicia. Lejos de que la FGR atraiga las investigaciones por la denuncia de violación de las dos hijas menores de Mariel Albarrán, la institución dirigida por Alejandro Gertz Manero ha actuado de manera facciosa, al iniciarle una carpeta de investigación a la denunciante. Hasta el cierre de este trabajo, Mariel Albarrán sabía de la existencia de la carpeta de investigación en su contra, la marcada con el número FED/CDMX/SZS/0005918/2021, pero desconocía la naturaleza de los delitos atribuidos, toda vez que el agente del Ministerio Público de la Federación, Juan Arturo Dávila Cruz, a través de un acuerdo ministerial, le negó el acceso a los registros de dicha carpeta.

La razón por la que la FGR ha decidido revictimizarla —al negarle la atracción del caso de violación de sus dos hijas y abrirle a ella una carpeta de investigación por diversos delitos— es porque Mariel Albarrán ha señalado como agresor sexual de sus hijas al que fuera su esposo y es padre de las dos menores, Manuel Horacio Cavazos López, quien es miembro de la élite de justicia del país, entre la cual Alejandro Gertz Manero mantiene preponderancia y un pleno control.

Manuel Horacio Cavazos López es magistrado con licencia del Tribunal Superior de Justicia de la Ciudad de México, pero además mantiene relaciones de amistad con actores políticos de peso, tanto dentro de la FGR como en la Fiscalía General de Justicia de la Ciudad de México (FGJCDMX). Entre los cercanos a Manuel Horacio Cavazos López destacan Miguel Ángel Mancera, actual senador de la República y ex jefe de Gobierno de la Ciudad de México, y Gabriel Regino García, quien fue subsecretario de Seguridad Pública de la Ciudad de México. Este último es quien encabeza el despacho jurídico que lleva la defensa del presunto agresor Cavazos López.

Hay que recordar que a Gabriel Regino, el hoy abogado defensor de Manuel Horacio Cavazos López, se le mencionó en el juicio de Joaquín Guzmán Loera, el Chapo, en Estados Unidos, como parte de una red de funcionarios corruptos que habrían brindado protección al Cártel de Sinaloa para que actuara impunemente. Según las declaraciones entonces vertidas por los narcotraficantes Alexander

Hildebrando Cifuentes Villa, Jesús Zambada García, alias el Rey, y Vicente Zambada Niebla, el Vicentillo, Gabriel Regino García, en su calidad de subsecretario de Seguridad Pública de la Ciudad de México, "recibió millones de pesos en sobornos" con la única finalidad de permitir al Cártel de Sinaloa operar libremente en la demarcación de la Ciudad de México, cuando Marcelo Ebrard, hoy canciller del gobierno mexicano, fungió como secretario de Seguridad Pública.

A pesar de esos señalamientos vertidos ante el juez Bryan M. Cogan, de la corte de Nueva York, que refieren al menos la posibilidad de colusión entre Gabriel Regino y algunos miembros de la cúpula del Cártel de Sinaloa, la Fiscalía General de la República, a cargo de Alejandro Gertz Manero, ni siquiera ha integrado una carpeta de investigación por posibles hechos delictivos. Lejos de eso, mejor la FGR se ha puesto del lado de este abogado para defender a ultranza a uno de sus clientes y magistrado con licencia, sobre quien pesa la acusación de violación en agravio de sus dos hijas menores.

La decisión de la FGR de ponerse del lado del presunto agresor sexual de sus propias hijas y además intimidar con la posibilidad de cárcel a la madre de las menores, Mariel Albarrán, que busca justicia para ellas, es fácil de entender: el imputado Manuel Horacio Cavazos López fue siempre un protegido de Miguel Ángel Mancera Espinoza, desde que este se desempeñó como procurador general de Justicia de la Ciudad de México, cargo que le permitió dar todo el apoyo a Cavazos López para que fuera nombrado juez penal y, posteriormente, magistrado del Tribunal Superior de Justicia de la Ciudad de México.

Este caso no puede entenderse sin contar la historia desde sus orígenes. Todo comenzó cuando Mariel Albarrán Duarte conoció y se enamoró de Manuel Horacio Cavazos López, quien era su maestro en el Instituto Nacional de Ciencias Penales, donde ella cursaba la especialidad en Sistema Penitenciario y Reinserción Social.

Decidieron casarse, ella sin imaginar —cuenta— que aquel idilio llegaría a ser una pesadilla, en la que ha terminado por enfrentarse a toda una red de corrupción y poder que les impide el acceso a la justicia a ella y a sus dos hijas, de siete y ocho años de edad.

El testimonio de Mariel Albarrán sobre los ataques sexuales que vivieron sus dos hijas menores resulta muy crudo. Habla de ello con un nudo en la garganta y el llanto le entrecorta el habla. Su testimonio no deja dudas. Ella misma, por efectos psicológicos naturales, se reprocha los hechos, "por no haberlos visto antes", por no haber reparado en algunos indicios de lo que estaba ocurriendo, como "el hecho de que el agresor de mis hijas haya instalado una cama en el cuarto de juegos de las niñas", dice, atribulada.

Otras de las señales que Mariel Albarrán se lamenta haber pasado por alto —como si de ella fuera la responsabilidad de los acontecimientos— fue la sobreprotección que Manuel Horacio Cavazos López mantenía sobre las dos niñas, "como si desconfiara de mi papel de madre". Por eso —ahora lo comprende— el agresor nunca dejó que las menores estuvieran a solas con ella: "En realidad sólo estaba tratando que las niñas no me contaran los ataques de que eran objeto".

De acuerdo con Mariel Albarrán, la violencia sexual que vivieron sus dos hijas a manos de su padre ellas mismas la manifestaron: sucedieron en la casa que habitaban, en un cine, en la camioneta antes o después de ir al colegio, en un parque y dentro de la misma casa del agresor. En repetidas ocasiones —se lee en las declaraciones de las menores, vertidas ante la agencia del Ministerio Público— su padre les hacía tocamientos indecentes. Los abusos fueron constantes, a grado tal que la mayor de las niñas comenzó a mostrar alteraciones del sueño. Tenía pesadillas en las que se despertaba gritando, diciendo: "No me gusta que me hagas eso".

Tras constatar que sus hijas estaban siendo víctimas de violencia sexual por parte de su padre, Mariel Albarrán tomó la única decisión que tenía a su alcance. Alejó a las niñas de Manuel Horacio Cavazos

López y, el día 23 de septiembre de 2019, acudió a la Fiscalía General de Justicia de la Ciudad de México para interponer una denuncia penal contra él por el delito de violación en agravio de las dos menores. Logró que se iniciara la carpeta de investigación número CI/FDS/FDS-6/UI-FDS-6-02/19270/09-2019, la cual, desde su origen, fue manipulada para favorecer al agresor.

La carpeta de investigación iniciada por la Fiscalía General de Justicia de la Ciudad de México fue abierta por el delito de abuso sexual y no —como correspondía— por el de violación equiparada. Y es que por abuso sexual el Código Penal para la Ciudad de México establece una condena de dos a siete años de prisión, mientras que por violación equiparada va de ocho a 20 años. En el caso de violación equiparada, según se desprende del artículo 181 del Código Penal para el Distrito Federal, la sentencia puede aumentar hasta dos terceras partes por la relación respecto de la víctima: "Parentesco de afinidad o consanguinidad" y cuando "el delito fuere cometido a bordo de un vehículo particular". La razón por la que desde un inicio la carpeta de investigación fue manipulada, en cuanto a la tipificación de los delitos denunciados, no es difícil de deducir: siempre se trató de proteger al agresor.

Como efecto de la denuncia penal interpuesta contra Manuel Horacio Cavazos López, pero pesando más las relaciones de poder del indiciado, nada más fue suspendido de su función como magistrado, pero podría regresar a su labor, ya que la Fiscalía General de Justicia de la Ciudad de México, encabezada por Ernestina Godoy, se ha negado a ejercer la acción penal en contra del acusado.

Esa negación a ejercer la justicia ha imperado a pesar de que, durante la práctica de las pruebas periciales, llevada a cabo por personal de la Fiscalía General de Justicia de la Ciudad de México, las dos menores presentaron evidencias físicas y psicológicas de las agresiones sexuales. La mayor de las niñas identificó plenamente los sitios donde su padre estacionaba la camioneta para cometer el abuso. También existe —dentro de la carpeta de investigación— un reporte del Centro de Terapia de Apoyo a Víctimas de Delitos Sexuales de la misma fiscalía y otro de la Asociación para el Desarrollo Integral de Personas Violadas, A.C., en los cuales se establece como recomendación concluyente que el presunto agresor no debe acercarse y menos convivir con las dos menores.

Sin embargo, la Fiscalía General de Justicia de la Ciudad de México no tomó eso en cuenta, al considerar que eran pruebas insuficientes para llevar el caso ante un juez competente. De acuerdo con el Ministerio Público de la Ciudad de México, se concluyó que las dos niñas habían sido afectadas emocionalmente por los peritajes a que fueron sometidas y que en ellas se fermentó la idea ilusoria de que habían sido víctimas de ataques sexuales, refiriendo hechos que, a juicio de la fiscalía, nunca sucedieron.

En un comunicado emitido por la Fiscalía General de Justicia de la Ciudad de México, fechado el 13 marzo de 2021, se dio a conocer que esa dependencia determinó "el no ejercicio de la acción penal, al considerar que no existen elementos probatorios que permitan formular una imputación ante un juez de control". La decisión se tomó, según dicho comunicado, luego de ponderar "en todo momento el interés superior de la niñez y la protección de las víctimas. Pusimos a disposición de la denunciante los canales institucionales y permitimos el acceso abierto tanto a carpetas de investigación como a las diligencias realizadas".

Todo eso, no obstante, dista mucho de la realidad. Como madre de las víctimas, durante los últimos meses Mariel Albarrán no tuvo acceso a la carpeta de investigación y fue privada en reiteradas ocasiones del derecho a ampliar entrevista y de audiencia, evitándosele reunirse con la fiscal Ernestina Godoy; finalmente pudo reunirse en ella en una ocasión, pero no consiguió una respuesta positiva al reclamo de justicia.

En este entramado de corrupción, que amenaza con dejar impune la agresión sexual de la que fueron víctimas dos menores de edad, hay por lo menos dos funcionarios señalados directamente por la madre de las víctimas: Daniel Osorio Roque, titular de la Coordinación de Agentes del Ministerio Público Auxiliares de la Fiscalía, y José Manuel Fuentes Cruz. Este último, en versión de Mariel Albarrán, es la persona que, por amistad o conveniencia de otro tipo, desde un principio interfirió en la debida integración de la carpeta de investigación, favoreciendo de esa forma al magistrado Manuel Horacio Cavazos López, quien únicamente podría ser declarado culpable si la Fiscalía General de la República (FGR) atiende el caso.

Para que la FGR ejerza la atracción del caso hay elementos que establece la Ley Orgánica de la Fiscalía General de la República, en su artículo 4. Por ejemplo, la FGR tendrá la facultad de atraer casos del fuero común cuando "se demuestre la inactividad o ineficacia de la fiscalía local competente, garantizándose que la investigación y la persecución de los delitos no se fragmente".

Mariel Albarrán refiere que la Fiscalía de la Ciudad de México actuó con dolo al negar el ejercicio de la acción penal contra el agresor de sus hijas, pues no se tomaron en cuenta las evidencias de los ataques contra las dos menores, que se integraron a la carpeta de investigación con pruebas contundentes que incluyen grabaciones de audio en las cuales incluso se escucha al agresor. Pero, ni aun así, la FGR de Alejandro Gertz Manero ha querido atraer este caso. Por el contrario, ha decidido ir contra la denunciante.

A Mariel Albarrán ahora se le acusa en tres denuncias que ante la Fiscalía de la Ciudad de México presentó el equipo de defensa del agresor, que, como se observó líneas antes, corre a cargo del despacho jurídico de Gabriel Regino García. Y hay una cuarta denuncia, a raíz de la cual se integra una carpeta de investigación dentro de la Fiscalía General de la República.

En la primera de esas denuncias, a la madre de las dos niñas agredidas se le acusa por falsedad de declaraciones, por referirse públicamente a las relaciones personales de su ex marido con personas de influencia en el ámbito político y dentro del sistema judicial. En otra se le acusa por violencia familiar, porque en una de las entrevistas de una de sus hijas, esta dijo que tenía que revelarle a su madre urgentemente lo que pasaba o "me iba a dar un nalgadón".

En la tercera denuncia que pesa contra Mariel, también en relación con el delito de violencia familiar, se integró la querella porque en el examen médico practicado a las dos menores se estableció que las lesiones vaginales que presentó la mayor de las niñas "ocurrieron bajo la custodia de la mamá". Y respecto a la cuarta denuncia, que ha dado pie a la integración de la carpeta de investigación en la FGR, no se han dado a conocer los ilícitos que se le atribuyen a Mariel Albarrán, pero la FGR de Alejandro Gertz Manero amenaza con llevarla a prisión, pudiendo hacerla pasar de víctima a victimaria.

12

Los desaparecidos... el alejamiento de la 4T

Sin un sistema eficiente de procuración de justicia para las víctimas de desaparición, la 4T apunta al fracaso.
—María Luisa Estrada, *periodista*

HAY UN TEMA en el que la Fiscalía General de la República que dirige Alejandro Gertz Manero no camina acorde al discurso de la Cuarta Transformación: el de los desaparecidos. Da la impresión de que el órgano encargado de dar justicia a la gente se aleja cada día más de las causas populares que mueven al presidente Andrés Manuel López Obrador. Mientras este sale todos los días a exponer el humanismo con el que se conduce la nueva administración del país, parecería que el titular de la FGR hace todo lo necesario para caminar en sentido contrario en su tarea de procurar justicia.

El efecto que la gestión de Alejandro Gertz Manero al frente de la FGR le causa a la Cuarta Transformación es innegable. No sólo por la procuración de justicia a modo, demostrada a lo largo de estás páginas, sino por su distanciamiento de un tema tan sensible como es el de buscar justicia para las víctimas directas e indirectas del fenómeno de la desaparición forzada, un lastre que desde diciembre de 2006, cuando inició la llamada guerra contra el narco, hasta septiembre de 2021 ya registraba un padrón de por lo menos 196 mil 500 personas desaparecidas,[144] según lo refiere una respuesta oficial emitida por la Comisión Nacional de Búsqueda (CNB), dada a conocer el 15 de marzo de 2022.

Frente a esa cifra, la Fiscalía General de la República y su antecesora, la Procuraduría General de la República, apenas reconocen la existencia de 2 mil 884 carpetas de investigación o averiguaciones previas iniciadas, a partir de las cuales se realizan supuestas labores de investigación para dar con el paradero de las víctimas de desaparición forzada. En otras palabras, según las estadísticas de la CNB, la autoridad federal procuradora de justicia sólo busca a uno de cada 100 desaparecidos en México.

En las fiscalías estatales, las víctimas de desaparición forzada y sus familias no corren mejor suerte. Allí es peor. Las fiscalías estatales suman un total de mil 582 carpetas de investigación o averiguaciones previas, las cuales se han integrado frente a la cifra de casi 200 mil desaparecidos. Es decir, los gobiernos estatales apenas buscan a ocho de cada mil desaparecidos.

El calvario que tienen que vivir las personas que han sufrido la desgracia de la desaparición de un familiar, y que han acudido ante la FGR para solicitar —como corresponde a su derecho— la integración de una averiguación para que se dé formal trámite a la búsqueda, es indecible. Los familiares viven una doble victimización: aparte

---

144. Secretaría de Gobernación, Comisión Nacional de Búsqueda, respuesta a la Solicitud de Información núm. 332163722000078, Ciudad de México, 15 de marzo de 2022.

de su pena por la desaparición, deben lidiar con la insensibilidad, el despotismo y la prepotencia que parece institucionalizada entre los agentes del Ministerio Público federal. A ello se agrega que en muchos casos los propios agentes de la FGR, tanto ministerios públicos como policías ministeriales, están coludidos con los grupos del crimen organizado responsables de muchas de las desapariciones forzadas.

La colusión entre funcionarios de la FGR con miembros del crimen organizado es un vicio que no ha podido erradicarse, aun con la llegada de Alejandro Gertz Manero al frente de la dependencia. Por supuesto que no hay cifras oficiales de los funcionarios de la FGR que trabajan en coordinación con, y a veces supeditados a, los intereses de los grupos delincuenciales, pero una fuente en el interior de la fiscalía —anónima, por las obvias razones de miedo a las represalias— apunta que por lo menos "dos de cada diez agentes del Ministerio Público y al menos cuatro de cada diez policías ministeriales trabajan bajo la sospecha de estar coludidos con miembros de la delincuencia organizada, principalmente grupos dedicados al trasiego de drogas".

Con esta aproximación se puede establecer que, de los 189 agentes del Ministerio Público que el Instituto Nacional de Estadística y Geografía (INEGI)[145] reconoce que tenía la FGR cuando Alejandro Gertz Manero asumió la titularidad de esa dependencia, por lo menos 37 estaban o están coludidos con miembros del crimen organizado. De ahí la resistencia —fincada en el miedo— de muchas familias de desaparecidos para presentar la denuncia correspondiente ante la autoridad federal, lo que también es otro de los graves problemas que se presentan en la crisis de desaparición forzada que vive México.

---

145. INEGI, "Estadísticas a propósito del Día Nacional del Ministerio Público", comunicado de prensa núm. 575/21, Ciudad de México, 20 de octubre de 2021.

De acuerdo con Laura María Orozco Medina, maestra en Derecho, "las principales causas por las que la ciudadanía no denuncia el delito de desaparición forzada se atribuyen a la pérdida de tiempo y desconfianza a la autoridad; por otras causas se entienden: miedo al agresor, la creencia infundada por el Ministerio Público de que se trata de un delito de poca importancia, o porque se le hace sentir a la víctima que no tiene pruebas". No es de extrañar, pues, la alta incidencia de no denunciar las desapariciones forzadas.

Partiendo de la información de Laura María Orozco, entre las causas atribuibles a los agentes del Ministerio Público de la Federación para que los familiares de desaparecidos desistan de su intención de interponer la denuncia correspondiente están: en un 33.1 por ciento, la pérdida de tiempo que les hacen sentir al prolongar hasta por días las esperas para ser atendidos; en un 16.5 por ciento influye la desconfianza en la autoridad; en un 8 por ciento son los trámites largos o difíciles a realizar; en un 4 por ciento toma relevancia la hostilidad de la autoridad, que trata como delincuentes a los familiares de los desaparecidos, y en un 0.7 por ciento influye el temor de las familias de las víctimas de desaparición forzada a ser extorsionadas.

Esos vicios del pasado en la procuración de la justicia federal no han podido extirparse de la nueva Fiscalía General de la República. Como si la dependencia no tuviera orden ni control, hasta 2022 seguían siendo la principal causa para desalentar la denuncia —y con ello desmotivar la búsqueda oficial— de los cientos de desapariciones que mes a mes siguen ocurriendo en el país. Según el Comité de Familiares de Personas Detenidas Desaparecidas en México (Cofaddem) "Alzando Voces", en promedio diario tienen lugar seis desapariciones de personas en México. Esto, por supuesto, no es atribuible a la FGR. Lo que sí es atribuible a esa dependencia, que parece ausente de la realidad del país, es que en ella sólo se registre en promedio una carpeta de investigación por desaparición forzada cada 15 días. Pero lo más doloroso es que la FGR no haga los suficientes esfuerzos para agotar las investigaciones correspondientes de cada carpeta de investigación que inicia.

La justicia, por ningún lado

Laura María Orozco sabe lo doloroso que es tener que estar mendigando justicia. Desde 2008 ha sido visitante asidua de las agencias del Ministerio Público federal. Ya son más de 14 años de estar reclamando ayuda para la búsqueda de su padre y dos hermanos que se encuentran desaparecidos. Para Laura María, el cambio de modelo de gobierno que sucedió en México a partir de 2018, con la llegada de Andrés Manuel López Obrador y la consecuente designación de Alejandro Gertz Manero como titular de la Fiscalía General de la República, en realidad no ha significado ningún cambio. "Al menos en cuestión de procuración de justicia, el gobierno de la Cuarta Transformación es lo mismo que los llamados gobiernos neoliberales; no hay nada nuevo, es la misma inoperancia de siempre. La misma forma de ignorar a la gente y la misma intención de criminalizar a las víctimas", explica, mientras asoma un dejo de dolor en su mirada.

Ella sabe de lo que habla. Desde 2008, a la par de emprender una búsqueda intensa de su padre y hermanos desaparecidos, ha iniciado un largo peregrinar por las agencias del Ministerio Público. Su caso —el de la desaparición de su padre y dos hermanos— no ha querido ser atendido por la Fiscalía General de la República. En esa instancia quieren que la responsabilidad de la investigación corra por cuenta de la Fiscalía General de Justicia de Michoacán. Pero en este estado, donde se dio la desaparición de los familiares de Laura María Orozco, tampoco hacen nada por buscarlos. Allí, bajo argumentos poco cautos, más bien han pretendido criminalizar a los tres desaparecidos, como si ese solo hecho deslindara a la fiscalía estatal de su responsabilidad.

La desaparición del padre de Laura María, don Leonel Orozco Ortiz, ocurrió el 3 de julio de 2008. "Ese día", cuenta ella, "llegó un comando armado a la casa, en Uruapan, Michoacán. El comando era un grupo de policías de la entonces Procuraduría de Justicia del Estado. Llegaron en forma violenta. Llegaron preguntando por mi papá. Él salió para atender a quienes lo buscaban. Le dijeron de una supuesta orden de aprehensión y con violencia lo sacaron de la silla de ruedas en la que estaba". Acto seguido toda la familia fue sometida violentamente. A todos los colocaron boca abajo en el suelo. A todos los encañonaron con armas de fuego y los amenazaron de muerte.

A don Leonel Orozco Ortiz lo subieron a una camioneta oficial —tipo RAM, de doble cabina y color rojo— de la entonces Procuraduría General de Justicia del Estado de Michoacán y con él a bordo el comando salió a toda velocidad del lugar. Un hermano de Leonel Orozco —que estaba con la familia en ese momento— y un hijo de la víctima, también de nombre Leonel, persiguieron a la camioneta para saber a dónde llevaban al jefe de familia. Conociendo la zona, Leonel hijo y su tío cortaron el camino, a través de una brecha, para llegar a un puesto militar ubicado en la zona, por donde debían pasar los captores. Allí buscaron apoyo de los militares, pero estos sólo se rieron ante el reclamo de ayuda. "La camioneta pasó de largo y nadie hizo nada", explica Laura María con lágrimas en los ojos. Esa fue la última vez que la familia supo de don Leonel Orozco Ortiz. La camioneta se perdió por el camino que conduce de Uruapan al municipio de Peribán de Ramos, en plena serranía de Michoacán.

La familia tuvo noticias a sólo tres días de la desaparición forzada de don Leonel Orozco Ortiz: los secuestradores llamaron para solicitar un rescate millonario y también pidieron las escrituras de todas las propiedades de la familia. Al final únicamente se acordó la entrega de un rescate de varios millones de pesos, pero los delincuentes no respetaron el arreglo. "Nunca más volvieron a llamar y menos regresaron a mi papá", explicó Laura María, quien cuenta con elementos para suponer que el secuestro fue obra del cártel de Los Caballeros Templarios, quien pudieron haber mantenido a su papá en un algún domicilio del municipio de Los Reyes, Michoacán.

Los elementos de prueba que tenía la familia sobre el secuestro de don Leonel Orozco Ortiz, obtenidos con base en sus propias investigaciones, fueron entregados a la autoridad ministerial de Michoacán, donde no se hizo nada por llevar a cabo las pesquisas. Ante esa situación, se solicitó la intervención de la entonces Procuraduría General de la República, cuya representación en Michoacán fue totalmente omisa, ya que ni siquiera quiso integrar la debida averiguación previa.

Casi un año después del secuestro de don Leonel Orozco Ortiz, la familia de Laura María viviría otra tragedia: el 18 de abril de 2009, el menor de los hermanos, Leonel Orozco Medina, de 17 años de edad, el mismo que buscó rescatar a su papá cuando se lo llevaron elementos de la Policía Ministerial de Michoacán, fue desaparecido. A Leonel hijo lo secuestró un grupo de la Policía Federal Preventiva (PFP). Lo detuvieron en un retén en la ciudad de Uruapan, obedeciendo —en versión de testigos— a una supuesta orden de investigación dictada desde la Procuraduría General de Justicia del Estado de Michoacán, donde se le señalaba de ser miembro del crimen organizado. Nada más alejado de la realidad, pues Leonel Orozco Medina se dedicaba a la producción agrícola, heredada de su padre.

De nueva cuenta, la familia de Laura María tenía que insistir ante la entonces Procuraduría General de la República para que atrajera las investigaciones, pues —con justa razón— se dudaba de la honesta actuación de la Procuraduría General de Justicia de Michoacán, la cual —así lo demuestran diversas evidencias— en ese tiempo estuvo infiltrada por miembros del cártel de Los Caballeros Templarios. Pero la PGR de Eduardo Medina-Mora se negó a iniciar la debida averiguación previa, sólo por la criminalización que hizo de la víctima la propia Procuraduría General de Justicia de Michoacán.

Allí no terminaron las desgracias para la familia de Laura María Orozco. El 22 de mayo de 2012 otro de sus hermanos también fue desaparecido. A Moisés Orozco Medina lo detuvo la policía municipal de Los Reyes, Michoacán, argumentando una supuesta "revisión de rutina". Moisés todavía pudo hacer una llamada telefónica. Le habló a su hermana Laura María para decirle que la policía municipal lo había retenido y que temía por su vida. Esa fue la última vez que se supo de él. Otra vez el mismo peregrinaje por las agencias del Ministerio Público de la Procuraduría de Michoacán y de la delegación de la PGR en ese estado. La respuesta fue la misma: sólo omisión y descargo de responsabilidades.

Laura María, hoy convertida en activista de derechos humanos, no ha quitado el dedo del renglón. Sigue insistiendo ante la instancia oficial para que se integren las debidas carpetas de investigación, a fin de que el gobierno federal cumpla con su responsabilidad de darles acceso a la justicia a sus tres desaparecidos y a su familia, que los sigue llorando.

Con la llegada de la Cuarta Transformación, Laura María Orozco pensó que las cosas cambiarían. Por momentos creyó en el discurso del presidente Andrés Manuel López Obrador de que se había terminado el México de la impunidad. Hasta vio con buenos ojos la llegada de Alejandro Gertz Manero como titular de la nueva Fiscalía General de la República.

Pero se ha estrellado contra la realidad. En la FGR les siguen negando la posibilidad de iniciar las debidas carpetas de investigación para esclarecer los hechos y comenzar con las pesquisas ministeriales que permitan conocer el paradero de don Leonel, de Leonel hijo y de Moisés. Laura María *no pierde el piso*. Sabe que a estas alturas de las desapariciones de su padre y sus hermanos es difícil hallarlos con vida. Por eso se conforma con dar con los responsables de esas desapariciones, a fin de que puedan pagar ante la justicia el daño que han hecho. Dice que la alegraría mucho, por lo menos, poder encontrar los cuerpos de sus familiares para darles un lugar donde descansen tras su fatigosa desaparición. Esa es la única esperanza a la que se abraza todos los días para seguir insistiendo ante la FGR que atraiga esas investigaciones. Pero en la FGR, pese a los toquidos, nadie abre la puerta, y ella prosigue sin tregua.

Periodistas dos veces desaparecidos

Se cuentan por decenas de miles los casos en que la nueva FGR sigue negándose a iniciar labores de investigación que permitan emprender la búsqueda de personas desaparecidas. Sólo un mar de tinta y papeles podría dar cuenta pormenorizada de cada uno de esos hechos. Sin embargo, hay dos sectores de la sociedad en donde la indolencia del fiscal Alejandro Gertz Manero resalta de manera clara, como si negar el acceso a la justicia fuera una política de Estado: el de los periodistas desaparecidos y el de los buscadores de familiares que acabaron asesinados por emprender por su cuenta esa penosa búsqueda.

En el caso de los periodistas desaparecidos, no existe una sola carpeta de investigación que la FGR haya abierto para oficializar las labores de búsqueda, pese a que ese es un problema por demás sensible. Hasta el cierre de este trabajo, ya eran 24 los comunicadores desaparecidos entre los años 2000 y 2018, antes de que Gertz Manero asumiera el cargo de fiscal. Desde que él es titular de la FGR se han registrado otras dos desapariciones de comunicadores, en 2021. En total, al día de hoy, la Fiscalía General de la República debería estar buscando el paradero de 26 comunicadores que sufrieron desaparición forzada en razón de su labor informativa.

Sin embargo, aun cuando no se ha abierto ninguna carpeta de investigación sobre dichas desapariciones forzadas, la FGR reconoce la existencia únicamente de cinco expedientes que contienen información sobre cinco periodistas desaparecidos. Esos expedientes ni siquiera se encuentran en los archivos de la FGR, sino que son parte los trabajos que realiza la Comisión Nacional de Búsqueda (CNB), a cargo de Karla Quintana. De acuerdo con una respuesta oficial emitida por la FGR el 9 de septiembre de 2021, esa dependencia reconoce que en su haber, "después de una búsqueda en los archivos físicos y electrónicos con los que se cuenta, no fue posible localizar expresión documental"[146] sobre ese tema.

Sin embargo, en ese mismo documento oficial de la FGR se establece que, dentro de esa dependencia, los únicos expedientes de periodistas desaparecidos de que se tiene conocimiento son los que le refiere la CNB. Y señala que esa instancia integró cinco expedientes relativos a la desaparición de comunicadores: uno en 2010, dos en 2011, uno en 2012 y otro más en 2020. Respecto a este último expediente, la FGR reconoce que le fue entregado a través de la Fiscalía Especial para la Atención de Delitos cometidos contra la Libertad de Expresión (FEADLE), ya en la gestión del fiscal Alejandro Gertz Manero, expediente que fue integrado el 17 de agosto de 2005 pero reconocido por la FGR hasta el 22 de mayo de 2020, esto luego de una resolución de incompetencias jurisdiccionales.

Frente a los 26 casos de desaparición forzada de comunicadores, la existencia de apenas cinco expedientes de periodistas desaparecidos, y sólo uno de ellos entregado a la FGR por parte de la CNB a través de la FEADLE, ya supone por sí mismo un problema de operatividad de la procuración de justicia. No obstante, acotemos las suposiciones.

Es un hecho irrefutable que, de los 26 periodistas que desde el año 2000 hasta el cierre de este trabajo han desaparecido como si se los *hubiera tragado la tierra*, a ninguno lo está buscando la autoridad federal, y no por falta de jurisdicción, sino porque simplemente no existe la voluntad para ello por parte del fiscal Alejandro Gertz

---

146. Fiscalía General de la República, respuesta a la Solicitud de Información núm. 0001700219521, Ciudad de México, 9 de septiembre de 2021.

Manero. Esta falta de acción de la FGR, según una fuente del interior de la dependencia, se sustenta —para efectos de autoconmiseración oficial— en el hecho subjetivo de que ellos, los periodistas desaparecidos, no midieron los riesgos a los que se enfrentaban, y que actuaron en su labor profesional sin medidas de precaución, como si ello fuera una atenuante para el Estado en su obligación de procurar justicia.

En efecto, algunos familiares de los periodistas desaparecidos y no buscados por la FGR han recibido como respuesta a sus reclamos de impartición de justicia el estéril argumento de que las víctimas desaparecidas sabían el riesgo que estaban enfrentando al hacer su labor informativa sin "medición de riesgo" —así lo dijo un agente del Ministerio Público de la Federación a una viuda que reclamaba la búsqueda de su esposo—, argumentando en ese caso en particular, registrado en Michoacán, que ese estado es una región de alto riesgo para el ejercicio periodístico, pero ¿cuál estado de todo el país no es una zona de alto riesgo para los periodistas?

A causa de la omisión de la FGR, las y los periodistas que integran la lista negra de desaparecidos ni siquiera cuentan con un protocolo especial para su búsqueda y ubicación. Y es que todos ellos están incluidos dentro del grupo poblacional general que compila el gobierno federal dentro del Registro Nacional de Datos de Personas Extraviadas o Desaparecidas (RNPED), el cual tampoco opera en la búsqueda de las víctimas bajo un protocolo determinado. Según la Secretaría de Gobernación, hasta el 31 de mayo de 2022 el número oficial de desaparecidos en México ya era de 100 mil 467 personas, de las que oficialmente 37 mil 172 contaban con carpetas de investigación para su localización en el fuero común (procuradurías y fiscalías de los estados), mientras que otras mil 231 tenían carpetas de investigación en el fuero federal (FGR). Así, los 26 periodistas desaparecidos, 23 hombres y tres mujeres, cuyas investigaciones no han querido ser radicadas en la FGR, apenas representan el 0.02 por ciento de todos los desaparecidos.

De modo que, en medio de un mar de personas desaparecidas a causa de la violencia, se puede observar pero no entender la razón por la que la búsqueda y localización de los comunicadores sin paradero no significan una prioridad para el gobierno federal. Sin embargo, esa omisión también puede entenderse como el desprecio más claro que manifiesta el Estado mexicano, a través de la FGR, hacia el gremio periodístico. Un desprecio que —se observa en la práctica— se manifiesta con la menor de las preocupaciones oficiales por la búsqueda de sus periodistas, en donde se registra un cien por ciento de impunidad.

Para ser puntuales, hay que señalar que el número de desapariciones de periodistas se concentra sólo en 11 estados del país, los que por coincidencia son los que registran los índices de violencia más altos, y que por lo mismo han sido foco de una intensa labor informativa. Ese reclamo de información ha sido alentado principalmente por parte de los grandes medios llamados nacionales, los que también pusieron en riesgo la seguridad de los periodistas desaparecidos al valerse de ellos y ellas como fuentes, guías y/o informantes en la realización de esos trabajos informativos. Pero esa es otra arista del problema.

El estado que mayor cantidad de periodistas desaparecidos registra es Tamaulipas, donde —hasta el cierre de 2022— ya eran seis los comunicadores de los que no se sabía nada. Siguen Michoacán y Veracruz, con cuatro reporteros desaparecidos cada uno. En Sonora ya son tres periodistas los desaparecidos, mientras que en los estados de Guerrero y Nuevo León se lleva el registro de dos periodistas sin conocerse su paradero en cada entidad, mientras que en Coahuila, Tabasco, San Luis Potosí, Sinaloa y Oaxaca, se registra la desaparición de un periodista, respectivamente.

De tal magnitud ha sido la omisión del Estado mexicano sobre el problema de las desapariciones, no sólo de periodistas sino de población en general, que hasta apenas hace menos de cuatro años, en noviembre de 2017, se expidió una ley para establecer como de-

lito grave la desaparición forzada cometida por particulares. Hasta antes de la Ley General en Materia de Desaparición Forzada de
Personas, Desaparición Cometida por Particulares y del Sistema
Nacional de Búsqueda de Personas, este delito ni siquiera se contemplaba como sancionatorio dentro de los códigos penales de la
mayoría de los estados, y en el de la federación apenas se consideraba como delito no grave.

Por esa razón para los grupos criminales, valiéndose de esa laguna jurídica, fue más fácil la desaparición que el asesinato, aunque
casi todas las desapariciones implican el homicidio. Por el delito de
desaparición, cuando así se contemplaba llanamente, se estipula-
ban penas de entre cuatro y diez años de prisión, con la posibilidad
de que el inculpado pudiera obtener su libertad anticipada, mientras que para el homicidio calificado se establecen penas que van
desde diez a 45 años de prisión, sin la posibilidad de la libertad bajo
caución.

Con la entrada en vigor de la Ley de Desaparición Forzada y las
consecuentes reformas a los códigos penales de los estados y la federación, ahora —por el delito de desaparición forzada— se prevé una
sanción de 40 a 60 años de prisión, la cual puede aumentar hasta en
un 50 por ciento si la víctima es asesinada y recae dentro de la clasificación de migrante, menor de edad, mujer, persona con discapa-
cidad, adulto mayor, periodista, defensor de derechos humanos, in-
dígena, servidor del sistema de seguridad pública, o si la orientación
sexual de la víctima fue el motivo del delito. También se contempla
una sanción de entre 25 y 50 años de prisión para los particulares
que incurran en este delito.

En lo que hace a la desaparición de periodistas, la entrada en
vigor de esta ley tuvo efectos positivos; a partir de 2017 disminuyó
considerablemente el número de periodistas desaparecidos, regis-
trándose solamente tres casos hasta marzo de 2022. Antes se registraron 23 casos de desaparición de comunicadores, donde, no
sobra decir, la ley no es retroactiva, por lo que en caso de que se

detenga a los responsables de las desapariciones de esos periodistas, ocurridas antes del 17 de noviembre de 2017, sólo alcanzarán sanciones mínimas si no se llega a demostrar el homicidio en cualquiera de sus modalidades.

Los únicos casos de desaparición forzada de un periodista, de esos 26 que han ocurrido en los últimos 20 años, que hasta hoy podrían ser sancionados con severidad —porque ocurrieron ya con la vigencia de la Ley de Desaparición Forzada de Personas— son los de Agustín Silva Vázquez, un joven comunicador que desapareció de la noche a la mañana el 21 de enero de 2018 en el municipio de Matías Romero, Oaxaca, donde su auto fue encontrado a 40 kilómetros de distancia, en la localidad de Asunción Ixtaltepec, y los de Jorge Molontzin Centlal y Pablo Felipe Romero Chávez. Jorge desapareció el 9 de marzo de 2021 en Caborca, Sonora, mientras que a Pablo la última vez que se le vio fue en Guaymas, Sonora, el 25 de marzo de ese mismo año. La FGR no ha querido atraer los tres casos. En los tres, la FEADLE ha combatido judicialmente para que los casos se arraiguen en las fiscalías locales de Oaxaca y Sonora, donde se dieron los hechos.

Agustín Silva, quien trabajaba para *El Sol del Istmo*, fue visto por última vez en un bar del municipio de Matías Romero, a donde —según la versión de su padre— había acudido en busca de una fuente que le proporcionaría información para un reportaje que estaba haciendo, del que hoy se sabe tenía que ver con la problemática de la tenencia de la tierra y la expansión de los parques eólicos en la zona del Istmo de Tehuantepec; la jefatura de su medio le había encomendado ese reportaje para publicarlo en algunos de los principales periódicos de la cadena de la Organización Editorial Mexicana (OEM).

Ante la omisión de la FGR, la Fiscalía General de Justicia del Estado de Oaxaca ha querido deslindar la desaparición de Agustín Silva de su actividad periodística, por el solo hecho de que la víctima fue visto por última vez dentro de un bar, pero la evidencia

no deja duda de que se trata de un crimen en función de su trabajo, pues al hecho de la investigación de un reportaje al momento
de su desaparición se suma que el periodista se había confrontado
con miembros del crimen organizado apenas cinco días antes de
su desaparición, cuando acudió a cubrir un operativo del Ejército
durante el cual se detuvo en posesión de armas reglamentarias a
cuatro presuntos delincuentes, cuya defensa legal pidió al periodista acudir en calidad de testigo a favor de sus representados, a lo que
el comunicador se negó.

Hasta el cierre de este trabajo se desconocía el paradero de
Agustín Silva Vázquez. La carpeta de su investigación se encuentra
archivada en la fiscalía de Oaxaca y no ha habido poder humano
que mueva la pasividad de la autoridad ministerial. Parece como si
a nadie, más allá de su familia, le interesara dar con la ubicación
de comunicador. Las dependencias oficiales de nivel federal, como
la CNDH, la FEADLE o el Mecanismo de Protección de Periodistas, tampoco han hecho nada para buscarlo, más allá de registrar su
desaparición con fines estadísticos. Las organizaciones no guberna-
mentales de defensa de los derechos de los periodistas, como RSF y
Artículo 19, tampoco han reclamado con vehemencia el derecho
a la justicia y el avance en las investigaciones para este y otros periodistas desaparecidos, como se ha hecho en los casos de otros tantos periodistas asesinados.

Es curioso el comportamiento de las organizaciones RSF y Artículo 19, que trabajan de la mano de la FGR frente a los casos de
periodistas desaparecidos. Desde que estas dos organizaciones de la
sociedad civil operan en nuestro país, concretamente entre 2000 y
2022, ninguna ha organizado una protesta masiva de reclamo a la
autoridad para esclarecer los casos de los periodistas desaparecidos.
Lo que sí ha sido frecuente con sólo algunos casos de periodistas
asesinados. La razón de ese proceder no tiene lógica; tal vez, en su
concepción, un periodista desaparecido valga menos que un periodista asesinado, o tal vez el reclamo de localización de un periodista

desaparecido sea menos rentable en la búsqueda de presupuestos ante instancias de gobiernos extranjeros o de los corporativos empresariales que financian a estas organizaciones.

Lo que es un hecho es que los periodistas desaparecidos son una especie de subclase para organizaciones como RSF y Artículo 19, que cobijan la inoperancia de la FGR al solapar que estos casos no sean seguidos con la misma diligencia con la que se llevan los asesinatos de unos cuantos periodistas. En cada una de las 26 desapariciones que se han registrado en los últimos años, a ló sumo RSF y Artículo 19 emitieron sendos boletines informativos dando cuenta de los sucesos. Los nombres de los y las periodistas aparecen sólo en las estadísticas de las páginas oficiales de las dos organizaciones, pero no existe por parte de ellas una exigencia permanente ante la autoridad, ni mucho menos una labor de investigación que coadyuve en el esclarecimiento de esos casos.

Por lo pronto, allí está la estadística que habla por sí sola: la FGR no lleva a cabo una sola investigación de periodistas desaparecidos. Y en los casos donde se ha podido abrir una carpeta de investigación en las fiscalías estatales, todas se encuentran estancadas —en el mejor de los casos— o archivadas en la mayoría de ellos, porque simplemente nadie habla ni clama justicia por estos comunicadores que fueron víctimas de desaparición forzada a causa de su labor periodística, porque realizaban un trabajo incómodo para los poderes económicos y políticos amalgamados con el crimen organizado, y porque al menos en 12 de los 26 casos referidos los periodistas fueron clave en el desarrollo de investigaciones informativas de grandes medios de presencia nacional o internacional.

De los seis comunicadores tamaulipecos que se encuentran sin paradero en los últimos 20 años, cinco son considerados periodistas formales, en tanto que otra más se ubica sólo como *influencer* de redes sociales. Los cinco periodistas desaparecieron el mismo día, calificado como el más negro para el periodismo mexicano: el 1 de marzo de 2010. Ese día, como si se tratara de una operación coordinada, fueron secuestrados por grupos del crimen organizado Pedro Argüello Reyna, Miguel Ángel Domínguez Zamora y Guillermo Martínez Alvarado, todos trabajadores del periódico *El Mañana* de Reynosa, así como Amancio Cantú y su hermano José Guadalupe Cantú, del periódico *La Prensa*. El 15 de octubre de 2014 desapareció María del Rosario Fuentes Rubio, de oficio médico pero de pasión comunicadora. Ella no era periodista ni reportera, sólo publicaba alertas de violencia a través de su cuenta personal de Twitter y era colaboradora de las páginas de Facebook *Valor por Tamaulipas* y *Responsabilidad por Tamaulipas,* desde donde también denunciaba anónimamente la colusión entre miembros del crimen organizado y mandos de las fuerzas de seguridad del gobierno federal desplegadas en Reynosa. Todos esos casos han sido ignorados por el fiscal Gertz Manero.

Los cuatro periodistas desaparecidos en Michoacán a los que tampoco ha querido buscar la FGR son José Antonio García Apac, propietario del semanario *Ecos de la Cuenca,* de Tepalcatepec, quien desapreció el 20 de noviembre de 2006; Mauricio Estrada Zamora, del periódico *La Opinión* de Apatzingán, de quien se dejó de saber desde el 12 de febrero de 2008; María Esther Aguilar Cansimbe, del periódico *Cambio de Michoacán,* la cual desapareció sin dejar rastro la noche del 11 de noviembre de 2009, y Ramón Ángeles Zalpa, trabajador de los periódicos *Cambio de Michoacán* y *La Voz de Michoacán,* quien desapareció en la zona de Paracho la tarde del 6 de abril de 2010. Estas desapariciones tampoco han causado ningún tipo de acción por parte de la FEADLE de la FGR. Sus casos se encuentran archivados dentro de la Fiscalía General de Justicia de Michoacán, donde ha podido más el prejuicio social de algunos funcionarios que su propia obligación de impartición de justicia.

Los cuatro comunicadores de Veracruz cuyas búsquedas oficiales también han cesado por parte de la autoridad ministerial local —ante la negativa de la FGR de atraer las investigaciones— y sólo los buscan sus familias, son Jesús Sandalio Mejía Lechuga, del programa de radio *MS Noticias* del municipio de Martínez de la Torre, quien oficialmente está desaparecido desde el 10 julio de 2003; Manuel Gabriel Fonseca Hernández, del periódico *El Mañanero* del municipio de Acayucan, desaparecido el 19 de septiembre de 2011; Miguel Morales Estrada, trabajador de los periódicos *El Diario de Poza Rica* y *Tribuna Papanteca*, de quien se perdió el rastro el 24 de julio de 2012, y Sergio Landa Rosado, reportero del *Diario de Cardel*, de quien no se sabe nada desde el 22 de enero de 2013.

Los dos periodistas desaparecidos en Guerrero, de los que a la fecha no se sabe nada, son Leodegario Aguilera Lucas, colaborador formal del periódico *Mundo Político*, quien fue visto por última vez el 22 de mayo de 2004, y Marco Antonio López Ortiz, reportero de *Novedades*, de Acapulco, cuya desaparición se declaró formalmente el 7 de junio de 2011. Los dos periodistas desaparecidos en Nuevo León son Gamaliel López Candanosa y Gerardo Paredes Pérez, ambos reporteros de TV Azteca Noreste en Monterrey, quienes desaparecieron juntos el 10 de mayo de 2007, en un cruce versiones donde miembros del propio gremio los ha criminalizado *a priori*, mientras que sus familias acusan el riesgo que asumieron al ser encomendados a trabajos de investigación sobre delincuencia organizada por parte de directivos de la televisora para la que trabajaban.

En Sonora aún no se sabe nada de Alfredo Jiménez Mota, reportero del periódico *El Imparcial*, quien desapareció el 2 de abril de 2005, cuyo caso fue expuesto recientemente ante el presidente López Obrador, que se comprometió a encomendar su búsqueda a la FGR, pero esa dependencia no ha dado visos de acción alguna. En Coahuila siguen sin dar con el paradero de Rafael Ortiz Martínez, periodista del periódico *El Zócalo*, quien presuntamente fue secuestrado por un grupo delincuencial el 8 de julio de 2006. En Tabasco tampoco nadie sabe nada de Rodolfo Rincón Taracena, periodista del periódico *Tabasco Hoy*, quien fue declarado formalmente desaparecido el 20 de enero de 2007. En San Luis Potosí sólo sus familiares continúan en la búsqueda de Adela Alcaraz López, la presentadora de noticias y reportera de la televisión local Canal 12 CNL Noticias del municipio de Río Verde, quien desapareció el 26 de octubre de 2012. En Sinaloa sigue sin aparecer Mario Alberto Crespo Ayón, periodista de la cadena de televisión Uno TV, quien fue visto por última vez en Mazatlán el 3 de diciembre de 2014. Finalmente, en Oaxaca, sigue sin dar visos de existencia el periodista Agustín Silva, periodista de *El Sol del Istmo,* de quien no se sabe nada desde el 22 de enero de 2018. Sobra señalar que, de todos estos casos, el fiscal Alejandro Gertz Manero no ha querido, por razones inexplicables, que se atraigan dichos casos de investigación.

El problema de la impunidad en los casos de los periodistas desaparecidos, más allá de que no hay una voz de reclamo que exija justicia por ellos, ni la voluntad del gobierno federal, a través de la FGR, para dar con su paradero, estén vivos o muertos, es que en la mayoría de las investigaciones iniciadas por las fiscalías estatales se han dejado intocadas dos líneas de investigación que, si se observaran, podrían aportar mucho para el esclarecimiento...

Las dos líneas olvidadas, por incompetencia o por omisión voluntaria de la autoridades ministeriales locales y federal, son las que tienen que ver con los trabajos de denuncia que los y las desaparecidas hicieron no sólo sobre el clima de violencia en sus regiones, sino también sobre el saqueo de recursos naturales realizado por grandes corporativos empresariales que devastaron el suelo y el agua, a lo que se suma la labor que hicieron al menos 12 de estas y estos comunicadores como guías o informantes de otros periodistas foráneos.

Un caso ejemplar es el de Jesús Sandalio Mejía Lechuga, quien desapareció en el municipio de Martínez de la Torre, Veracruz, en 2003, cuya actividad periodística estuvo muy ligada a la denuncia de la devastación ambiental que ya comenzaba a propiciar la actividad minera en el centro del territorio de esa entidad, la cual fue apoyada irrestrictamente por el entonces gobernador Miguel Alemán Velasco, que impulsó los proyectos mineros en las comunidades de Ojital, San Juan Villa Rica, El Limón y Mesa de 24, en la zona de Actopan y Alto Lucero. Además de su trabajo de denuncia sobre el avance de la industria minera y su consecuente destrucción del territorio, las autoridades que investigaron en su momento esta desaparición, cuyo expediente se encuentra archivado, también pasaron por alto la relación que Jesús Sandalio Mejía Lechuga mantuvo con periodistas foráneos.

Este periodista fue guía e informante de trabajos que sobre corrupción y expansión del Cártel de Los Zetas realizaron en su momento algunos periodistas de los periódicos *El Universal* y *Reforma*, además de haber participado en investigaciones periodísticas de las agencias AP y EFE, que abordaron el tema del llamado "Maxiproceso", una investigación judicial escenificada principalmente en Veracruz y Quintana Roo, que se inició en 1997 por el entonces titular de la Procuraduría General de la República (PGR), Jorge Madrazo Cuéllar, a través del que fuera llamado *zar antidrogas* mexicano, Mariano Herrán Salvatti, la que terminó con la emisión de órdenes de aprehensión contra importantes jefes del narcotráfico como Amado Carrillo Fuentes, alias el Señor de los Cielos; Ismael Zambada, alias el Mayo, y Juan José Esparragoza Moreno, alias el Azul.

Leodegario Aguilera Lucas es otro caso de los periodistas desaparecidos del que nadie, ni la FGR, a excepción de su familia, reclama la celeridad en la investigación para dar con su paradero. Su caso se encuentra cerrado por parte de la Fiscalía General de Justicia de Guerrero después de que, a menos de 16 meses de su desaparición, para esa instancia los restos del periodista fueron localizados, cuando en realidad se trataba de la osamenta calcinada de un animal, encontrada el 8 de septiembre de 2004 en una playa de Acapulco, pero que fue avalada —sin ningún tipo de análisis de ADN— por el entonces procurador de Justicia en la entidad, Jesús Ramírez Guerrero.

El periodista, que dirigía la revista mensual *Mundo Político*, no sólo fue tras los temas de corrupción entre las esferas de gobierno y las empresas mineras asentadas en Guerrero, tratando de evidenciar la forma en que muchas de las mineras, principalmente canadienses, se habían hecho de permisos ambientales ilegales durante la administración del gobernador René Juárez Cisneros, al que le habrían generado grandes beneficios económicos a nivel personal, sino que también colaboró como guía e informante para algunos periodistas de *El Universal,* Televisa, *Reforma, Excélsior, La Prensa,* Notimex, EFE, France Press, AP y BBC, que lo buscaron para adentrarse en temas relacionados con el surgimiento del Cártel Independiente de Acapulco (CIA) y la fractura interna sufrida por el Cártel de los Hermanos Beltrán Leyva, que controlaban en ese tiempo la actividad del tráfico de drogas en la zona de Acapulco.

El periodista Alfredo Jiménez Mota, del periódico *El Imparcial,* desapareció en Hermosillo, Sonora, el 2 de abril de 2005. Desde entonces no se sabe nada de él. Las principales organizaciones defensoras de derechos de los periodistas han olvidado su caso. Sólo la Sociedad Interamericana de Prensa (SIP) es la que, a la fecha, clama por justicia y el esclarecimiento de esta desaparición. La SIP es la única que actualmente gestiona ante la Comisión Interamericana de Derechos Humanos (CIDH) una recomendación al Estado mexicano para que desempolve la investigación, que se encuentra archivada desde 2015, y que la FGR se ha negado a atraer. Para las administraciones estatales de Sonora de Eduardo Bours Castelo y de Guillermo Padrés Elías, el caso de Jiménez Mota estuvo estrechamente ligado a una venganza entre grupos criminales, donde se criminalizó al periodista señalándolo de ser parte de ese entramado criminal. Para la administración de la gobernadora Claudia Pavlovich y su sucesor, Alfonso Durazo Montaño, el caso simplemente no existe.

En las averiguaciones iniciales, que se abandonaron luego de diez años de infructuosas pesquisas, nunca se tomó en cuenta el trabajo de Alfredo Jiménez Mota en relación con una serie de investigaciones que hizo sobre la mina *El Crestón,* en el municipio de Opodepe, a sólo 90 kilómetros de Hermosillo, donde las mineras Amax, de capital chileno, y Peñoles, de capital mexicano, comenzaron a devastar el medio ambiente apenas unos meses antes de la desaparición del periodista, de lo que este comunicador fue incisivo en la denuncia. Tampoco se tomó en cuenta la labor que hacía Jiménez Mota facilitando información a medios como *La Jornada, El Universal, Proceso* y *Reforma,* para exponer el deterioro ecológico al que se estaba llegando con la actividad de la mina. La autoridad ministerial local prefirió manejar la hipótesis de que la desaparición de este periodista fue un acto de venganza del grupo criminal Los Salazar como resultado de la relación del periodista con grupos antagónicos. Ni por equívoco se ha señalado que el crimen pudo haber sido efectivamente ejecutado por la célula criminal de Los Salazar, pero atendiendo intereses del grupo minero que se vio amenazado por la denuncia del comunicador. Esa es una de las razones por las que se supone que la FGR se niega a la atracción de la investigación.

Otro periodista desaparecido, cuyo caso perfectamente cabe en las circunstancias de los anteriores, es José Antonio García Apac, desaparecido la noche del 20 de noviembre de 2006. El reclamo de justicia y fin a la impunidad para este periodista ha sido olvidado por todas las organizaciones defensoras de periodistas. Sólo su esposa e hijos continúan en la fatigosa búsqueda. En los anales de la Fiscalía General de Justicia del Estado de Michoacán, su expediente aparece como archivado. Para la instancia procuradora de justicia se han agotado todas las líneas de investigación y no hay más nada que hacer, según se le ha dicho a la familia de este periodista que hizo trabajos de investigación en una de las zonas más peligrosas del país para ejercer el periodismo.

En las investigaciones archivadas de este caso también se dejaron de lado otras líneas que apuntan a posibilidades más allá de la genérica hipótesis de que García Apac fue desaparecido por una célula del crimen organizado. Eso podría no estar en duda. Lo que realmente es dudoso son las razones de ese crimen, que podrían estar ligadas a los intereses que tocó el periodista con su trabajo de investigación y denuncia, donde no se puede soslayar la línea periodística que mantuvo para evidenciar las precarias condiciones laborales y de salario de los obreros de las mineras Arcelor Mittal Steel, en Lázaro Cárdenas; la Compañía Minera El Baztán, S.A. de C.V., en Huetamo; la Compañía Minera Los Encinos, S.A. de C.V., en La Huacana; la Compañía Minera La Huacana, en el municipio de ese mismo nombre, y la Compañía Minera e Industrial de Michoacán, S.A. de C.V., en Huetamo. Además de que García Apac fue una constante fuente de consulta para conocer el clima de violencia y las estructuras de los cárteles de La Familia Michoacana, Los Valencia y el naciente —en ese tiempo— Cártel Jalisco Nueva Generación, de lo que dieron cuenta en su momento los periódicos *Reforma*, *El Universal*, *Excélsior*, la revista *Proceso* y las agencias internacionales de noticias AP, France Press, EFE, Notimex, Reuters y Tass.

También el caso de la desaparición del periodista Rodolfo Rincón Taracena, del periódico *Tabasco Hoy*, de quien se dejó de saber desde el 21 de enero de 2007, cumple con el factor común de olvido, impunidad, criminalización y desatención de las principales líneas de investigación para el esclarecimiento del crimen por parte de la FGR. Rincón Taracena fue criminalizado *de facto* por la autoridad investigadora de Tabasco que asumió las pesquisas desde el inicio. Se dijo que estaba relacionado con una célula criminal del Cártel de Los Zetas y se dejó intocada la posibilidad de investigar sobre el trabajo de denuncia que hizo el periodista sobre la contaminante actividad de las empresas cementeras, que generan un alto grado de polución en los cauces de los ríos Usumacinta, Grijalva, Samaria, Carrizal y San Pedro. Tampoco se investigó sobre la labor que hacía este periodista como guía e informante de misiones reporteriles para los periódicos *El Universal* y *La Jornada*.

Otros periodistas desaparecidos que han sido olvidados por la FGR, en cuyos casos las investigaciones iniciales no tomaron en cuenta los trabajos informativos que hacían más allá de la narración del clima de violencia, los cuales tenían que ver con información que evidenciaba la colusión entre autoridades locales, y que además fueron guías e informantes para trabajos publicados en medios de comunicación nacionales e internacionales, se encuentran Gamaliel López y Gerardo Pérez, de TV Azteca, en Nuevo León; María Esther Aguilar Casimbe y Ramón Ángeles Zalpa, de Michoacán; Adela Alcaraz López, de la televisora Canal 12 de Noticias de Río Verde, en San Luis Potosí; Sergio Landa Rosado, del periódico *El Diario de Cardel*, en Veracruz, y Mario Alberto Crespo Ayón, de Uno TV, en Sinaloa.

13

Turbulencia en las alturas

> Entre mayor sea el poder de lo público,
> mayor será el abuso de lo privado.
>
> —Zurya Escamilla,
> *periodista mexicana*

Al analizar su historia y trayectoria, todo parece indicar que, en el terreno de la ambición por el poder, nadie le gana a Alejandro Gertz Manero. Es hábil. Se sabe mover. Cuida milímetro a milímetro el avance de sus posiciones. Muchos de sus enemigos ficticios o reales pueden dar cuenta de ello; los persigue hasta arrinconarlos. Julio Scherer Ibarra, el ex consejero jurídico de la Presidencia, sabe lo que es eso. Y sabe —como muchos en México— que el desmedido poder que se ha depositado en Gertz Manero es un grave riesgo para la continuidad del proyecto de gobierno de la Cuarta Transformación en el que se afana el presidente Andrés Manuel López Obrador.

Esta tesis cobra relevancia sin precedente en la confrontación que —hasta el cierre de este trabajo— protagonizaban Julio Scherer Ibarra y Federico Gertz Manero, en donde salta a la vista que los acuerdos cupulares de compartir el poder no resultaron como se planearon. Gertz Manero, tal como lo hizo en su momento con el titular de la Unidad de Inteligencia Financiera, Santiago Nieto Castillo, terminó por derrocar a Julio Scherer Ibarra de la Consejería Jurídica de la Presidencia de la República. Y no sólo eso: igual que en el caso contra Santiago Nieto Castillo, el fiscal Gertz Manero sigue teniendo *la sartén por el mango* y amenaza con soterrar políticamente y hasta llevar a prisión a Julio Scherer Ibarra, otro de los hombres fuertes del presidente López Obrador.

Igual que en el caso de Santiago Nieto Castillo, la confrontación de Gertz Manero con Julio Scherer Ibarra tiene un principio y un final de pronóstico reservado. El principio fue en 2018, después de que López Obrador ganó contundentemente las elecciones presidenciales, cuando se comenzó a bosquejar el gabinete presidencial para llevar a cabo la encomienda de establecer un gobierno transformador que rompiera con la inercia neoliberal enquistada en la administración federal desde la llegada del presidente Carlos Salinas de Gortari a finales de la década de los 80.

Cuando López Obrador ganó las elecciones, fue Julio Scherer Ibarra uno de los pocos hombres cuyos consejos el entonces presidente electo escuchaba y atendía. Fue Scherer quien le propuso a López Obrador llevar a Alejandro Gertz Manero a la titularidad de la entonces Procuraduría General de la República, con la intención de que este mismo consolidara el proyecto heredado del presidente Enrique Peña Nieto de constituir la nueva Fiscalía General de la República. Y eso presumiblemente se debió no a que Julio Scherer fuera amigo entrañable de Alejandro Gertz Manero, sino a que esa era la forma de cerrarle el paso a Santiago Nieto Castillo y evitar que se colocara como procurador de justicia.

Y es que Julio Scherer sentía cierta animadversión frente a Santiago Nieto Castillo sólo por la cercanía de este con Enrique Peña Nieto cuando fue gobernador del Estado de México y Nieto Castillo llegó como magistrado del Tribunal Electoral en aquella entidad, por recomendación de Felipe Calderón. Las razones de Julio Scherer para cerrarle el paso a Santiago Nieto en su posible llegada a la PGR también pueden fincarse en la afinidad que este tuvo con Enrique Peña cuando, ya siendo presidente de la República, lo designó al frente de la Fiscalía Especializada para la Atención a Delitos Electorales (FEPADE).

Por eso Julio Scherer Ibarra decantó su preferencia por Alejandro Gertz Manero y así se lo hizo saber al presidente Andrés Manuel López Obrador las veces que al respecto le pidió su consejo para designar titular de la procuración de justicia del país. Luego, con Gertz Manero al frente de la PGR, Scherer Ibarra maniobró para que el Senado de la República lo eligiera como fiscal general. Esto lo reconoce públicamente el propio Julio Scherer Ibarra en un artículo publicado en la revista *Proceso* el sábado 19 de marzo de 2022, donde escribió: "es del dominio público que Alejandro Gertz Manero contó con mi apoyo para ocupar la Fiscalía General de la República. Creí en su probidad y en sus capacidades como abogado. Estaba convencido de que correspondería al proceso de transformación que transita el país —encabezado por el presidente López Obrador— salvaguardando con integridad la procuración de justicia sin distingos".[147] Sin duda, las percepciones de Julio Scherer Ibarra estaban muy alejadas de la realidad. Y seguro lo entendió después.

Durante los primeros meses de gestión de Gertz como fiscal y Julio Scherer como consejero jurídico de la Presidencia no se asomaron las desavenencias. Todo fue marchando sin sobresaltos, como quien va tanteando el camino. Con la amistad del presidente Andrés

---

147. Julio Scherer Ibarra, "Scherer acusa trama 'perversa' de Gertz y Sánchez Cordero", *Proceso*, Ciudad de México, 19 de marzo de 2022.

Manuel López Obrador de por medio, ambos —Gertz y Scherer— se consultaban mutuamente sobre los trabajos institucionales, cuando así lo requerían los casos. No hubo pasos en falso. El error de aquella relación armoniosa tal vez pudo haber sido la intromisión de la secretaria de Gobernación, Olga Sánchez Cordero, quien por momentos se vio desplazada frente al presidente de la República por los trabajos de coordinación que mantenían Julio Scherer Ibarra y Alejandro Gertz Manero.

De acuerdo con una fuente cercana a la Presidencia de la República, la entonces secretaria de Gobernación siempre reclamó al presidente López Obrador su decisión de dejar en manos del consejero jurídico la trascendencia de las controversias constitucionales que fueron presentándose ante la Suprema Corte de Justicia de la Nación (SCJN). Históricamente esa función había recaído en la titularidad de la Secretaría de Gobernación (Segob). De ahí que el reclamo, hecho como mínimo en tres ocasiones, fuera vehemente.

Olga Sánchez Cordero ofreció su renuncia por lo menos dos veces ante el presidente, porque consideró que en términos prácticos las controversias constitucionales sólo eran cabildeadas entre el fiscal Gertz Manero y el consejero jurídico Julio Scherer, dejándola de lado a ella, como una figura decorativa, cuando constitucionalmente era la principal encargada de la política interna del país. De modo que Olga Sánchez Cordero maniobró, frente al presidente, en contra de aquella situación que la demeritaba y que no le permitía lucir su trabajo público.

El agravio que sintió Olga Sánchez Cordero por parte de Julio Scherer Ibarra no se debió nada más a que la dejaba de lado en las consultorías internas que se hacían sobre las controversias constitucionales a presentar ante la SCJN. También se debió al acotamiento de poder al que se vio obligada, pues, por recomendación de Julio Scherer, a la secretaria de Gobernación se le limitó su participación en labores de seguridad, las cuales se transfirieron —como es natural— a la Secretaría de Seguridad y Protección Ciudadana, entonces encabezada por Alfonso Durazo Montaño. El mismo Julio Scherer Ibarra reconoce esa situación cuando escribió: "desde el inicio del gobierno de Andrés Manuel López Obrador se dieron diferencias con la secretaria de Gobernación. El presidente de la República decidió que el asunto prioritario en la Segob sería el esclarecimiento del caso Ayotzinapa y por decisión suya se limitaron [sic] las atribuciones en materia de seguridad en esa dependencia. Como es de dominio público, la responsabilidad en los asuntos de seguridad descansó en el entonces secretario de Seguridad Alfonso Durazo y la secretaría a cargo de Olga Sánchez Cordero se vio acotada en sus áreas de competencia respecto a la 'supersecretaría' que operó en tiempos de Enrique Peña Nieto".[148]

Por eso, en algún momento —cuenta la fuente—, la secretaria de Gobernación tuvo que elegir entre aliarse con Julio Scherer Ibarra o Alejandro Gertz Manero, para que su presencia como encargada de la política interna del país no fuera soslayada. Se trató de una decisión nada difícil. Olga Sánchez Cordero se inclinó por el hombre con mayor poder dentro del gobierno federal, que le garantizaba, si no recomponer aquella situación, al menos sí utilizar los recursos oficiales para eliminar los obstáculos que se le presentaban en su encomienda política. De ahí que se aliara con Alejandro Gertz Manero, creyendo que contaría con su pleno respaldo.

De tal suerte fue la alianza entre Alejandro Gertz Manero y Olga Sánchez Cordero, que por recomendación del fiscal ella se dio a la tarea de recabar una serie de supuestas pruebas que evidenciaban el trabajo que hacía el consejero jurídico Julio Scherer Ibarra y que a sus ojos era deshonesto. Así, entre Olga Sánchez Cordero y Alejandro Gertz comenzaron a urdir una acusación de deshonestidad contra Julio Scherer Ibarra, la cual presentarían ante el presidente López Obrador, con miras a la destitución del consejero jurídico. Entre tanto, Gertz Manero mantuvo una aparente alianza con Julio

---

148. Ídem.

Scherer, como si no pasara nada, trabajando en las encomiendas del presidente de la República.

No obstante, Alejandro Gertz Manero tampoco confió en la alianza con Olga Sánchez Cordero y comenzó a operar en contra de ella misma. En el juego de poder que tanto lo apasiona, Gertz Manero informó a Julio Scherer de una serie de acciones que maquinaba en su contra la secretaria de Gobernación. Le refirió que ella lo estaba investigando y que lo estaban relacionando con una serie de eventos antijurídicos, como tráfico de influencias, corrupción y función indebida del servicio público. En esa perversidad, Gertz Manero sólo esperó a que los sucesos causaran efecto a fin de eliminar a las dos principales amenazas para su ambición de poder absoluto.

Una alianza de papel

Gertz Manero, en la falsa alianza que estableció con Julio Scherer, fue quien ideó la salida de Olga Sánchez Cordero de la Secretaría de Gobernación. Así se lo propuso al consejero jurídico para que lo ayudara en la encomienda, aludiendo a que Olga Sánchez le había presentado un informe al presidente López Obrador en el cual señalaba que Julio Scherer Ibarra traficaba influencias con abogados que defendían casos de imputados por el gobierno federal por diversos delitos "de cuello blanco". Entre los despachos que, a decir de Olga Sánchez Cordero, supuestamente se beneficiaron con la mediación del consejero Julio Scherer Ibarra están: "Rivera Gaxiola, Kalloi, Fernández, Del Castillo, Quevedo, Lagos y Machuca, así como el bufete Araujo, González, Peimbert, Robledo y Carrancá Abogados"[149], apunta el propio Scherer Ibarra.

Esa quizá haya sido la razón por la que Julio Scherer Ibarra co-

---

149. Ídem.

menzó a gestionar más insistentemente ante el presidente Andrés Manuel López Obrador que Olga Sánchez Cordero dejara la Segob, lo cual ocurrió el 26 de agosto de 2021, cuando el presidente nombró en su lugar a otro de sus más cercanos amigos, el tabasqueño Adán Augusto López Hernández. El argumento de peso que presentó Julio Scherer Ibarra ante el presidente para lograr la destitución de Olga Sánchez Cordero fue la desbandada que se estaba dando dentro de la Conferencia Nacional de Gobernadores (Conago), que denotaba un debilitamiento en la convocatoria del gobierno federal para el diálogo con los gobernadores, principalmente los emanados del PAN, PRI y PRD.

En este punto cabe recordar que durante el mes de agosto de 2021, a días de que el presidente López Obrador solicitara la renuncia a Olga Sánchez Cordero como secretaria de Gobernación, diez gobernadores de oposición a la Cuarta Transformación anunciaron su decisión de dejar la Conago, por considerar que se había agotado el diálogo con la titular de la Segob, a quien acusaron de no ver por los intereses de los gobiernos estatales, que —en su visión— estaban siendo abandonados a su suerte por la Federación, sobre todo en el ámbito del financiamiento a los programas de ejecución de obras y servicios federales.

Los gobernadores que anunciaron su salida de la Conago para dar paso a una nueva organización de gobernadores, denominada Alianza Federalista, fueron Enrique Alfaro (MC), gobernador de Jalisco; Jaime Rodríguez Calderón (independiente), de Nuevo León; Javier Corral (PAN), de Chihuahua; José Ignacio Peralta (PRI), de Colima; Diego Sinhue Rodríguez Vallejo (PAN), de Guanajuato; José Rosas Aispuro (PRI), de Durango; Miguel Ángel Riquelme (PRI), de Coahuila; Martín Orozco (PAN), de Aguascalientes; Silvano Aureoles (PRD), de Michoacán, y Francisco García Cabeza de Vaca (PAN), de Tamaulipas.

Esa fue la coyuntura que Julio Scherer aprovechó para lograr, desde su posición, que el presidente destituyera a Olga Sánchez de la Secretaría de Gobernación. En el relevo, el presidente López Obrador anunció que la salida de Sánchez Cordero del gabinete presidencial se debía a una estrategia política, asegurando que la presencia mediadora de Olga Sánchez sería de mucha ayuda dentro del Senado, en donde —en su calidad de senadora que terminaba con su licencia— se le dio la encomienda de ser la líder de la bancada de Morena.

Pero la investigación que Olga Sánchez Cordero dejó sobre el escritorio de su sucesor, Adán Augusto López Hernández, no fue archivada. La duda del presidente pudo más: por instrucción suya, el nuevo secretario de Gobernación, con el respaldo del fiscal Alejandro Gertz Manero, dio continuidad a los trabajos de investigación iniciados por Olga Sánchez Cordero, sólo para ratificar los hallazgos. Se encontró que, al menos en los casos de Juan Collado Mocelo y de Víctor Manuel Álvarez Puga y su esposa Inés Gómez Mont, referentes a corrupción, fraude fiscal y peculado, el entonces consejero jurídico de la Presidencia sirvió como puente entre los abogados de estos y la representación del Ministerio Público de la Federación, léase FGR, para llegar a acuerdos reparatorios a cambio de pagos extraoficiales a un grupo de abogados relacionados con el propio Julio Scherer Ibarra.

En versión de fuentes en el interior de la Segob, el informe que dejó Olga Sánchez Cordero y que continuó Adán Augusto López Hernández señala que, en el caso de Juan Collado Mocelo, un grupo de abogados, entre ellos Juan Araujo, Isaac Pérez, David Gómez Arnau y César González, quienes estarían relacionados con Julio Scherer, ofrecieron a la defensa de Juan Collado y al propio imputado la mediación de la Consejería Jurídica de la Presidencia de la República para llegar a un acuerdo de liberación. A cambio solicitaron un pago extraoficial de por lo menos 2 mil millones de pesos, a fin de convencer a la representación de la FGR para que aplicara el "criterio de oportunidad" en ese caso, que no es otra cosa que una liberación anticipada del indiciado a cambio de información que permita la detención de otros implicados en el mismo delito o en otros relacionados.

Es oportuno recodar que Juan Collado Mocelo, uno de los abogados de mayor prestigio en México por haber sido representante legal de Raúl Salinas de Gortari (hermano del ex presidente Carlos Salinas de Gortari), del ex líder petrolero Carlos Romero Deschamps y del ex presidente Enrique Peña Nieto, entre otras figuras públicas, fue detenido el 9 de julio de 2019 y vinculado a proceso en septiembre de 2020 bajo la acusación de delincuencia organizada, operaciones con recursos de procedencia ilícita, fraude fiscal por 36 millones de pesos y peculado por 13 millones 780 mil pesos en agravio del erario del gobierno de Chihuahua. Los delitos de delincuencia organizada y operaciones con recursos de procedencia ilícita se le atribuyen por haber cobrado en el Principado de Andorra 45.9 millones de dólares de una cuenta utilizada por una red de lavado de dinero al servicio del Cártel de Sinaloa.

Según la investigación iniciada por Olga Sánchez Cordero, Julio Scherer Ibarra, en su calidad de consejero jurídico de la Presidencia, habría solicitado a través de interpósitas personas una serie de sobornos para remediar el encarcelamiento de Juan Collado. Esta misma versión la sostuvo el propio Juan Collado, quien —en diciembre de 2021—, a través de su defensa jurídica, interpuso ante la FGR una denuncia de hechos por el delito de extorsión en contra de un grupo de abogados ligados a Julio Scherer.

En su defensa, Julio Scherer Ibarra, quien señala que existe una acción concertada para manchar su nombre, explicó al respecto, en el mismo artículo publicado en la revista *Proceso* del día 19 de marzo de 2022: "la primera vez que supe del criterio de oportunidad que la defensa de Juan Collado buscaba obtener para sacarlo de la cárcel fue en voz del presidente López Obrador, quien había recibido la propuesta a través de la propia Olga Sánchez Cordero, cercanísima a la familia Collado. Fue el presidente quien me enteró que Antonio Collado —a través de Sánchez Cordero— ofrecía el 25% de los recursos que su hermano Juan tenía congelados en Andorra (90 millones de euros) para entregarlos al Instituto para Devolver al Pueblo lo Robado (INDEP) como parte de un acuerdo reparatorio".[150] Según Julio Scherer, él recomendó al presidente López Obrador no aceptar esa oferta, por una sola razón: "difícilmente los recursos congelados en Andorra pertenecían exclusivamente al abogado [Juan Collado]".[151]

Pero ese no es el único señalamiento de corrupción que se le ha hecho a Julio Scherer Ibarra con base en las investigaciones de la entonces secretaria de Gobernación, alentada por el fiscal Alejandro Gertz Manero. También se le relacionó con el caso de la periodista de espectáculos Inés Gómez Mont y su marido, Víctor Manuel Álvarez Puga, quienes —hasta el cierre de este trabajo— siguen prófugos de la justicia, luego de ser acusados de los delitos de lavado de dinero y peculado por un monto de más de 2 mil 950 millones de pesos. Dicho monto habría provenido del erario de la Federación a través de una serie de contratos obtenidos del gobierno federal en 2016, durante la administración de Enrique Peña, los que les fueron entregados para prestar diversos servicios y obras en el sistema federal de prisiones, contratos que nunca se cumplieron pero sí fueron cobrados.

Dentro de esa acusación también están señalados, como responsables del desfalco a la Federación, Emmanuel Castillo, ex director de la Coordinación General de Centros Federales; Eduardo Guerrero Durán, ex comisionado del Órgano Administrativo Desconcentrado de Prevención y Readaptación Social (OADPRS), y Paulo Uribe Arriaga, ex director general de Administración de ese mismo organismo.

Según la investigación de la entonces secretaria de Gobernación, Olga Sánchez Cordero, familiares de la pareja habrían entre-

---

150. Ídem.
151. Ídem.

gado un soborno en especie a Julio Scherer Ibarra a fin de que sirviera de negociador ante la FGR para que a Gómez Mont y Álvarez Puga se les permitiera acogerse al criterio de oportunidad. Dicho soborno habría sido una casa en Acapulco, de la que públicamente Julio Scherer se ha deslindado, argumentando que ni siquiera ha tenido trato directo con los implicados en ese caso. Pero tampoco ha dicho si tiene o no una nueva casa en Acapulco.

En la acusación de colusión de Scherer Ibarra con la pareja Gómez Mont-Álvarez Puga que corrió por cuenta de Olga Sánchez Cordero, también participó discrecionalmente un grupo de investigadores de la FGR, que contribuyeron con las pesquisas y pudieron establecer que el desvío de dinero que lograron los indiciados se hizo a través de una empresa fantasma de razón social Seguridad Privada Inteligencia Cibernética, la cual obtuvo beneficios por más de 3 mil millones de pesos por prestar un servicio inexistente. No sólo eso. La FGR también encontró que el domicilio oficial registrado por la firma Seguridad Privada Inteligencia Cibernética es una casa sin ningún tipo de infraestructura ni personal para prestar servicios de seguridad al sistema carcelario mexicano, y que además la citada casa se ubica en una colonia de la periferia de la ciudad de Morelia, Michoacán.

Sobre esta acusación, Julio Scherer Ibarra se ha desmarcado públicamente; ha rechazado cualquier posibilidad de contacto personal o profesional con la pareja de indiciados Gómez Mont-Álvarez Puga o familiares de ellos. Su versión de los hechos que se le atribuyen dice que a él se le ha querido implicar alevosamente en la trama ideada por la entonces secretaria de Gobernación y el fiscal general de la República, pues —argumenta— fue el fiscal Gertz Manero quien instruyó a *su mano derecha* y subprocurador Juan Ramos para que se reuniera con el abogado Felipe Gómez Mont a fin de ofrecerle la posibilidad del criterio de oportunidad para sus clientes y familiares, de modo que Inés Gómez Mont y su esposo Víctor Manuel Álvarez Puga se convirtieran en testigos protegidos de la FGR.

Esa oportunidad fue ofrecida —asevera Julio Scherer— a cambio de que la pareja de indiciados hicieran acusaciones de extorsión en su contra. Pero, y así lo aplaude Julio Scherer, "esta vez, la integridad de los implicados no hizo posible obsequiar los deseos del fiscal y la ex ministra: la familia Gómez Mont se negó categóricamente a ser parte de esa infamia".[152]

Aun cuando los Gómez Mont-Álvarez Puga no quisieron prestarse a la urdimbre orquestada entre Gertz Manero y Olga Sánchez Cordero para procesar penalmente o al menos sepultar políticamente a Julio Scherer Ibarra, la maquinaria de los culpables creados de la FGR siguió operando: también se le relacionó a Scherer Ibarra en un supuesto caso de extorsión dentro del proceso que se le sigue a Guillermo Álvarez Cuevas, el ex representante de la Sociedad Cooperativa Cruz Azul, acusado de haber desviado más de 2 mil 257 millones de pesos. En ese entramado, el brazo operador de Gertz Manero, el subprocurador Juan Ramos, sí contó con el apoyo de los abogados de Guillermo Álvarez Cuevas para fincar el delito de extorsión en contra de Julio Scherer Ibarra.

Hasta donde se sabe, la FGR utilizó a Ángel Martín Junquera. A través de su abogado Javier Quijano y el hijo de Ángel Martín Junquera, Ángel Junquera Fernández, fue que Alejandro Gertz ofreció al indiciado la posibilidad de acogerlo bajo la figura de criterio de oportunidad (testigo protegido) a cambio de que devolviera el dinero sustraído a la Cooperativa Cruz Azul e incriminara a Julio Scherer Ibarra —a través del despacho de abogados Barradas y García— por el delito de extorsión.

Con base en los testimonios armados de los casos de Juan Collado, de los Gómez Mont-Álvarez Puga y de Guillermo Álvarez, la FGR de Alejandro Gertz Manero integró la carpeta de investigación marcada con el número FED/FEAI/FEAI-CDMX/0000122/2022 en contra de Julio Scherer Ibarra por el delito de extorsión y cohecho,

---

152. Ídem.

carpeta que le fue presentada al presidente Andrés Manuel López Obrador en los últimos días de agosto de 2021.

La versión de una fuente cercana a la Presidencia de la República indica que el presidente López Obrador montó en cólera y que, en forma inmediata, sin mayor explicación, le solicitó a Julio Scherer Ibarra la renuncia al cargo, la cual se oficializó en la conferencia mañanera del 2 de septiembre de 2021. Julio Scherer renunció al cargo de consejero jurídico de la Presidencia desde el día 30 de agosto de 2021.[153] Pero, por la concesión de amistad entre él y el presidente López Obrador, la renuncia solicitada se matizó como una decisión unipersonal de Julio Scherer, aunque nunca fue así. En el mismo texto de la renuncia, Julio Scherer no hace alusión a ninguna confabulación en su contra por parte de Olga Sánchez Cordero ni Alejandro Gertz como motivo u origen de la renuncia. De hecho, no arguye nada para dejar su cargo oficial. Sólo atinó a decir —en el citado escrito público— que era tiempo de cerrar su ciclo de servidor público para dedicarse a sus labores profesionales, las cuales —explicó— había dejado en pausa para ser parte del proyecto trasformador de López Obrador.

La molestia de Gertz

Visto a la distancia, ¿qué fue lo que ocasionó el encono de Gertz Manero para buscar destruir no nada más la vida pública sino la imagen social de Julio Scherer Ibarra? Sólo puede pensarse en la sospecha de la deslealtad y en la exhibición de su vida privada. Y es que si Gertz Manero ha sido meticuloso con algo, eso ha sido siempre con conservar en el ámbito de lo inaccesible la información de su vida personal, sus propiedades y fortuna, incluso algunos aspectos de su

---

153. Julio Scherer Ibarra, Carta de renuncia a la Consejería Jurídica de la Presidencia de la República, Ciudad de México, 30 de agosto de 2021.

carrera como servidor público. Para ello, Gertz Manero ha dedicado mucho de su tiempo y recursos. En la mayoría de las fuentes de consulta pública, aun cuando es obligación de las dependencias tenerlo, no existe registro de la actividad del fiscal Gertz. En algunos casos la documentación que hablaría de su labor ha sido destruida; en otros, dicha información simplemente se declara inexistente.

La muestra de que Gertz Manero ha tomado muy en serio la tarea de mantener su actividad pública y privada, incluida su fortuna, muy lejos del escrutinio público se aprecia claramente en diversos documentos oficiales. Uno de ellos es el que se refiere a una solicitud de información pública, en la cual se pide a la FGR conocer el Expediente de Planeación y Políticas, que contiene los Análisis de Situación de Carpetas de Apoyo Técnico y Reportes Especializados de la Coordinación Nacional de Análisis Contra la Delincuencia de esa fiscalía. En dicho documento, si se tuviera acceso a él, podría conocerse más a fondo el desempeño de la FGR contra la delincuencia durante en el primer año de gestión de Gertz, pero tal expediente "fue dado de baja, por lo tanto es inexistente".[154]

Tan meticuloso ha sido Alejandro Gertz Manero borrando su pasado que ni siquiera hay registros de él ni de su labor pública —por lo menos como secretario de Seguridad Pública federal o primer *zar antidrogas*— dentro del Archivo General de la Nación (AGN), donde, por la propia naturaleza de esa dependencia, se integran los expedientes de consulta histórica de los principales actores públicos del país, y Gertz Manero no puede escapar a esa clasificación. Una respuesta oficial a una solicitud de información hecha al AGN indica que hasta abril de 2019 no existía ningún expediente clasificado con el nombre de Alejandro Gertz Manero,[155] decretándose la inexistencia de la información, lo cual resulta incomprensible.

154. Fiscalía General de la República, respuesta a la Solicitud de Información núm. 0001700237420, Ciudad de México, 27 de enero de 2020.
155. Archivo General de la Nación, respuesta a la Solicitud de Información núm. 0495000014419, Ciudad de México, 24 de abril de 2019.

Pero si no es posible encontrar dentro de las fuentes abiertas cuál ha sido el desempeño de Alejandro Gertz Manero como funcionario, mucho menos existe algún registro de acceso público que hable de la fortuna y propiedades del fiscal. Al menos así lo refiere la Secretaría de Hacienda y Crédito Público, que en respuesta a una solicitud de información fechada el 21 de enero de 2022 aclara que, en torno a las propiedades inmobiliarias en México y el extranjero de Gertz Manero y sus cuentas bancarias que fueron investigadas por la Unidad de Inteligencia Financiera, "esta unidad administrativa se encuentra material y jurídicamente imposibilitada para atender los requerimientos que nos ocupan, ya que carece de atribuciones para administrar o generar la información requerida".[156]

Llama la atención que, en la citada respuesta negativa dada por la Unidad de Inteligencia Financiera, se refiere que la información solicitada, sobre bienes inmuebles y cuentas bancarias del fiscal, se puede encontrar dentro de la declaración patrimonial a la que están obligados a presentar —por ministerio de ley— todos los servidores públicos ante la Secretaría de la Función Pública. Sin embargo, al final de la declaración patrimonial de Gertz Manero, aludida como fuente de consulta por la UIF, se observa una leyenda con letras negritas: "el servidor no aceptó hacer públicos su bienes patrimoniales",[157] y además se lee que el funcionario no está de acuerdo en hacer público su posible conflicto de intereses. Y ante eso, no hay ley que impida esa salida.

Otro documento testimonial que da clara idea de cuán estricto ha sido Alejandro Gertz Manero en cuidar que no se hurgue en su pasado es la información que proporcionó hace unos años la enton-

156. Secretaría de Hacienda y Crédito Público, Unidad de Inteligencia Financiera, respuesta a la Solicitud de Información núm. 330026322000127, Ciudad de México, 21 de enero de 2022.
157. Alejandro Gertz Manero, declaración patrimonial, Procuraduría General de la República, Ciudad de México, 30 de enero de 2019.

ces Secretaría de Seguridad Pública, que en una respuesta oficial de 2008, cuando se le requirió información sobre el *curriculum vitae* de todos los secretarios y subsecretarios que ha tenido esa dependencia, desde su creación hasta la fecha de la solicitud, se proporcionaron datos de todos los funcionarios que habían pasado por la subsecretaría y secretaría de Seguridad, pero no se mencionó nada de Alejandro Gertz Manero,[158] a pesar de que su encargo como titular de esa secretaría fue del 1 de diciembre de 2000 al 3 de junio de 2004.

Los funcionarios citados en la información pública de la entonces SSP son José Francisco Niembro González, José Patricio Patiño Arias, Monte Alejandro Rubido García, Facundo Rosas, Genaro García Luna, Rafael Gerardo Ríos García, Miguel Ángel Yunes Linares, José Luis Lagunes López, Eduardo Tomás Medina-Mora Icaza, Ramón Martín Huerta y Juan Ramos López. Nunca se expusieron los datos públicos de Alejandro Gertz Manero, aun cuando estos sólo se centran en su trayectoria como funcionario.

Lo mismo sucede cuando se intenta buscar información sobre la *Operación Cóndor*, pues hay que recordar que Alejandro Gertz Manero fue el primer coordinador de ese programa binacional entre México y Estados Unidos para el combate a las drogas. En el Archivo General de la Nación, que —en teoría— guarda la memoria histórica de los sucesos más importantes del país, no se reconoce ningún legado informativo en relación con los resultados oficiales registrados en el combate a las drogas que estuvieron a cargo de Alejandro Gertz Manero.

En la respuesta oficial a una solicitud de información al respecto, presentada ante el AGN, esta institución señaló: "El Archivo General de la Nación no cuenta con alguna atribución que lo obligue a realizar investigaciones respecto a un tema o personaje

---

158. Secretaría de Seguridad Pública, respuesta a la Solicitud de Información núm. 0002200140408, Ciudad de México, 4 de diciembre de 2008.

determinado, motivo por el cual no se tiene la obligación de poseer la información solicitada, por lo que en este acto se declara su inexistencia [de la información]".[159] De esa forma se contribuyó al paseo silencioso que hace Gertz Manero por los anales de la historia de nuestro país.

Pero si la información oficial de Alejandro Gertz Manero, la que habla de su trabajo en diversas dependencias como funcionario del gobierno federal y que pudiera servir hasta para su lucimiento personal, ha desaparecido *como por obra de magia de la faz de la tierra,* ¿cuánto más puede esperarse de la información sensible? Ni pensar que esté disponible a la consulta pública. En algún momento, el propio Alejandro Gertz maniobró para evitar que se conociera en el futuro. Borró de su haber histórico todo evento o monto económico que pudieran incomodarlo.

Un ejemplo de ese accionar discreto, que ha sido una constante en la vida de Gertz Manero, se encuentra en los anales de la Secretaría de Seguridad Pública, en la respuesta a una solicitud de información presentada por una particular que en 2008 quiso conocer a cuánto ascendía el gasto de seguridad personal con que contaron los secretarios de esa dependencia Alejandro Gertz Manero, Ramón Martín Huerta y Eduardo Medina-Mora. Al respecto, como si se tratara de un tema tabú, la SSP de Genaro García Luna —como cubriéndoles las espaldas a sus antecesores en el cargo— respondió que "la información requerida por la solicitante no obra en los archivos centrales de esta dependencia",[160] por lo que declaraba dicha información como inexistente.

Por eso se entiende que Alejandro Gertz Manero, frente a todos los cuidados que ha tenido para mantener su historia pública y privada como inexistente ante los ojos de los mexicanos, se haya moles-

---

159. Archivo General de la Nación, respuesta a la Solicitud de Información núm. 0495000031721, Ciudad de México, 21 de julio de 2021.
160. Secretaría de Seguridad Pública, respuesta a la Solicitud de Información núm. 0002200075408, Ciudad de México, 27 de agosto de 2008.

tado sobremanera con Julio Scherer Ibarra, al suponer que a través de él estaba filtrándose información a los medios de comunicación. De ahí el arrebato colérico del fiscal Gertz y su alianza con la entonces secretaria de Gobernación Olga Sánchez Cordero para ir contra el consejero jurídico de la Presidencia.

El encono de Gertz Manero contra Julio Scherer Ibarra quizá fue —como el mismo Scherer refiere— a causa de un reportaje que se publicó el 25 de septiembre de 2021 en la revista *Proceso* —propiedad de la familia Scherer—, realizado por la periodista Neldy San Martín y titulado "La casa secreta de Gertz Manero". La periodista señala en el reportaje que Alejandro Gertz Manero se hizo en 2018 de una casona en la zona residencial de las Lomas, en la alcaldía Miguel Hidalgo de la Ciudad de México.

Dicha casa habría sido comprada inicialmente en 2012 por el patronato de la Universidad de las Américas (UDLA) de la Ciudad de México, cuando Gertz Manero era el rector de esa institución. Pero, seis años después —observa el reportaje de Neldy San Martín—, en 2018, esa casa, que fue comprada con fines de expansión de la universidad, pasó a ser propiedad exclusiva de Alejandro Gertz Manero, la que se entregó a sí mismo como pago de la UDLA por los servicios profesionales prestados como rector por el hoy fiscal. Esa casa, al igual que las demás propiedades de Gertz Manero, no se encuentra declarada públicamente en la rendición de cuentas del fiscal, quien así muestra su falta de disposición a ser transparente.

El fiscal Gertz Manero atribuyó a Julio Scherer Ibarra la autoría intelectual de aquel reportaje y lo acusó de haber facilitado la información necesaria para que la periodista Neldy San Martín elaborara el texto. "Tras la publicación", escribió Scherer, "nos reunimos con Gertz Manero el director del semanario, Jorge Carrasco, y yo. [Gertz Manero] No fue capaz de entender que existe el periodismo independiente y que nada tuve que ver con el trabajo editorial de un medio de comunicación en el que sólo intervienen sus periodistas. Cegado, el fiscal optó por repasar una y otra vez un malentendido que había nacido de sus propias ganas de malentender".[161]

Julio Scherer también fue acusado de deslealtad por el fiscal Gertz luego de que supuestamente filtró a la prensa un borrador que estaba preparando la FGR como iniciativa de reformas al Sistema de Justicia, aun cuando dicho borrador trascendió en redes sociales sólo como parte de una filtración de ciertos funcionarios de la Fiscalía General de la República. A la lista de agravios para justificar su enojo contra el consejero jurídico, el fiscal Gertz agregó el favor solicitado que nunca tuvo respuesta por parte de Scherer Ibarra, para ayudar a que Alejandra Cuevas y Laura Morán fueran incriminadas falsamente por la muerte de Federico Gertz Manero, el hermano del fiscal.

Ante todo eso, Gertz Manero dio abruptamente por concluida su relación con Julio Scherer Ibarra, quien lo describe en su verdadera personalidad cuando el fiscal explotó frente a él: "colérico como es, desencajado el rostro, conforme avanzaba en los reclamos por sus asuntos personales le temblaban los labios, le temblaban las manos, le temblaba la voz. Al final de esa reunión, [Gertz Manero] terminó desafiante: 'Usted podía haber elegido entre un fiscal amigo o un fiscal enemigo'",[162] dejando el aire impregnado de miedo. Si con esa frase lapidaria Alejandro Gertz Manero pudo infundir miedo a un político de la talla de Julio Scherer, acostumbrado a la persecución y al desafío del poder, ¿qué no sentirá el ciudadano común frente a un fiscal dominado por el encono y la venganza?

El desencuentro de Gertz Manero con Julio Scherer Ibarra, que apunta a la venganza personal, es un caso más que pone de manifieso la forma facciosa bajo la que opera el encargado de la procuración de justicia en México. Un procurador que —como bien lo describe

---

161. Julio Scherer Ibarra, "Scherer acusa trama 'perversa' de Gertz y Sánchez Cordero", *Proceso*, Ciudad de México, 19 de marzo de 2022.
162. Ídem.

Julio Scherer— "convierte todos los ruidos en gritos, todas las sombras en amenazas y a todos sus 'enemigos' en blancos de la 'justicia', su justicia"[163], en donde al parecer ni siquiera la autoridad del presidente de la República —en este caso el presidente Andrés Manuel López Obrador— se encuentra por encima de él.

Y a tal grado no se encuentra el presidente por encima de la autoridad del fiscal Alejandro Gertz Manero, que este se ha mostrado desafiante ante el amigo, ante la máxima autoridad del país que tantas veces ha salido en su defensa frente a las críticas que desde los medios de comunicación se le han hecho. Desde que Alejandro Gertz Manero asumió el cargo como fiscal, en por lo menos ocho ocasiones el presidente López Obrador ha refrendado públicamente su confianza en él. Frente a las acusaciones que medios de comunicación y periodistas independientes han formulado a Alejandro Gertz Manero, lo menos que ha hecho el presidente López Obrador para defender a su amigo el fiscal ha sido calificarlo como "un hombre bueno", "un hombre incapaz de inventar delitos", "un hombre apegado a la legalidad", que por lo mismo se observa intocable y cada vez más alejado de la destitución.

Frente a los generosos calificativos presidenciales sobre Gertz, por decir lo menos, salta el rosario de evidencias —unas cuantas de ellas aquí expuestas— en donde Gertz Manero ha torcido la justicia sólo para satisfacer su egocentrismo, sus venganzas personales y su extraña fijación, convertida en furiosa necesidad, de utilizar todo el aparato de procuración de justicia del Estado mexicano como si fuera su imperio personal. Esa peligrosa aproximación a la deidad terrenal que encarna Gertz Manero podría volverse en contra del propio presidente que lo encumbró. Ya hay visos de eso.

De manera discreta, como acostumbra Gertz, al cierre de este trabajo en la Fiscalía General de la República se ordenó el inicio de una carpeta de investigación en contra del secretario de Mari-

---

163. Ídem.

na, el almirante José Rafael Ojeda Durán, a quien se le busca relacionar con los hechos que concluyeron con la desaparición de 43 estudiantes normalistas de Ayotzinapa, en el municipio de Iguala, Guerrero, entre la noche del 26 y la madrugada del 27 de septiembre de 2014.

¿Traición al presidente?

La investigación que inició la FGR contra el almirante Rafael Ojeda parte de nuevas evidencias que obtuvo el Grupo Interdisciplinario de Expertos Independientes (GIEI), el cual sigue tratando de desenmarañar qué pasó aquella noche y cómo fue que 43 jóvenes desaparecieron literalmente de la noche a la mañana como si *se los hubiera tragado la tierra*. Entre las nuevas pruebas aportadas por el GIEI se establece, con base en un video, que elementos de la Secretaría de Marina, entonces bajo el mando del secretario Vidal Francisco Soberón Sanz, manipularon evidencias en las inmediaciones del basurero municipal de Cocula, donde —de acuerdo con la versión oficial del gobierno de Enrique Peña Nieto— los 43 normalistas habrían sido asesinados y sus cuerpos calcinados.

Con los nuevos materiales, las sospechas de participación del Estado en la desaparición de los estudiantes apuntan a la posible responsabilidad del almirante Rafael Ojeda, quien durante ese tiempo se desempeñaba como comandante de la Octava Región Naval, con sede en Acapulco, Guerrero; por lo mismo —por ser Iguala radio de influencia de la Octava Zona Naval—, el almirante Ojeda debió al menos haberse enterado de las operaciones de inteligencia de la Marina, o en un caso extremo incluso haber autorizado el operativo en torno a la manipulación de evidencias que ahora se acusa.

La cercanía del almirante Rafael Ojeda con el presidente López Obrador —que además conlleva un grado de responsabilidad del gobierno de la Cuarta Transformación para evitar proteger a los actores que en el pasado dañaron tanto a México y a la confianza de los mexicanos— es lo que ha impulsado al mismo presidente, en una especie de impartición de justicia mediática, a deslindar *de facto* al almirante Rafael Ojeda de aquellos vergonzosos sucesos. Tras conocerse la nueva evidencia del caso Ayotzinapa, el presidente López Obrador dijo de manera puntual, sin mayor fundamento que su apreciación personal de los hechos, que el almirante Ojeda "nada tenía que ver" en aquellos sucesos, anunciando así su disposición para que el secretario de Marina de la Cuarta Transformación quedara al margen del velo de dudas.

Pero en esta ocasión, Alejandro Gertz Manero, actuando como el fiscal imparcial que nunca ha sido, ha decidido pasar por alto la postura del presidente. No ha creído en la palabra dispensadora de Andrés Manuel López Obrador, la que tantas veces al mismo Gertz Manero lo ha rescatado de la suspicacia popular. Como si buscara una confrontación abierta con el jefe del Ejecutivo, Alejandro Gertz Manero ha optado por cumplir, en contra de lo que sea, su función de procuración de la justicia. Ha decidido ir por el almirante Rafael Ojeda, sin importar —o porque realmente le importa— el saldo político que con ello tenga que pagar la imagen del nuevo gobierno trasformador.

La Fiscalía General de la República de Gertz Manero ha dado muestras de que quiere procesar penalmente al almirante Rafael Ojeda Durán. Para ello ha ofrecido la figura del criterio de oportunidad o testigo colaborador al almirante Marco Antonio Ortega Siu, quien en 2014 fue el jefe de Operaciones Especiales de la Secretaría de Marina, a cuyo cargo estuvieron subordinadas las acciones de los militares que hoy se sabe que realizaron labores de manipulación de evidencias en la escena del basurero de Cocula, donde presuntamente fue el último sitio en el que estuvieron los 43 estudiantes normalistas antes de ser declarados formalmente desaparecidos.

La oferta de la FGR hecha al almirante Marco Antonio Ortega Siu ocurrió el 26 de marzo de 2022, durante una diligencia ministerial celebrada en las instalaciones de la FGR, donde el almirante Ortega reconoció que el mando que estaba a cargo de todas las operaciones de la Marina en Guerrero era el almirante Ojeda, en su calidad de comandante de la Octava Zona Naval. Por ello, la FGR ofreció no llevar a la cárcel de Ortega Siu si a cambio deposaba en contra del secretario Rafael Ojeda Durán, uno de los pilares en que se sostiene la buena relación del gobierno civil de la Cuarta Transformación y los mandos militares que controlan gran parte de la administración federal.

Epílogo

La fiscalía imperial

En los anales de la historia del México moderno no existe antecedente de un sistema tan parcial, en materia de procuración de justicia, como el que hoy se vive. Ni en los peores momentos de los regímenes más nefastos del neoliberalismo, como en los gobiernos de Enrique Peña Nieto, Felipe Calderón, Vicente Fox o Ernesto Zedillo, se había observado tan claramente el reinado de una fiscalía imperial. Las y los anteriores procuradores de justicia, si bien es cierto que también brillaron por los abusos y excesos contra la población, al menos tenían el contrapeso presidencial que los empujaba a la moderación.

En ese resquicio, en el del engañoso discurso de la figura presidencial inclinando públicamente la balanza de la procuración de justicia hacia el lado de la imparcialidad, por lo menos aparentaba un destello de cordura y equidad de aquellos que fueron entronados con la privilegiada labor de castigar las violaciones al marco jurídico del país. Hoy, con la integración de la nueva Fiscalía General de la República —un modelo de procuración de justicia heredado del viejo y caduco régimen conservador— ni siquiera la figura presidencial significa un equilibrio de poder frente al desmedido poder con el que se le ha dotado al fiscal general Alejandro Gertz.

Cuesta decirlo, pero por alguna extraña razón, tal vez porque así estuvo diseñado desde el principio o tal vez por eso que estamos tan acostumbrados a llamar y justificar como "vicios del poder", ni siquiera el presidente de la República tiene el poder de frenar el poder dentro del poder que ha acumulado el fiscal Alejandro Gertz Manero. La propia Ley de la Fiscalía General de la República no da pie a equívocos. Bajo el amparo de una autonomía mal entendida, no existe ningún apartado dentro de la ley ni mucho menos un mecanismo legal que obligue al fiscal general a ser corregido en su actuación. Es como si nadie estuviera por encima del fiscal y sólo el fiscal estuviera por encima de la ley.

De acuerdo con la Ley de la Fiscalía General de la República, expedida el 20 de mayo de 2021 por el presidente Andrés Manuel López Obrador, el fiscal sólo está obligado a rendir cuentas a través de un informe anual que se envía en tres tantos a la Cámara de Diputados, a la Cámara de Senadores y al propio jefe del Ejecutivo. Pero esa rendición de cuentas es, en términos prácticos, sólo para fines informativos de lo que se ha hecho, no es una explicación de actos, ni nada que se le parezca, mucho menos se trata de una anuencia para el ejercicio del poder.

Por eso, sin ningún tipo de frenos, salvo los que pudieran emanar de su conciencia, el fiscal Alejandro Gertz Manero pareciera que se encuentra facultado para hacer uso de la estructura de procuración de justicia como si se tratara de una empresa particular que maneja a su conveniencia, que aprovecha para su propio beneficio sin tomar en cuenta el bien común de la justicia, en donde nadie se atreve a corregirlo ni mucho menos a reprender sus conductas lesivas, que —como hemos visto— son muchas. Ni el presidente de la República está sujeto a tanta libertad de acción. Las funciones del jefe del Ejecutivo siempre están limitadas o supeditadas a las disposiciones que sobre la materia hagan los otros dos poderes de la República: el Legislativo y el Judicial. Pero el fiscal no.

En parte, la ley está creada para que el fiscal general de la República acumule un inconmensurable poder, pero también en parte ese desmedido poder ha recaído ahora en una personalidad ambiciosa, cuyo signo de vida ha sido el control, el desprecio por los demás y la irreductible venganza que sabe llevar hasta sus extremos. Eso sí es un peligro para México. Y es un gran peligro para la subsistencia del régimen humanista de la Cuarta Transformación que tanto ha costado cimentar al presidente Andrés Manuel López Obrador.

A partir de la actuación que ha tenido el fiscal Alejandro Gertz Manero, sin necesidad de pisar los terrenos de la ucronía, y sólo tomando la dirección lógica de los sucesos ocurridos y los que están en curso, no es difícil vislumbrar el áspero escenario posible para México, en donde lo más inmediato sería el descarrilamiento del gobierno de la Cuarta Transformación. Pero también se observa una posible intervención del gobierno estadounidense que obligue al gobierno nacional a la redirección de la procuración de justicia en nuestro país.

Las voces ya se han comenzado a alzar. Ante la evidente falta de controles sobre la actuación del fiscal Gertz Manero, que privilegia sus venganzas personales frente a la encomienda otorgada para el combate frontal contra la delincuencia organizada y la expansión de los cárteles de las drogas, ya hay reclamos formales —como el de la familia de Alejandra Cuevas— ante el Departamento de Justicia de Estados Unidos, a través del Buró Federal de Investigaciones (FBI), que solicitan una investigación a fondo sobre los intereses que mueven al fiscal general de la República para no cumplir con su cometido de ley.

Hay que recordar que el fiscal Gertz Manero es un viejo conocido dentro del gobierno de Estados Unidos. Ya cuenta allá con antecedentes que en una ocasión le ocasionaron la pérdida de confianza del gobierno estadounidense, cuando le fue encomendada la tarea de coordinar la *Operación Cóndor* de combate a las drogas, y después, sin mayor advertencia, fue sustituido en el cargo. El gobierno estadounidense sabe bien quién y cómo es Alejandro Gertz Manero, los registros de su actividad como secretario de Seguridad Pública del gobierno federal, durante el gobierno de Vicente Fox, no pasaron inadvertidos; su función como encargado de la seguridad pública de México quedó evidenciada en el informe público "Lavado de dinero en México" de la Administración de Control de Drogas (DEA), que refirió que México —durante la gestión de Gertz Manero como secretario de Seguridad— estaba incluido en una lista de "países preocupantes" para el gobierno de Estados Unidos, por el incremento de las actividades delictivas en relación con el lavado de dinero.

Lo menos que se señala en el citado informe de la DEA, publicado en septiembre de 2003, es que el gobierno federal, a través de la entonces Procuraduría General de la República, a cargo de Rafael Macedo de la Concha, y la Secretaría de Seguridad Pública, bajo el mando de Alejandro Gertz Manero, no estaban siendo lo suficientemente eficaces en la aplicación de mecanismos para prevenir el lavado de dinero. El incremento de ese ilícito en México durante la gestión de Gertz al frente de la Secretaría de Seguridad Pública también se menciona en otros informes de investigadores mexicanos, como el que elaboró Ernesto C. Leyva Pedrosa,[164] en donde se señala que entre el año 2000 y 2001 el estimado de lavado de

164. Ernesto C. Leyva Pedroza, "Lavado de dinero en México. Estimación de su magnitud y análisis de su combate a través de la inteligencia financiera", *Realidad, Datos y Espacio. Revista Internacional de Estadística y Geografía*, vol. 4, núm. 2, mayo-agosto de 2013.

dinero en México pasó de 159 mil 273 millones 323 mil 733 pesos a 193 mil 326 millones 506 mil 986 pesos.

Pero, aun si la justicia extraterritorial de Estados Unidos no aplicara en el caso, el futuro de Alejandro Gertz Manero estará supeditado a la relación de amistad que mantenga con quien llegue a suceder al presidente Andrés Manuel López Obrador. Sólo una amistad como la que Gertz Manero mantiene con el presidente López Obrador sería la garantía para la continuidad de su gestión, la que concluiría a mitad del próximo sexenio. Esa es la única forma de que Gertz pueda seguir intocado. Y en ese plano las posibilidades se achican.

Sin importar quién de los actores políticos en franca contienda por la sucesión presidencial pudiera lograr su cometido, la posibilidad de una protección presidencial como la que actualmente goza Alejandro Gertz Manero se observa, si no distante, por lo menos difícil. En el cálculo de posibilidades, a las que siempre le ha apostado Gertz Manero para brincar de un cargo político a otro —no sin dejar una cauda de rencillas personales resueltas y el reguero de enemigos con heridas abiertas—, el fiscal se ha olvidado de cimentar su futuro; con ninguno de los aspirantes presidenciales —al menos hasta el cierre de este trabajo— se sabe que haya arraigado una amistad o al menos un acuerdo de compromisos creados para continuar operando como hasta ahora, haciendo de la Fiscalía General de la República su empresa particular.

Pero más que una empresa particular, ante los ojos de los mexicanos, como no sea para la imputación de falsos positivos, la FGR y sobre todo su titular Alejandro Gertz Manero siguen manifestándose totalmente inexistentes. Por ninguna parte se observan los resultados del combate a la corrupción, principal signo de las propuestas hechas por la administración de la Cuarta Transformación. Con un solo ejemplo se ilustra la forma en que la FGR ha optado por dejar de lado el compromiso de combatir la corrupción: el caso del fiscal del estado de Guanajuato, Carlos Zamarripa Aguirre, de quien —a través de diversos trabajos periodísticos— están por demás demostradas sus conductas antisociales, pero la FGR no ha querido ir contra él.

Ese caso de Carlos Zamarripa no sólo es un asunto de interés por las denuncias públicas que hablan de sus actos de corrupción. También el presidente Andrés Manuel López Obrador —al contar con mayores elementos de prueba— se ha inclinado por la investigación judicial de ese funcionario, reconociendo públicamente su pérdida de confianza hacia el fiscal local Carlos Zamarripa. Sin embargo, nada ha movido al fiscal general de la República, Alejandro Gertz Manero, para concretar la judicialización de la carpeta de investigación que se ha iniciado dentro de la FGR, por presión presidencial, en contra del fiscal del estado de Guanajuato.

Extraoficialmente se sabe —por fuentes en el interior de la FGR— que existe una carpeta de investigación en contra de Carlos Zamarripa Aguirre, la cual no se ha querido judicializar por orden directa del fiscal Alejandro Gertz Manero. Pero oficialmente la propia FGR ha informado, a través de la respuesta a una solicitud de información pública, que esa dependencia se encuentra imposibilitada para informar si existe o no un expediente judicial integrado en contra el fiscal de Guanajuato. Es como si la misma PGR buscara a toda costa la protección de ese funcionario, que se sabe mantiene nexos evidentes de colaboración con al menos el Cártel de Santa Rosa de Lima, la organización criminal fundada por José Antonio Yépez Ortiz, alias el Marro, y cuya principal actividad delictiva es la ordeña de los ductos de Pemex para la extracción ilegal y comercialización de combustibles fósiles (huachicoleo).

Respecto a la carpeta de investigación que se ha integrado dentro de la FGR, pero que no se quiere judicializar, la FGR ha informado que dicha información se encuentra reservada por ser confidencial,[165]

---

165. Fiscalía General de la República, respuesta a la Solicitud de Información núm. 0001700007221, Ciudad de México, 9 de febrero de 2021.

que es la principal salida que invariablemente esgrime la FGR para no informar a la población sobre su omisión en la procuración de justicia y que de alguna forma alienta a la impunidad reinante en el país.

La omisión de Gertz Manero en relación con el combate de la corrupción también se deja ver en los casos de otros actores políticos cuyos nombres se han convertido en sinónimos de corrupción, y que a pesar de las evidencias públicas que existen sobre sus conductas violatorias de las leyes mexicanas siguen intocados, como el ex gobernador de Michoacán, Silvano Aureoles Conejo; el ex líder del Sindicato Petrolero, Carlos Romero Deschamps; el ex gobernador de Nuevo León, Jaime Rodríguez; la ex dirigente del Sindicato de Maestros, Elba Esther Gordillo; el ex gobernador de Veracruz, Fidel Herrera Beltrán; el ex gobernador de Aguascalientes, Luis Armando Reynoso Femat; el ex gobernador del Estado de México, Arturo Montiel; los ex gobernadores de Tamaulipas, Tomás Yarrington y Eugenio Hernández; el ex juez federal Luis Armando Jerezano; el gobernador de San Luis Potosí, Ricardo Gallardo Cardona; el senador Ricardo Monreal Ávila; el ex director de la Comisión Nacional del Agua, David Korenfeld; los ex gobernadores de Chiapas, Manuel Velazco y Jaime Sabines Guerrero; los ex gobernadores de Coahuila, Humberto Moreira y Jorge Torres; el hermano del ex presidente Carlos Salinas de Gortari, Raúl Salinas; la ex vocera del entonces presidente Felipe Calderón, Alejandra Sota, y un largo etcétera, etcétera, etcétera.

Todos los casos arriba referidos han sido reconocidos —en al menos una ocasión, por parte del presidente Andrés Manuel López Obrador— como atentatorios al pueblo de México. Se ha evidenciado hasta el hartazgo la corrupción que encarnaron durante su función pública. Pero ni eso ha movido al fiscal Alejandro Gertz Manero para que, el marco de sus funciones oficiales, vaya por ellos a fin de que rindan cuentas, como es la promesa presidencial y a la vez el reclamo popular de los mexicanos.

Frente a todo esto, Alejandro Gertz Manero no hace nada. Parece que no le importa que de él pende todo un proyecto de nación, ni —lo más relevante— que toda una nación siga a la espera de ver satisfechas sus ansias de procuración justicia frente a la desbandada de corrupción a la que se ha visto sometido el país —por sus gobernantes y muchos de los dueños de los poderes fácticos— en las últimas cuatro décadas. El fiscal sigue inexistente, inamovible, intocado, obsesionado con el poder, evadiendo cada día la impostergable cita con el juicio de la historia. Y la historia, con él, con ellos, con nosotros, con todos, siempre será implacable.

Anexo documental

El autor pone a disposición del lector el amplio anexo documental que sustenta la presente obra. Estos documentos son producto de una ardua investigación y de solicitud de información a diversas instancias. Pueden consultarse en:

www.elfiscalimperial.com

Agradecimientos

Desde el fondo de mi corazón, mi gratitud por siempre para mis editores Édgar Krauss, Daniel Mesino y José Antonio García, por creer en este proyecto, por su pasión y dedicación en la revisión del texto, pero sobre todo por su diligente paciencia con la que enderezaron las líneas chuecas de mi redacción.

Mi agradecimiento eterno para Carmen Margarita Rodríguez Guerrero, por su orientación, por los mezcales, el polvo de los archivos y las pláticas de madrugada en lo más recóndito de Veracruz.

Con mi gratitud para Rosario Martínez, periodista de combate, cuya luz iluminó el oscuro calvario de la metodología de la investigación y allanó el tortuoso laberinto de las solicitudes de información.

Con mi agradecimiento para Yosis González, por su acompañamiento en los intrincados caminos de la psique y por no recatar tiempo ni espacio para resolver todas las dudas.

Siempre gracias a Gabriel Fabián, "el Gabo", por la compañía, el café y el viaje solidario a deshoras de la noche y madrugada por las carreteras de Dios.

Con mi cariño y mi gratitud eterna para mi amigo-doctor Roberto Carlos Ibarra, porque sin su mano, sin su cariño, este trabajo no habría visto la luz pública.

Mi agradecimiento siempre para Boris, confidente y compañera, pedazo de mí, cuyo consejo fue motor en las largas jornadas de redacción y piedra a la sombra en los días de investigación.

Gracias infinitas a Martita, porque con su silencio sacudió el día y ahuyentó los fantasmas.

Desde la ciudad del exilio, Quezaltenango, Guatemala
Mayo de 2022